Christine Koch

Ermittlung des Leistungsangebots von Krankenhäuse...
linearer Programmierung

Bibliografische Information der Deutschen Nationalbibliothek:

Bibliografische Information der Deutschen Nationalbibliothek: Die Deutsche Bibliothek verzeichnet diese Publikation in der Deutschen Nationalbibliografie; detaillierte bibliografische Daten sind im Internet über http://dnb.d-nb.de/ abrufbar.

Copyright © 1998 Diplomica Verlag GmbH
Druck und Bindung: Books on Demand GmbH, Norderstedt Germany
ISBN: 9783838620961

http://www.diplom.de/e-book/217931/ermittlung-des-leistungsangebots-von-krankenhaeusern-einer-region-mittels

Christine Koch

Ermittlung des Leistungsangebots von Krankenhäusern einer Region mittels linearer Programmierung

Diplom.de

Christine Koch

Ermittlung des Leistungsangebots von Krankenhäusern einer Region mittels Linearer Programmierung

Diplomarbeit
an der Friedrich-Alexander-Universität Erlangen-Nürnberg
Wirtschafts- und Sozialwissenschaftlichen Fakultät
Prüfer Prof. Dr. Manfred Meyer
Lehrstuhl für Betriebswirtschaftslehre, Operations Research
6 Monate Bearbeitungsdauer
Mai 1998 Abgabe

Diplomarbeiten Agentur
Dipl. Kfm. Dipl. Hdl. Björn Bedey
Dipl. Wi.-Ing. Martin Haschke
und Guido Meyer GbR

Hermannstal 119 k
22119 Hamburg

agentur@diplom.de
www.diplom.de

ID 2096

ID 2096
Koch, Christine: Ermittlung des Leistungsangebots von Krankenhäusern einer Region
mittels Linearer Programmierung / Christine Koch –
Hamburg: Diplomarbeiten Agentur, 2000
Zugl.: Nürnberg, Universität, Diplom, 1998

Dipl. Kfm. Dipl. Hdl. Björn Bedey, Dipl. Wi.-Ing. Martin Haschke & Guido Meyer GbR
Diplomarbeiten Agentur, http://www.diplom.de, Hamburg
Printed in Germany

Diplomarbeiten Agentur

Wissensquellen gewinnbringend nutzen

Qualität, Praxisrelevanz und Aktualität zeichnen unsere Studien aus. Wir bieten Ihnen im Auftrag unserer Autorinnen und Autoren Wirtschaftsstudien und wissenschaftliche Abschlussarbeiten – Dissertationen, Diplomarbeiten, Magisterarbeiten, Staatsexamensarbeiten und Studienarbeiten zum Kauf. Sie wurden an deutschen Universitäten, Fachhochschulen, Akademien oder vergleichbaren Institutionen der Europäischen Union geschrieben. Der Notendurchschnitt liegt bei 1,5.

Wettbewerbsvorteile verschaffen – Vergleichen Sie den Preis unserer Studien mit den Honoraren externer Berater. Um dieses Wissen selbst zusammenzutragen, müssten Sie viel Zeit und Geld aufbringen.

http://www.diplom.de bietet Ihnen unser vollständiges Lieferprogramm mit mehreren tausend Studien im Internet. Neben dem Online-Katalog und der Online-Suchmaschine für Ihre Recherche steht Ihnen auch eine Online-Bestellfunktion zur Verfügung. Inhaltliche Zusammenfassungen und Inhaltsverzeichnisse zu jeder Studie sind im Internet einsehbar.

Individueller Service – Gerne senden wir Ihnen auch unseren Papierkatalog zu. Bitte fordern Sie Ihr individuelles Exemplar bei uns an. Für Fragen, Anregungen und individuelle Anfragen stehen wir Ihnen gerne zur Verfügung. Wir freuen uns auf eine gute Zusammenarbeit

Ihr Team der *Diplomarbeiten* Agentur

Dipl. Kfm. Dipl. Hdl. Björn Bedey –
Dipl. Wi.-Ing. Martin Haschke
und Guido Meyer GbR

Hermannstal 119 k
22119 Hamburg

Fon: 040 / 655 99 20
Fax: 040 / 655 99 222

agentur@diplom.de
www.diplom.de

Inhaltsverzeichnis   Seite

Abkürzungsverzeichnis

Abb.	Abbildung
Abs.	Absatz
al.	alii
ärztl.	ärztlich
BKPV	Bayerischer Kommunaler Prüfungsverband
BMG	Bundesministerium für Gesundheit
BPflV.	Bundespflegesatzverordnung
bzw.	beziehungsweise
CT	Computertomographie
d. VD.	durchschnittliche Verweildauer
d.	durchschnittlich
d.h.	das heißt
DKG	Deutsche Krankenhausgesellschaft
EBM	Einheitlicher Bewertungsmaßstab
EDV	Elektronische Datenverarbeitung
EW	Einwohner
f.	folgende
ff.	fortfolgende
Fn.	Fußnote
FP	Fallpauschale
Fr.u.G.	Frauenheilkunde und Geburtshilfe
gem.	gemäß
GKV	Gesetzliche Krankenversicherung
GOÄ	Gebührenordnung für Ärzte
GSG	Gesundheitsstrukturgesetz
h	Stunden
ha	Hektar
HNO	Hals - Nasen - Ohren
i.V.m.	in Verbindung mit
ICD	International codification of diseases
ICPM	International codification of procedures in medicine

KH	Krankenhaus
KHR	Krankenhaus-Report
LP	Lineare Programmierung
med.-techn.	medizinisch-technisch
min.	Minuten
MPSX	Mathematical Programming System Extended
MR	Magnetresonanztomographie
Mrd.	Milliarden
MS	Microsoft
MTD	Medizinisch-technischer Dienst
Nr.	Nummer
o.g.	oben genannten
o.V.	ohne Verfasser
OP	Operation
Pat.	Patient
phys.	physikalisch
Pos.-Nr.	Posten-Nummer
PPR	Pflege-Personal-Regelung
PT	Pflegetage
RHS	Right Hand Side
S.	Seite
SE	Sonderentgelt
sog.	sogenannte
Tab.	Tabelle
u.a.	unter anderem
usw.	und so weiter
VD	Verweildauer
VdK	Verband deutscher Kriegsopfer
vgl.	vergleiche
VK	Vollkraft
z.B.	zum Beispiel

Abbildungsverzeichnis   Seite

Tabellenverzeichnis   Seite

1 Einführung in die Thematik

1.1 Kostenentwicklung im Gesundheitswesen

Die Ausgaben im Gesundheitswesen für Erhaltung und Wiederherstellung der Gesundheit sowie für Milderung von Krankheitsfolgen stiegen im Zeitraum von 1992 bis 1994 um 42,7 Mrd. DM kontinuierlich auf 469,6 Mrd. DM an.[1] Dabei betrugen die Ausgaben für Behandlungen 274,7 Mrd. DM und machten damit einen Anteil von 58,5% aller Gesundheitsausgaben aus.[2] Innerhalb der Behandlungsleistungen[3] entfielen auf den Bereich der stationären Versorgung im Krankenhaus mit 106,2 Mrd. DM 38,7% der Gesamtausgaben.[4]

Bereits 1975 sprach die Bundesregierung von einer „Kostenexplosion" im Krankenhauswesen: „Eine gesamtwirtschaftlich nicht mehr zu vertretende Krankenhausversorgung zeichne sich ab; es gebe zu viele Krankenhausbetten, zu lange Liegezeiten, zu viele (unnötige) Einweisungen; auch lägen (hochbetagte) Patienten in (teuren) Klinikbetten, die in (billigere) Pflegeheime gehörten oder ambulant zu versorgen seien."[5]

Der bedeutsamste Ausgabenträger für Gesundheit ist die Gesetzliche Krankenversicherung (GKV), die 1994 mit 224,97 Mrd. DM 47,9% der aller Gesundheitsausgaben trug.[6] Dabei wurden von der GKV mit 79,68 Mrd. DM über 75% aller stationären Behandlungen finanziert.[7]

Gegenläufig dazu verhalten sich aber die Beitragseinnahmen der GKV. Anhaltend hohe Arbeitslosigkeit und eine schwierige gesamtwirtschaftliche Situation bedingen stagnierende Einnahmen der GKV:[8] Im Jahr 1995 wies die GKV bereits ein Defizit von 7,5 Mrd. DM auf, das sich bis Ende September 1996 bereits auf 8,7 Mrd. DM steigerte.[9]

---

[1] vgl. Statistisches Bundesamt [1997b], S.1
[2] 1970 noch 50,9%. Vgl. Bundesministerium für Gesundheit [1997a], S.311
[3] Zu den Behandlungsleistungen zählen ambulante Behandlungen, stationäre Behandlungen, stationäre Kurbehandlungen, Arzneien / Heil- und Hilfsmittel, Zahnersatz.
[4] vgl. Bundesministerium für Gesundheit [1997a], S.317
[5] vgl. Kempcke, H. [1995], S.1
[6] Weitere Ausgabenträger sind Öffentliche Haushalte, die Rentenversicherung, die gesetzliche Unfallversicherung, private Krankenversicherungen, Arbeitgeber und private Haushalte. Vgl. Bundesministerium für Gesundheit [1997a], S.316
[7] vgl. Bundesministerium für Gesundheit [1997a], S.317
[8] vgl. Bundesministerium für Gesundheit [1997b], S.1
[9] vgl. VdK Bayern [online], S.1

1.2 Änderung des Krankenhausfinanzierungssystems

Um die Krankenkassen zu entlasten und Sparmaßnahmen im Gesundheitswesen einzuleiten, wurden bereits mehrfache Veränderungen des Krankenhausfinanzierungssystems in
Deutschland vorgenommen.

Bereits 1883 sollten die Einnahmen der Krankenhäuser durch Pflegesätze gesichert wer-
den. Die Pflegesatzverhandlungen führten dabei die Krankenhäuser mit den Krankenkassen
ohne staatliches Eingreifen. Da aber die Verluste der Krankenhäuser bis 1970 auf 890 Mrd.
DM kontinuierlich anstiegen, verlieh sich der Bund durch eine Änderung des Gundgesetz-
Artikels 74 Nr.19a die konkurrierende Gesetzgebungskompetenz für die Wirtschaftliche
Sicherung der Krankenhäuser und die Regelung der Krankenhauspflegesätze.[10]

Mit dem Krankenhausfinanzierungsgesetz (KHG) im Jahre 1972 wurde durch mehrere
Regelungen eine Umstrukturierung der Krankenhausfinanzierung vorgenommen. Unter
anderem sollten von nun an die Krankenhäuser nach dem „dualen System" aus zwei Quellen finanzielle Mittel erhalten: Die laufenden Betriebskosten werden über tagesgleiche
Pflegesätze mit den Krankenkassen abgerechnet und die Investitionen (bauliche, technische
und medizinische Einrichtungen) vom Staat finanziert. Dabei sollte das Selbstkostendek-
kungsprinzip sicherstellen, daß die Fördermittel des Staates zusammen mit den Erlösen aus
Pflegesätzen die Selbstkosten des Krankenhauses decken.[11] Doch auch das KHG wurde in
den folgenden Jahren mehrfach modifiziert oder reformiert, da die Ausgaben im Gesundheitswesen weiterhin unkontrolliert stiegen.[12]

Erst mit dem Gesundheitsstrukturgesetz (GSG) von 1993 gelang es, einen Sparkurs im
Gesundheitswesen einzuleiten: Den Krankenhäusern wird durch eine Vorgabe eines bestimmten Budgets[13] ein Rahmen vorgegeben, innerhalb dessen ihre Ausgaben gedeckt
werden.[14] Revolutionär am GSG ist aber die letztlich Aufhebung des Selbstkostendek-
kungsprinzips. Danach sind für die Bestimmung der Pflegesätze nicht mehr wie bisher die
vorauskalkulierten Selbstkosten des Krankenhauses maßgeblich, sondern die zukünftig

---

[10] vgl. Glasmacher, C. J. A. [1996], S.49 ff.
[11] vgl. Glasmacher, C. J. A. [1996], S.52.
[12] So z.B. 1977 Krankenversicherungskostendämpfungsgesetz; 1981 Krankenhauskostendämpfungsgesetz;
1984 Krankenhausneuordnungsgesetz; 1989 Gesundheitsreformgesetz
[13] gem. §12 Abs.1 der am 1.1.1995 in Kraft getretenen BPflV findet die Vereinbarung des Budgets auf der
„Grundlage der voraussichtlichen Leistungsstruktur und -entwicklung des Krankenhauses" statt.
[14] Dem Krankenhausbudget wurde bis 1997 eine jährliche Zuwachsrate von höchstens 1,3 Prozent einge-
räumt. Ab 1998 gilt es, diese Obergrenzen ohne Einschaltung des BMG ausschließlich durch Verhand-lungen
zwischen den Krankenkassen und Krankenhäusern zu bestimmen. Vgl. VdK Bayern [online], S.4

gen.[15] Dies wird unter anderem durch neue Entgeltbestimmungen erreicht: Neben den Basis- und Abteilungspflegesätzen werden medizinische Leistungen mit Fallpauschalen und Sonderentgelten abgerechnet. Bei den Fallpauschalen handelt es sich beispielsweise um fixe Beträge, die für einen Patienten einer bestimmten Fallklasse bezahlt werden. Dabei ist für jede einzelne Fallpauschale eine Grenzverweildauer vorgegeben, in deren Rahmen alle anfallenden Behandlungskosten an dem Patienten mit der Fallpauschale als abgegolten gelten.[16] Damit bedeutet das GSG für die Krankenhäuser „den Abschied von einer wirtschaftlichen Sicherung, wie sie nie mehr wiederkehren wird"[17].

Deutlich zeigt sich die Wirkung des neuen Krankenhausfinanzierungssystems in dem jährlichen Rückgang der durchschnittlichen Verweildauer der Patienten zur stationären Behandlung: So verkürzte sich diese 1995 im Vergleich zu 1991 um 17,1% auf 12,1 Tage.[18] Obwohl sich 1995 gleichzeitig die Patientenanzahl auf 15 Millionen (2,6 % mehr Patienten als im Vorjahr) erhöhte, ging die Zahl der Pflegetage um 1,9 % zurück, was zugleich geringere Bettenauslastungen impliziert. Dies erklärt widerum den stetigen Bettenabbau (9.000 Betten im Jahr 1995) und die Schließung einzelner Krankenhäuser (12 Krankenhäuser im Jahr 1995) in Deutschland.[19]

Von einer Abweichung der Bundesregierung von dem strikten Sparkurs im Gesundheitswesen kann bisher keine Rede sein. Im Gegenteil, die Sparmaßnahmen werden noch verschärft werden, indem eine Abkehr von der dualen hin zur monistischen Finanzierung stattfindet, und die Investitionskosten nicht mehr vom Staat, sondern ebenso von den Krankenkassen getragen werden sollen.[20]

Durch die Grenzen des zugeteilten Budgets und insbesondere durch die Aufhebung des Selbstkostendeckungsprinzips sind jetzt auch Krankenhäuser dem Verlustrisiko ausge-

---

[15] gem. §17 Abs.1 S.1 alte BPflV waren die Pflegesätze „auf der Grundlage der vorauskalkulierten Selbstkosten eines sparsam wirtschaftenden und leistungsfähigen Krankenhauses zu bemessen".
[16] Zur näheren Erläuterung der Begriffe siehe Kapitel 2.4.5.2
[17] vgl. Kempcke, H. [1995], S.1
[18] 1996 lag die durchschnittliche Verweildauer bereits bei 10 Tagen. Vgl. o.V. [1997], S.1
[19] vgl. Gräb, C. [1997], S.175 f.
[20] Die Weichen für diesen Schritt scheinen bereits gestellt: 1993 hatte das Bundesverwaltungsgericht entschieden, daß die Länder nicht mehr für die Instandhaltungskosten der Krankenhäuser aufzukommen hätten. Außer dem Bundesland Bayern entzogen sich die Länder aus dieser Pflicht, woraufhin die Krankenkassen durch das 2. GKV-Neuordnungsgesetz gesetzlich dazu verpflichtet wurden, über drei Jahre von ihren Mitgliedern das sogenannte „Notopfer - Instandhaltung der Krankenhäuser" von jährlich 20 DM zu kassieren. Die Entscheidung über die Rechtmäßigkeit des Notopfers durch das Bundesverfassungsgericht bleibt abzuwarten. Vgl. Kieselbach, K. [1997], S.1

setzt.[21] Dieser grundlegende Strukturwandel führt dazu, auch im Krankenhauswesen marktwirtschaftliches Denken und Handeln zu entwickeln. Da ebenso anzunehmen ist, daß in der Zukunft Krankenhausleistungen nur noch mit Fallpauschalen abgegolten werden, eröffnen sich aber gleichzeitig Möglichkeiten und Anreize, wirtschaftlich zu arbeiten, was in Betrieben der freien Marktwirtschaft selbstverständlich ist.[22]

1.3 Einsatz der Linearen Programmierung im Krankenhauswesen

1.3.1 Lineare Programmierung und Modellentwicklung

Der Begriff des Operations Research umfaßt unterschiedliche Verfahren zur Lösung betrieblicher Planungsprobleme. Dabei bedient sich Operations Research verschiedener Methoden, Systeme der Wirklichkeit in mathematischen Modellen abzubilden. Die Lineare Programmierung (LP) stellt wohl das bedeutendste Teilgebiet dieser Unternehmensforschung dar. Mit Hilfe der LP können durch die Formulierung von linearen Gleichungen und Ungleichungen mathematische Modelle zur Entscheidungsunterstützung erstellt werden.

Die Lineare Programmierung als mathematisches Entscheidungsmodell kann aber im Ergebnis nicht mehr Erkenntnisse liefern, als zuvor durch Auswahl der Voraussetzungen in sie hineingesteckt wurde. Das bedeutet zum einen, daß durch die Verwendung der Mathematik als formale Sprache eine eindeutige und klare Formulierung des Problems notwendig ist.[23] Zum anderen stellt durch diese Formulierung das Entscheidungsproblem an sich kein „Problem" mehr dar, sondern nur noch eine Rechenaufgabe, die gelöst werden muß.[24]

Der Kern der Linearen Programmierung liegt daher nicht in der Anwendung eines Algorithmus auf ein mathematisch ausformuliertes Modell, sondern in dessen Konstruktion. Abbildung 1 veranschaulicht in vereinfachter Form verschiedene Prozesse, die zur Entwicklung eines Modells durchlaufen werden müssen, um eine praktische Anwendung der Lösung zu gewährleisten bzw. überhaupt zu ermöglichen. Anhand dieser Darstellung wird deutlich, daß ein sinnvolles lineares Modell nur durch Betrachtung eines Gesamtkomplexes entstehen kann, indem das Zusammenwirken verschiedener Komponenten erkannt und ausformuliert

---

[21] vgl. Meyer, M. [1996a], S.2
[22] Diese Annahme wird sichtlich unterstützt durch die Überarbeitung, Differenzierung und Entwicklung von neuen Fallpauschalen. So wurde 1998 z.B. die Fallpauschale 9.01 in die Fallpauschale 9.011 und Fallpauschale 9.012 aufgegliedert.
[23] vgl. Wöhe, G. [1996], S.169
[24] vgl. Meyer, M. [1996b], S.145

wird. Durch nachträgliche Korrekturen oder Verfeinerungen des Modells erhöht sich die Anwendbarkeit der gelieferten Lösungsdaten in der Realität.

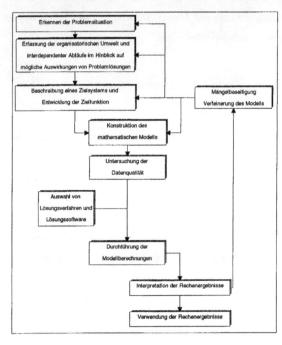

Andererseits bedingt eine Modellformulierung ebenso die Anwendung von Kriterien, nach denen entschieden wird, welche Bereiche für das Modell relevant oder nicht relevant sind. Ein Aspekt, der wiederum eine enge Zusammenarbeit von Modellentwickler und späterem Modellanwender impliziert.[25]

Durch diese erforderliche Ausgrenzung oder Berücksichtigung verschiedener Sachverhalte, kann das Entscheidungsmodell nicht mehr als Abbildung der Wirklichkeit, sondern nur noch als

Abb.1: Der Modellentwicklungsprozeß
(Quelle: Daten aus Meyer, M. [1996b], S.194)

„Komplexitätsreduktion" gesehen werden.[26] Die o.g. Auswahlkriterien sind von der Ausrichtung, d.h. von dem vom Modellanwender vorgesehenen Anwendungsbereich des Modells geprägt. Ausgehend von einem verfolgten Ziel ist zu entscheiden, welche Umstände im Modell berücksichtigt werden sollen.

Je öfter und differenzierter schließlich eine Überarbeitung des Modells in Hinblick auf die gestellten Anforderungen und Ziele durchgeführt wird, desto mehr wird die Implementation des Modells in der Wirklichkeit möglich sein.

---

[25] Zu den Beziehungen zwischen Modellentwickler und -benutzer für eine erfolgreiche Implementation eines Modells siehe Meyer, M. [1996b], S.188 ff.
[26] vgl. Meyer, M. [1996b], S.146

1.3.2 Lineare Programmierung zur Ermittlung des Leistungsangebots von Kranken-häusern

Durch das erforderliche kostenorientierte Umdenken im Krankenhauswesen wird der Einsatz der Linearen Programmierung für die Krankenhäuser interessant: Für jede pauschale Entlohnung einer Patientenbehandlung kann fallbezogen ermittelt werden, inwieweit die Entgelte im Vergleich zu den eigenen Aufwendungen kostendeckend sind und weiterführend, für welche Fallklassen ein Überschuß erzielt wird. Um jedoch ein optimales Fallklassen-Programm für ein Krankenhauses zu bestimmen, genügt es nicht, sich lediglich auf die Berechnung fallklassenspezifischer Kosten und Erlöse zu beschränken. Vielmehr muß die Optimierung des Fallklassen-Programms unter Einbezug der vorhandenen und benötigten Kapazitäten stattfinden.

Mit Hilfe der Linearen Programmierung können derartige Zusammenhänge durch Gleichungen und Ungleichungen formuliert werden. Damit läßt sich für ein Krankenhaus ein Fallklassen-Programm berechnen, mit dem unter Berücksichtigung der vorhandenen Kapazitäten der meiste Überschuß erzielt wird.

Letztlich führt dieses Entscheidungsmodell sicherlich dazu, daß sich das Krankenhaus auf einige Fälle spezialisieren sollte, in denen es besonders „wirtschaftlich" arbeitet.[27] In Anbetracht der Versorgungssicherheit einer Region wäre es aber nicht einfach bzw. überhaupt nicht möglich, das ermittelte Fallklassen-Programm in die Tat umzusetzen, in dem nur „überschußbringende" Patienten aufgenommen werden. Andererseits bringt eine Spezialisierung auf einzelne Patientenfälle größere Routine und Erfahrung mit sich, was wiederum zur Senkung der Fallkosten und Erhöhung der Behandlungsqualität beiträgt.[28]

Interessant wird die Verwendung derartiger Fallklassenmodelle bei dem Einbezug mehrerer Krankenhäuser. Unter Berücksichtigung der Patienten der Region, die versorgt werden müssen, besteht hier -im Gegensatz zu einem einzigen Krankenhaus- der Spielraum, die Patienten auf die verschiedenen Krankenhäuser zu verteilen, wodurch den einzelnen Krankenhäusern wiederum eine Spezialisierung offensteht.

In dieser Arbeit wird ein derartiges LP-Modell für fünf Krankenhäusern entwickelt. Dazu wird zuerst für ein „Ausgangskrankenhaus" ein mathematisches Modell konstruiert und anschließend dessen optimales Fallklassen-Programm ermittelt. Dabei soll sich die Arbeit nicht

---

[27] Der Begriff „wirtschaftlich" ist hier im Bezug auf die Relation zwischen Erlös und Kosten zu verstehen. Eine qualitative Bewertung bleibt hier zunächst unberücksichtigt.
[28] vgl. Meyer, M. [1996a], S.2

auf die Berechnung der Optimallösung beschränken, sondern auch auf Schattenpreise, Reduzierte Kosten oder Alternativlösungen eingegangen werden.[29]

Das LP-Modell des Ausgangskrankenhauses wird des weiteren schrittweise modifiziert und um zusätzliche Bedingungen/Möglichkeiten erweitert:

♦ Bettenverschiebung zwischen den Abteilungen im Rahmen einer 5%-Grenze

♦ Berücksichtigung anfallender Kosten bei der Bettenverschiebung

♦ Berücksichtigung räumlicher Begrenzungen

♦ Bettenverschiebung zwischen den Abteilungen im Rahmen einer 6%-Grenze, Berücksichtigung der Kosten und räumlicher Begrenzungen

♦ Möglichkeit von Abteilungsschließungen

Durch diese Modifikationen soll einerseits verdeutlicht werden, welche Möglichkeiten in der Linearen Programmierung bestehen, verschiedene Umstände zu berücksichtigen. Anderseits wird stets analysiert, wie sich diese Änderungen auf das Gesamtergebnis auswirken. Anschließend werden das mathematische Modell des Ausgangskrankenhauses und seine entsprechenden Modfikationen für weitere fünf Krankenhäuser einzeln berechnet und die Ergebnisse kurz erläutert. Dabei dienen die Daten des Ausgangsmodells als Durchschnittswerte für die weiteren vier Krankenhäuser.[30]

Im Regionalmodell werden alle Daten der fünf Krankenhäuser zusammengefaßt und untersucht, inwieweit sich durch eine Kooperation der Krankenhäuser die bisher ermittelten einzelnen Krankenhausergebnisse und letztlich das Gesamtergebnis verbessern oder verschlechtern. Zusätzlich wird das Regionalmodell um weitere Bedingungen/Möglichkeiten erweitert:

♦ Möglichkeit der Schließung einzelner Abteilungen

♦ Verteilung von ambulanten Patienten auf die Krankenhäuser

♦ Möglichkeit der Schließung einzelner Krankenhäuser

---

[29] Zur näheren Erläuterung der Begriffe siehe Kapitel 3.4.3-3.4.5

[30] Die Daten, die für das Ausgangskrankenhaus verwendet werden, ergeben sich aus unterschiedlichsten Quellen. Das erklärt sich daraus, daß von den Krankenhäusern und den Krankenkassen gerade in der Zeit der Umstrukturierung der Finanzierung gegensätzliche Interessen verfolgt werden (Budgetverhandlungen) und daher von beiden Seiten „hohe Sensibilität" in Bezug auf Offenlegung von Zahlen oder Kosten besteht. Zudem weisen die Krankenhäuser ihrerseits noch ein hohes Erfassungsdefizit auf, was ihre eigenen Behandlungskosten und -zeiten anbelangt. Daher finden im Modell sowohl Daten aus Patientenakten, Ergebnisse, die sich aus Gesprächen ergeben haben, Statistiken aus unterschiedlichen Bundesländern als auch vom Statistischen Bundesamt ermittelte Durchschnittswerte nebeneinander Anwendung.

♦ Investitionsplanung (Sachinvestition in Zusammenhang mit der Behandlung einer neuen

Patientenklasse)

♦ Berücksichtigung des einem Krankenhaus zur Verfügung stehenden Budgets

2 Konstruktion des LP-Modells des Ausgangskrankenhauses

Die Entwicklung des Modells für das Ausgangskrankenhaus findet in zwei Schritten statt:
Zuerst werden die Rahmenbedingungen für ein fiktives Krankenhaus geschaffen (wie z.B.
Auswahl der Abteilungen, Anzahl der Betten in den Abteilungen oder Auswahl der behandelten Patientenklassen).

Um im zweiten Schritt die Restriktionen und Entscheidungsvariablen des LP-Modells formlieren zu können, muß das mit dem Modell verfolgte Ziel definiert sein:[31] Mit Hilfe des LP-Modells soll ein optimales Fallklassen-Programm eines Krankenhauses und später von fünf Krankenhäusern im Verbund ermittelt werden.

Die endgültige Ausformulierung der Zielfunktion hängt letztlich von der Betrachtungsweise des Anwenders ab: Überschußmaximierung, Verlust- oder Kostenminimierung wären unterschiedliche Ansätze, das LP-Modell zu lösen. Allen gemeinsam ist dabei aber die Berücksichtigung anfallender Kosten bei der Behandlung eines Patienten. Damit können alle Restriktionen auf dieser Grundlage aufgestellt werden.

Ob in der Zielfunktion schließlich Erlöse aus Fallpauschalen mit einbezogen werden (Ansatz für eine Überschußmaximierung oder Verlustminimierung) oder nicht, und welche Aspekte dafür oder dagegen sprechen, wird im Kapitel 2.4.5.1 bei der Ausformulierung der Zielfunktion erläutert.

2.1 Klassifikation

Ein Krankenhaus kann nach unterschiedlichen Kriterien eingeordnet werden: Nach der Art der ärztlichen Pflege, der Anzahl der Betten, der Art der Besetzung des ärztlichen Dienstes und der Trägerschaft der Krankenhäuser.[32] Bei dem Ausgangskrankenhaus soll es sich nicht um ein Fachkrankenhaus handeln, das nur spezielle Krankheiten behandelt (wie z.B. Tuberkuloseklinik, orthopädische Klinik), sondern um ein Allgemeinkrankenhaus. Dieses nimmt global erkrankte Patienten zur chirurgischen oder innermedizinischen Diagnostik und Behandlung auf. Innerhalb der Allgemeinkrankenhäuser kann eine weitere Unterscheidung

---

[31] siehe Kapitel 1.4.2
[32] vgl. Glasmacher, C. J. A.[1996], S.10

aufgrund der Anzahl der Betten vorgenommen werden: Das Modellkrankenhaus ist mit einer Anzahl von insgesamt 400 Betten ausgestattet und damit in der Versorgungsstufe III als Regelversorgung einzuordnen.[33] Des weiteren verfügt das Modellkrankenhaus über fünf Abteilungen: Die Innere Medizin, Chirurgie, Frauenheilkunde/Geburtshilfe, HNO und Augenheilkunde. Für die später im Modell benötigten Vergütungen des Personals ist es relevant, ob es sich bei den praktizierenden Ärzten um frei praktizierende oder vom Krankenhaus angestellte Ärzte handelt: Im Modell wird nicht das Belegkrankenhaus, sondern das Anstaltskrankenhaus gewählt. Die Trägerschaft des Krankenhauses soll nicht freigemeinnützig oder privat sein, sondern öffentlich.[34]

2.2 Rahmenbedingungen

2.2.1 Krankenhaushäufigkeiten der unterschiedlichen Abteilungen

Im Jahr 1993 entfielen auf 10.000 Einwohner der Bundesrepublik Deutschland 1.771 Behandlungsfälle in Krankenhäusern.[35]

Über die Aufteilung dieser Behandlungsfälle auf die einzelnen Abteilungen lassen sich die benötigten Betten berechnen, um die stationäre Versorgung einer Region mit 10.000 Einwohnern sicherzustellen.

Dazu werden aus dem Krankenhausplan Hamburg die Fallzahlen verschiedener Abteilungen pro 10.000 Einwohner entnommen (Tab.1(1)).[36] Da für das Ausgangskrankenhaus von 1.771 Fällen pro 10.000 Einwohnern ausgegangen wird, werden zunächst diese Zahlen modifiziert, so daß die Häufigkeiten der Behandlungsfälle für das Modell anwendbar werden (Tab.1(2)).[37]

---

[33] Die weiteren Versorgungsstufen sind die Ergänzungsversorgung [Stufe I], Grundversorgung [Stufe II], Zentralversorgung [Stufe IV] und Maximalversorgung [Stufe V]. Zu den einzelnen Abgrenzungen siehe Glasmacher, C. J. A. [1996], S.11

[34] Als öffentlich werden diejenigen Krankenhäuser bezeichnet, deren Trägerschaft entweder bei Ländern/ Kreisen/ Kommunen oder bei Bundesversicherungsanstalten/ Landesversicherungsanstalten/ Berufsgenossenschaften liegt. Zur Definition freigemeinnütziger und privater Krankenhäuser siehe Glasmacher, C. J. A. [1996], S.13

[35] vgl. Gräb, C. [1996], S.248

[36] vgl. Behörde für Arbeit, Gesundheit und Soziales [1996], S.25 ff.

[37] Multiplikation mit dem Quotienten $\frac{1771}{2005,1}$

Abteilung	Fälle pro 10.000 Einwohner (1)	Fälle pro 10.000 Einwohner (2)
Innere Medizin	661,7	584,4
Chirurgie	532,9	470,7
HNO	104,2	92
Fr. u. G.	627,5	554,2
Augenheilkunde	78,8	69,6
Gesamt	2.005,1	1.771

Tab.1: Krankheitshäufigkeiten pro 10.000 Einwohner (Quelle: Eigene Darstellung)

Im nächsten Schritt können mittels der durchschnittlichen Verweildauern die benötigten Betten der Abteilungen bestimmt werden.

Vom Statistischen Bundesamt wird jährlich eine Durchschnittsverweildauer in den einzelnen Abteilungen ermittelt. Da sich aber das Ausgangskrankenhaus ausschließlich auf fünf Krankheitsarten in einer Abteilung beschränkt, können diese ermittelten Werte nicht als Ausgangsgröße herangezogen werden.

Würden an dieser Stelle diese Daten verwendet werden, so könnte es bei der Berechnung der benötigten Betten zu einer „Über-" oder Unterversorgung der Region kommen, wenn im Modell die Verweildauern der ausgewählten Krankheitsarten zur Anwendung kommen, diese aber nicht mit dem berechneten Gesamtdurchschnitt übereinstimmen. Daher werden zunächst die Krankheitsarten der Patienten mit den dazugehörigen Verweildauern und Behandlungshäufigkeiten innerhalb der fünf Abteilungen bestimmt.[38]

2.2.2 Auswahl der Patienten nach Hauptdiagnosen

2.2.2.1 Stationär behandelte Patienten

Seit dem 1.1.1986 sind die Krankenhäuser nach der BPflV verpflichtet, Diagnose- und Behandlungsstatistiken ihres Hauses zu führen.[39] Als Grundlage dienen dazu zwei festgesetzte

---

[38] Die Daten, die zur Erstellung dieses Modells verwendet werden, sind großteils anhand einzelner realer Patientenakten entstanden (siehe Fn.30). Außerdem sollen in das Modell aus den umfangreichen Krankheitsfällen nur fünf Diagnosen je Abteilung aufgenommen werden. Daher weichen die durchschnittlichen Verweildauern, die vom Statistischen Bundesamt veröffentlicht wurden, teils von den Werten ab, die sich aus der Einsicht in einzelne Akten der Krankheitsfälle ergeben und im Modell verwendet werden. Für das Ausgangskrankenhaus werden an dieser Stelle die Verweildauern aus Patientenakten verwendet.
[39] gem. §16 Abs.4 S.2 Nr.1 i.V.m. §24 Abs.2 BPflV

Klassifikationssysteme für Krankheiten: Die ICD9- und ICPM-Verschlüsselung.[40] Nach dem dreistelligen ICD9-Code (International codification of diseases) werden die Krankheiten anhand von Diagnosen, Organen, Symptomen, körperlichen Schäden und Todesursachen definiert. Die operativen Behandlungen des Patienten sind gesondert mittels des fünfstelligen ICPM-Codes (International codification of procedures in medicine) zu erfassen.[41]

Die Auswahl der Patienten des Modellkrankenhauses erfolgt nach der Veröffentlichung des Statistischen Bundesamtes über die häufigsten Hauptdiagnosen (ICD9) der Abteilungen. Tabelle 2 enthält neben dem ICD9-Code (1) die Bezeichnung der Krankheitsart (2) und den Anteil, den die jeweilige Diagnose am Behandlungsgeschehen innerhalb der Abteilung trägt (3). Aufgrund der Beschränkung auf fünf Hauptdiagnosen wird dieser Anteil absolut auf die Abteilungen des Modellkrankenhauses verteilt (4), um mittels dieser Prozentsätze und den zugehörigen Verweildauern (5) die Durchschnittsverweildauern auf den Abteilungen festsetzen zu können.

Abteilung	ICD9 (1)	Bezeichnung (2)	Anteil relativ (3)	Anteil absolut (4)	Ø VD (5)
Innere	414	Koronararteriosklerose	9,3%	35,5%	9
Medizin	428	Herzinsuffizienz	5,2%	19,8%	17
	427	Herzrhythmusstörungen	4,5%	17,2%	11
	250	Diabetes mellitus	3,8%	14,5%	14
	436	Akute aber mangelhaft bezeichnete Hirngefäßkrankheiten	3,4%	13%	20
Chirurgie	550	Leistenbruch	4,6%	23,6%	9
	850	Commotio cerebi (Gehirnerschütterung)	4,4%	22,6%	5
	574	Cholelithiasis (Gallensteinleiden)	4%	20,5%	11
	540	Appendizitis (Blinddarm)	3,5%	18%	8
	454	Varizen der unteren Extremitäten	3%	15,3%	8

---

[40] Im Bereich der Diagnosen existiert bereits eine Verschlüsselung ICD10. Da diese Verschlüsselung in der Praxis zu wenig verwendet wird, kommt in dieser Arbeit die ICD9-Verschlüsselung zur Anwendung.
[41] vgl. Glasmacher, C. J. A. [1996], S.105

HNO	474	Chron. Affektationen der Tonsillen / adenoiden Gewebes	33,2%	56%	9
	470	Nasenscheidewandverbiegung	10,4%	17,5%	8
	388	Degen. Affektationen des Ohres	6,4%	10,8%	8
	473	Chron. Entzündung der Kiefer-, Stirnhöhle	5,5%	9,3%	4
	478	Hypertrophie der Nasenmuscheln	3,8%	6,4%	6
Fr. u. G	650	Normale Entbindung	24,1%	56,7%	8
	174	Bösartige Neubildung der weiblichen Brustdrüse	6%	14,1%	10
	644	Vorzeitige oder drohende Wehen	4,4%	10,4%	7
	669	Schnittentbindung	4,1%	9,6%	10
	218	Uterusleiomyom	3,9%	9,2%	13
Augen-	366	Katarakt (Grauer Star)	61,2%	74,6%	8
heilkunde	365	Glaukom (Grüner Star)	7,8%	9,6%	9
	361	Netzhautablösung und -defekte	4,6%	5,6%	9
	362	Sonstige Netzhautaffektationen	4,2%	5,1%	8
	378	Strabismus und sonstige Störungen der Augenmotilität	4,2%	5,1%	5

Tab.2: Häufigste Hauptdiagnosen entlassener vollstationärer Patienten
(Quelle: Gerste, B. [1997], S.227)

2.2.2.2 Ambulant behandelte Patienten

Im Modell wird berücksichtigt, daß Patienten ambulant behandelt bzw. ambulant operiert

werden können. Daher soll an dieser Stelle die Auswahl dieser Patientenklassen stattfin-

den, auch wenn sie für die Berechnung der Bettenanzahl in den Abteilungen keine Rolle

spielen. Ambulanten Behandlungen oder Operationen wurde von den Krankenhäusern in

der Vergangenheit wenig Bedeutung beigemessen,[42] so daß über die Häufigkeiten ambu-

lanter Operationen in Krankenhäusern keine offiziellen Statistiken vorliegen.[43]

---

[42] Verwiesen sei auf die bisherige Entlohnung nach Abteilungs- und Basispflegesätzen.
[43] Telefonische Auskunft vom Statistischen Bundesamt.

Daher werden für das Modell fünf ambulante Patientenklassen aufgrund von fünf freigewählten Operationsarten ausgewählt, die ambulant durchgeführt werden können. Dazu wird der Entgeltkatalog für ambulant durchführbare Operationen herangezogen, in dem die Operationen nach unterschiedlichen Abteilungen aufgegliedert und nach EBM-Nummern[44] sortiert sind.[45] Folgende Tabelle zeigt die für das Modell ausgewählten Operationsarten:

Abteilung	EBM-Nr.	Leistungsbeschreibung
Innere Medizin	2620	Operation eines Leisten- oder Schenkelbruches
Chirurgie	2700	Extirbation des Wurmfortsatzes
Fr. u. G.	1150	Operation an der Gebärmutter durch Laparoskopie
Augenheilkunde	1352	Extrakapsuläre Operation des grauen Stars
HNO	1477	Tonsillektomie beidseitig

Tab.3: Auswahl ambulant durchführbarer Operationen (Quelle: Eigene Darstellung)

2.2.3 Bettenanzahl der Abteilungen

Damit ergibt sich für das Modell z.B. in der Abteilung Chirurgie eine durchschnittliche Verweildauer von acht Tagen[46], wogegen diese laut dem Statistischen Bundesamt 11,3 Tage beträgt.[47] Die Differenz von 3,3 Tagen ist dadurch zu erklären, daß die ausgewählten Diagnosen zwar die meistbehandelten Krankheitsfälle in der Chirurgie sind, aber dennoch nur einen geringen Anteil am gesamten Behandlungsgeschehen tragen (vgl. Tab.2(3)). Aufgrund der Vielfalt der Behandlungsfälle in der Chirurgie und der Krankheitsbeschränkung im Modell ergibt sich diese Abweichung.[48]

Um die Anzahl der Betten in den Abteilungen bestimmen zu können, werden durch Multiplikation der errechneten Fälle pro 10.000 Einwohner (Tab.4(1)) mit den ermittelten Verweildauern auf den Stationen (Tab.4(2)) die anfallenden Pflegetage errechnet.(Tab.4(3)).

---

[44] Einheitlicher Bewertungsmaßstab (EBM)
[45] vgl. o.V. [online], S.1 ff.
[46] Summe der Multiplikationen von durchschnittlichen Verweildauern einer Abteilung mit den zugehörigen absoluten Prozentsätzen der Fallklasse.
[47] vgl. Reister, M. [1997], S.201
[48] Ein Beispiel zu den Auswirkungen auf die zu ermittelnde Durchschnittsverweildauer bei Einbezug mehrerer Krankheitsfälle findet sich im Anhang S.1, Tab. A1

Dividiert durch die Anzahl der Jahrestage ergeben sich die benötigten Betten, um eine Region von 10.000 Einwohnern zu versorgen (Tab.4(4)). Diese Bettenanzahl reicht aus, die auftretenden Fälle pro 10.000 Einwohnern zu behandeln. Es entspricht aber nicht der Realität, daß in einem Krankenhaus alle Stationen ausgelastet sind. Da es aus Planungsgründen interessant ist, freie Kapazitäten der Krankenhäuser zu nutzen, um eine optimale Verteilung der Patienten zu finden, kommen hier die einzelnen Bettenauslastungen der Stationen zur Anwendung.[49] Mittels der Bettenauslastungen der Abteilungen (Tab.4(5)) wird die Bettenanzahl ermittelt, die tatsächlich im Krankenhaus zur Verfügung steht (Tab.4(6)).

Abteilung	Fälle pro 10.000 EW (1)	Ø VD (2)	PT auf den Stationen (3)	benötigte Betten pro 10.000 EW (4)	Betten-auslastung (5)	verfügbare Betten pro 10.000 EW (6)	Betten je 10.000 EW (Dtl.) (7)
Innere Medizin	584,4	13	7.597	20,8	88,30%	23,6	23,2
Chirurgie	470,7	8	3.766	10,3	80,90%	12,8	18,3
HNO	92	8	736	2,0	70,20%	2,9	1,9
Fr. u. G.	554,2	9	4.988	13,7	73,70%	18,5	7,1
Augenheilkunde	69,6	8	557	1,5	73,40%	2,1	1,0
Gesamt	1.771			48,3		59,9	51,5

Tab.4: Verfügbare Betten pro 10.000 Einwohner (Quelle: Eigene Darstellung)

Die Abweichung zu den Durchschnittsdaten aus ganz Deutschland[50] (Tab.4(7)), die sich besonders in der Frauenheilkunde und Geburtshilfe zeigt, hat ihre Ursache in den Verweildauerabweichungen und zudem darin, daß die Krankenhaushäufigkeiten den Daten eines ausgewählten Bundeslandes entnommen wurden.[51] Durch die Verhältnisse, die die Betten pro 10.000 Einwohner (Tab.5(1)) zueinander haben (Tab.5(2)), sind die Betten der einzelnen Abteilungen des Ausgangskrankenhauses errechenbar (Tab.5(3)), das mit 400 Betten ausgestattet ist.

---

[49] vgl. Bayerisches Staatsministerium für Arbeit und Sozialordnung, Familie, Frauen und Gesundheit [1996], S.181
[50] vgl. Gräb, C. [1997], S.181
[51] vgl. Fn.49

	10.000 EW (1)	der Betten (2)	Modell (3)
Innere Medizin	23,6	39,41%	158
Chirurgie	12,8	21,32%	85
HNO	2,9	4,80%	19
Fr. u. G	18,5	31,00%	124
Augenheilkunde	2,1	3,47%	14
Gesamt	59,9		400

Tab.5: Anzahl der Betten im Ausgangskrankenhaus
(Quelle: Eigene Darstellung)

Aus dieser Bestimmung der Bettenanzahl ergibt sich das Einzugsgebiet für das 400-Betten-Krankenhaus. Es kann eine Region versorgt werden, die über 66.871 Einwohner verfügt (Tab.6).

Abteilung	Betten pro 10.000 EW (1)	Betten im Modell (2)	Einzugsgebiet (3)
Innere Medizin	23,6	158	66.871
Chirurgie	12,8	85	66.871
HNO	2,9	19	66.871
Fr. u. G	18,5	124	66.871
Augenheilkunde	2,1	14	66.871
Gesamt	59,9	400	

Tab.6: Einzugsgebiet des Ausgangskrankenhauses
(Quelle: Eigene Darstellung)

2.2.4 Anzahl der Patienten

Inhalt des Modells ist es, neben dem optimalen Fallklassen-Programm die Versorgung des Einzugsgebiets zu gewährleisten. Daher muß mittels der durchschnittlichen Verweildauern und der Anteile am Behandlungsgeschehen die Anzahl der Patienten bestimmt werden, die in der Region mit 66.871 Einwohnern auftritt und zu behandeln ist.

Die Pflegetage der Abteilungen (Tab.7(1)) ergeben sich aus den unterschiedlichen Bettenanzahlen (Tab.5(3)), multipliziert mit den Bettenauslastungen der Abteilungen (Tab.4(5))

und 365 Pflegetagen. Über den Anteil, den die jeweilige Fallklasse am Behandlungsgeschehen trägt (Tab.7(2)), kann nach den Pflegetagen differenziert werden, die auf die
einzelnen Fallklassen entfallen (Tab.7(3)). Dividiert durch die durchschnittlichen Verweildauern (Tab.7(4)) erhält man die Anzahl der Patienten (Tab.7(5)).

Abteilung	ICD9	PT der Abteilung (1)	Anteil [%] (2)	PT der Fall- klasse (3)	∅ VD (4)	Anzahl der Patienten (5)
Innere Medizin	414	50.923	35,5	18.078	9	2.009
	428		19,8	10.083	17	593
	427		17,2	8.759	11	796
	250		14,5	7.384	14	527
	436		13	6.620	20	331
Chirurgie	550	25.100	23,6	5.924	9	658
	850		22,6	5.673	5	1.135
	574		20,5	5.146	11	468
	540		18	4.518	8	565
	454		15,3	3.840	8	480
HNO	474	4.868	56	2.726	9	303
	470		17,5	852	8	106
	388		10,8	526	8	66
	473		9,3	453	4	113
	478		6,4	312	6	52
Fr. u. G.	650	33.357	56,7	18.913	8	2.364
	174		14,1	4.703	10	470
	644		10,4	3.469	7	496
	669		9,6	3.202	10	320
	218		9,2	3.069	13	236

Augenheilkunde	366	3.751	74,6	2.798	8	350
	365		9,6	360	9	40
	361		5,6	210	9	23
	362		5,1	191	8	24
	378		5,1	191	5	38
Gesamt		117.999		117.999		12.564

Tab.7: Anzahl der zu versorgenden Patienten im Einzugsgebiet des Ausgangskrankenhauses (Quelle: Eigene Darstellung)

2.3 Arbeitsablauf im Krankenhaus

Der Arbeitsablauf in einem Krankenhaus kann als Prozeß verstanden werden. Der Haupt-
prozeß der Krankenhäuser liegt dabei in der Diagnostik, Behandlung, Pflege und Therapie
der Patienten.[52]

Aus der Sicht der Patienten beginnt dieser Prozeß mit der Aufnahme im Krankenhaus und
endet bei der Entlassung. Für den Verwaltungsdienst wäre der Prozeß damit noch nicht
beendet: Weitergehende Aufgaben, wie die Archivierung der Patientenakten oder die Lei-
stungsabrechnung mit der Krankenkasse zählen für das Krankenhaus ebenso zum Arbeitsablauf.

Innerhalb dieses Hauptprozesses kann eine Untergliederung in einzelne Schlüsselprozes-
se[53] stattfinden, die sich wiederum in Detailprozesse[54] aufspalten. Abbildung 2 stellt z.B.
einen Operationsablauf dar, der als Teil des Gesamtgeschehens in einem Krankenhaus als
Schlüsselprozeß zu verstehen ist. Alle dazugehörenden Tätigkeiten bilden die Detailprozesse. Demnach kann der Vorgang „Operation" in viele Teilarbeiten untergliedert werden,
wobei sowohl der zeitliche Aufwand des Personals als auch die anfallenden Kosten einzeln
erfaßbar sind. Ebenso müßten in eine umfassende Betrachtung einer Operation die präope-
rative Diagnostik, die Aufklärung der Patienten oder die postoperativen Nachuntersuchun-
gen mit einbezogen werden.

---

[52] vgl. Breinlinger-O´Reilly, J. [1997], S.XXIX
[53] Definition Schlüsselprozeß: Prozesse, die zur Realisierung des Hauptprozesses notwendig sind und ganze
Arbeitspakete darstellen. Vgl. Tecklenburg, A. [1997], S.56
[54] Definition Detailprozeß: Details der einzelnen Arbeitspakete. Vgl. Tecklenburg, A. [1997], S.56

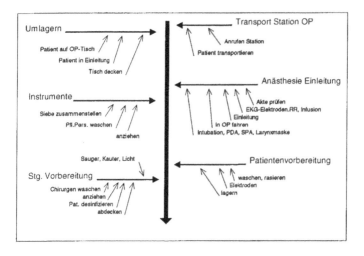

Abb.2: Darstellung einer Operation mit allen dazugehörigen Detailprozessen
(Quelle: Daten aus Tecklenburg, A. [1997], S.57)

Diese detaillierte Betrachtung ist für viele Tätigkeiten wie Endoskopie, Sonographie oder Visiten möglich. Vereinfachend wird im Modell aber nicht jeder Prozeß in einzelne Schritte untergliedert. Mit drei Hauptbereichen soll das Krankenhausgeschehen zusammenfassend abgedeckt werden:

1. Aufnahme- und laufende Untersuchungen eines Patienten in den Funktionsabteilungen Labor, Radiologie, Kreislaufdiagnostik und Endoskopie

2. Im Falle der Notwendigkeit die Operation mit der zugehörigen Anästhesie

3. Pflege und Behandlung des Patienten während seines gesamten Aufenthaltes auf der Intensivstation und/oder der Normalstation

In Abbildung 3 ist der Ablauf im Krankenhaus vereinfacht dargestellt, der im Modell Anwendung findet:

Ein zu stationärer Behandlung eingewiesener Patient wird in verschiedenen Funktionsabteilungen untersucht, woraufhin eine Diagnose erstellt und entschieden wird, ob der Patient operiert wird oder nicht. Dabei ist im Falle der Operation die Einschaltung der Anästhesie

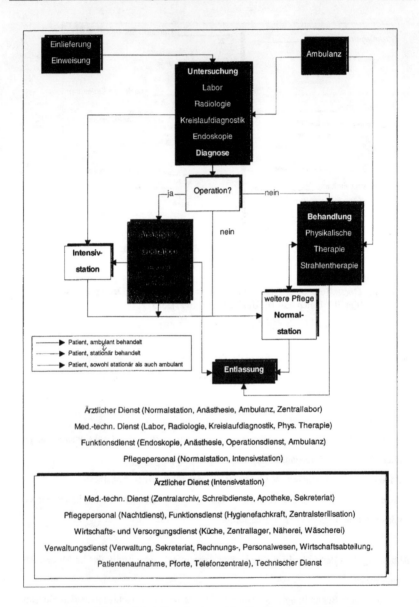

Abb.3: Arbeitsablauf im Modellkrankenhaus (Quelle: Eigene Darstellung)

berücksichtigt. Bis zur Entlassung wird der Patient auf der Normalstation oder Intensivstation gepflegt, wobei die Behandlung auf der Intensivstation nicht von einer Operation abhängt.

Ein Patient, der zur ambulanten Behandlung in das Krankenhaus kommt, durchläuft den gleichen Weg von der Untersuchung bis hin zu einer eventuellen ambulanten Operation.[55]

2.4 Aufstellung des LP-Modells

2.4.1 Vorbemerkungen

2.4.1.1 Datenerhebung

Die anfallenden Kosten bei der Behandlung eines bestimmten Patienten sollen Grundlage sein, das optimale Fallklassen-Programm des Krankenhauses zu ermitteln. Dabei gliedern sich diese Kosten in Sach- und Personalkosten.

Die Erfassung dieser einem Patienten direkt zurechenbaren Sach- und Personalkosten weist zum jetzigen Zeitpunkt der Krankenhausumstrukturierung aber noch große Defizite auf. Die Krankenhäuser sind zwar verpflichtet, über die ICD9-Verschlüsselung die Diagnosen der Patienten festzuhalten, aber im Falle einer Nicht-Operation kommt diesen nicht-operierten Fallklassen in Bezug auf die Erlöse weniger Bedeutung zu: Die Entlohnung der Behandlung eines nicht-operierten Patienten erfolgt nach wie vor nach tagesgleichen Abteilungs- und Basispflegesätzen und nicht nach einer einmaligen Fallpauschale oder einem Sonderentgelt.[56]

Um im Modell mit möglichst realitätsnahen Zahlen zu arbeiten, wird darum nach Möglichkeit jeder ICD9-Diagnose eine Operationsart nach ICPM zugeordnet, um zu erreichen, daß für diese Fallklasse eine Fallpauschale bezahlt wird. Diese Vorgehensweise erfolgt aus dem Grund, weil für einzelne Fallpauschalen bereits Nachkalkulationen von Seiten der Krankenhäuser oder Krankenkassen angestellt wurden und somit Zahlen für Behandlungskosten und -zeiten vorliegen.[57]

Die im Modell verwendeten Fallpauschalen zu den jeweiligen ICD9-Diagnosen und deren Ermittlung finden sich im Anhang.[58]

---

[55] Im Modell wird letztlich jeder ambulante Patient operiert, da über andere Behandlungsformen keine Zahlen vorliegen.
[56] Zur näheren Erläuterungen der Begriffe siehe Kapitel 2.4.5.2
[57] Zur Datenerhebung im Einzelnen vgl. Fn.38
[58] Anhang S.1, Tab. A2

2.4.1.2 Lösungssoftware

Die Lösung des Modells erfolgt mit der LP-Software XPRESS-MP.[59] Diese Software erlaubt es, alle benötigten Daten im Tabellenkalkulationsprogramm MS-Excel aufzustellen und zu importieren. Daher werden für das Ausgangskrankenhaus alle Daten in Excel dargestellt, um damit einerseits die Übersichtlichkeit zu erhöhen und andererseits zu verdeutlichen, daß die Datenerhebung in der Praxis nicht unbedingt zu einem zusätzlichen Arbeitsaufwand führen muß:

Der zunehmende EDV-Einsatz in Krankenhäusern und die Weiterentwicklung von spezieller Software im Gesundheitswesen ermöglichen, Patientenakten elektronisch zu erfassen, wovon in der Realität zunehmend Gebrauch gemacht wird. Mittels speziell entwickelter Software, die kompatibel zu der Erfassungssoftware ist, könnten alle für die LP-Optimierung notwendigen Daten aus den bereits bestehenden Datenbanken herausgefiltert und in einem Modell verwendet werden.

In Bezug auf die Kooperation zwischen Krankenhäusern und Optimierung des Gesamtergebnisses könnten damit alle krankenhausindividuellen Daten gleichmäßig erhoben werden.

2.4.1.3 Strukturierung des LP-Modells

Der Aufbau des Modells soll sich an dem in Abbildung 3 dargestellten Personalbedarf und dem mit der Behandlung eines Patienten verbundenen Ressourcenbedarf (Betten, Belegung des Operationssaales, usw..) orientieren.

Dabei werden die Restriktionen nicht nach den Vorgängen auf der Normalstation, Intensivstation oder im Operationssaal, sondern anhand der Personalgruppen strukturiert. Das heißt, daß systematisch für jede einzelne Personalgruppe abgehandelt wird, in welchem Bereich (Normalstation, Intensivstation, Operationssaal, usw...) sie wie lange tätig ist.

In Kapiteln 2.4.2-2.4.5 erfolgt die mathematische Formulierung des LP-Modells. Es werden zu jedem Bereich die Variablen, Konstanten oder Koeffizienten definiert und anschließend die Restriktionen des LP-Modells aufgestellt.

---

[59] Zur eigentlichen „Lösung" mancher Modelle wird unter anderem die LP-Software LP_DOS verwendet. Mit XPRESS-MP wird aber immer die mathematische Modell-Formulierung (*.mod) in eine MPSX-Datei (*.mat) generiert, die dann von LP_DOS gelesen und gelöst werden kann.

2.4.2 Bettenkapazitätsplanung

Die ersten Restriktionen beziehen sich auf die vorhandenen Betten innerhalb der Abteilungen (vgl. Kapitel 2.2.3). Die Anzahl der Intensivbetten ergibt sich aus 4-5% der vorhandenen Belegbetten.[60]

Zur Bettenkapazitätsplanung sind die durchschnittlichen Verweildauern auf der Normal- und Intensivstation notwendig. Da keine Abhängigkeit zwischen einer Operation und einer eventuellen Behandlung auf der Intensivstation bestehen soll, werden nur die Häufigkeiten der Intensivbehandlung der Patienten einer jeweiligen Diagnose unabhängig von einer Operation erfaßt.

In Abbildung 4 sind die notwendigen Daten für die folgenden Restriktionen in einer Excel-Tabelle zusammengestellt, wobei die Tabelle zugleich die zugehörigen Sachkosten enthält. Diese Einteilung der Daten dient der übersichtlicheren Darstellung und findet bei allen anderen Excel-Tabellen Anwendung. Dabei bedeuten die blau dargestellten Zahlen, daß dort die krankenhausindividuellen Daten eingegeben werden. Die rot markierten Zahlen errechnen sich von selbst oder müssen unverändert bleiben. Die grün dargestellten Abkürzungen sind identisch mit den im Modell verwendeten Koeffizienten und Konstanten.

Variablen[61]

x_j = Anzahl der Patienten von Fallklasse j (j = 1,2,3 ... 30)[62]

Koeffizienten

H_IBj	Häufigkeit der Intensivbehandlung der Patienten der Fallklasse j [%]
H_OIBj	Häufigkeit ohne Intensivbehandlung der Patienten der Fallklasse j [%]
VD_Ij	Verweildauer eines Patienten der Fallklasse j auf der Intensivstation [Tage]
VD_MINj	Verweildauer eines Patienten der Fallklasse j mit Intensivbehandlung auf der Normalstation [Tage]
VD_OINj	Verweildauer eines Patienten der Fallklasse j ohne Intensivbehandlung auf der Normalstation [Tage]

---

[60] vgl. Bayerischer Kommunaler Prüfungsverband [1997], S.39
[61] Für die Variablen wird vorerst keine Aussage über die Ganzzahligkeit getroffen (vgl. dazu Kapitel 3.1). Die Nichtnegativitätsbedingung hingegen soll für alle Variablen gelten, solange kein eigener Hinweis erfolgt.
[62] Aus modelltechnischen Gründen wird als Index für die Fallklasse der Patienten anstelle von i zuerst j gewählt. Bei der Erweiterung des Modells auf fünf Krankenhäuser dient der Index i der Zuordnung der Patienten zu einem bestimmten Krankenhaus.

Verweildauern / Intensivbehandlungen / Bettenkapazität	Anzahl der Patienten ICD 9 auf Station	davon auf Intensivstation	Häufigkeit mit Intensivbehandlung H_IB(j)	Häufigkeit ohne Intensivbeh. H_OIB(j)	Verweildauer (Tage) ohne Intensivbehandlung auf Normalstation VD_OIN(j)	mit Intensivbehandlung auf Normalstation VD_MIN(j)	auf Intensivstation VD_I(j)	Sachkosten Intensivstation pro Tag [DM] S_I(j)	Normalstation pro Tag [DM] S_N(j)
Innere Medizin 414	2009	603	30.01%	69.99%	9	9	4	1080,00	144,00
428	593	30	5.06%	94.94%	17	20	10	890,00	180,00
427	796	55	6.91%	93.09%	11	15	8	890,00	150,00
250	527	0	0.00%	100.00%	14	0	0	0,00	29,00
436	331	34	10.27%	89.73%	20	19	2	1200,00	31,00
Chirurgie 550	658	36	5.47%	94.53%	9	5	1	155,00	27,00
850	1135	8	0.70%	99.30%	5	4	1	1200,00	80,00
574	468	42	8.97%	91.03%	11	8	3	950,00	53,00
540	565	45	7.96%	92.04%	8	6	2	120,00	29,00
454	480	24	5.00%	95.00%	6	6	1	189,00	22,40
HNO 474	303	6	1.98%	98.02%	9	8	1	120,00	29,20
470	106	1	0.94%	99.06%	8	6	1	105,00	12,00
386	66	1	1.52%	98.48%	8	7	1	800,00	31,00
473	113	1	0.88%	99.12%	4	5	1	1100,00	31,00
478	52	1	1.92%	98.08%	6	5	1	105,00	15,00
FR. u. G. 650	2364	24	1.02%	98.98%	8	6	1	30,00	15,20
174	470	5	1.06%	98.94%	10	6	5	460,00	46,00
644	496	10	2.02%	97.98%	7	6	1	78,00	37,00
669	320	5	1.56%	98.44%	10	9	1	80,00	25,00
218	236	9	3.81%	96.19%	13	10	3	1010,00	31,00
Augenheilkunde 366	350	0	0.00%	100.00%	8	0	0	0,00	29,00
365	40	1	2.50%	97.50%	9	8	1	900,00	31,00
361	23	0	0.00%	100.00%	9	0	0	0,00	31,00
362	24	0	0.00%	100.00%	8	0	0	0,00	31,00
378	36	0	0.00%	100.00%	5	0	0	0,00	31,00
Ambulanz 2620	0	0	0.00%	0.00%	0	0	0	0,00	0,00
EBM-Nr. 2700	0	0	0.00%	0.00%	0	0	0	0,00	0,00
1150	0	0	0.00%	0.00%	0	0	0	0,00	0,00
1352	0	0	0.00%	0.00%	0	0	0	0,00	0,00
1477	0	0	0.00%	0.00%	0	0	0	0,00	0,00

Bettenkapazität								
Innere Medizin	158	BKAP_I	Fr. u. G.	124	BKAP_F	"Arzneimittel, Verbandsmittel,
Chirurgie	85	BKAP_C	Augenheilkunde	14	BKAP_A	ärztl./pfleg. Verbrauchsmaterial
HNO	19	BKAP_H	Intensivstation	16	BKAP_IN	

Kosten Lebensmittel [DM/Tag]	21,00	S_LM	Planungszeitraum [Tage]	365	PZ

Abb.4: Darstellung der Daten Verweildauern, Intensivbehandlungen, Bettenkapazität in einer Excel-Tabelle (Quelle: Eigene Darstellung)

Konstanten

BKAP_A	Bettenkapazität der Augenheilkunde [Stk]
BKAP_C	Bettenkapazität der Chirurgie [Stk]
BKAP_F	Bettenkapazität der Frauenheilkunde und Geburtshilfe [Stk]
BKAP_H	Bettenkapazität der HNO [Stk]
BKAP_I	Bettenkapazität der Inneren Medizin [Stk]
BKAP_IN	Bettenkapazität der Intensivstation [Stk]
PZ	Planungszeitraum [Tage]

Restriktionen[63]

$$\sum_{j=1}^{5}(H\_IB_j *VD\_MIN_j + H\_OIB_j *VD\_OIN_j)* x_j \leq BKAP\_I * PZ \quad (GL1)^{64}$$

$$\sum_{j=6}^{10}(H\_IB_j *VD\_MIN_j + H\_OIB_j *VD\_OIN_j)* x_j \leq BKAP\_C * PZ \quad (GL2)$$

$$\sum_{j=11}^{15}(H\_IB_j *VD\_MIN_j + H\_OIB_j *VD\_OIN_j)* x_j \leq BKAP\_H * PZ \quad (GL3)$$

---

[63] Zur Dokumentation der Daten siehe Anhang, S.4
[64] In den zu einer Restriktion angegebenen Klammern stehen die Bezeichnungen für die jeweilige Gleichung, wie sie später in XPRESS-MP verwendet werden.

$$\sum_{j=16}^{20}(H\_IB_j * VD\_MIN_j + H\_OIB_j * VD\_OIN_j) * x_j \leq BKAP\_F * PZ \quad (GL4)$$

$$\sum_{j=21}^{25}(H\_IB_j * VD\_MIN_j + H\_OIB_j * VD\_OIN_j) * x_j \leq BKAP\_A * PZ \quad (GL5)$$

$$\sum_{j=1}^{25}H\_IB_j * VD\_I_j * x_j \leq BKAP\_IN * PZ \quad (GL6)$$

2.4.3 Personalplanung

Für das Modell ist es relevant, den Personalbedarf des Krankenhauses mit allen Kosten zu berücksichtigen. Unabhängig davon, ob das Ziel der Modellberechnung Überschußmaximierung, Kosten- oder Verlustminimierung ist.[65]

2.4.3.1 Personalgruppen im Krankenhaus

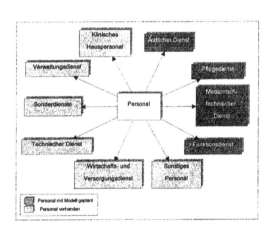

Abbildung 5 zeigt die verschiedenen Personalgruppen eines Krankenhauses. Aus Abbildung 3 wird ersichtlich, bei welchen dieser Personalgruppen für die Behandlung eines stationären oder ambulanten Patienten direkt zurechenbare Zeiten erfaßbar sind. Aufgrund dieser direkt zurechenbaren Zeiten, die die jeweiligen Personen mit dem Patienten beschäftigt sind, kann der Bedarf dieses Perso-

Abb.5: Personalgruppen im Krankenhauses (Quelle: Daten aus Bayerischer Kommunaler Prüfungsverband [1997])

nals im Modell geplant werden (Arbeitszeitmethode). Damit ist aber zugleich eine Abweichung des Modells von der Realität verbunden: Tatsächlich muß bei einem Einsatz dieses Modells in der Realität davon ausgegangen werden, daß das Personal bereits vorhanden

---

[65] vgl. dazu Kapitel 2.4.5.1

ist. Eine derartige Umstrukturierung ließe sich aber leicht durchführen, indem das Personal dann als begrenzte Ressource und nicht als frei planbare Variable definiert wird.

Des weiteren müssen im Modell noch Arbeitsplätze berücksichtigt werden, die unabhängig von der Belegung der Betten immer besetzt sein müssen: Der ärztliche Dienst auf der Intensivstation und die Pflegepersonen der Nachtwache, die je nach Besetzungserfordernis des Arbeitsplatzes bestimmt werden (Arbeitsplatzmethode).

Die Arbeiten der restlichen Personalgruppen wie Wirtschafts- und Versorgungsdienst oder Technischer Dienst werden auf anderem Wege berücksichtigt: Diese Peronalgruppen werden im Modell behandelt, als wären sie im Krankenhaus bereits angestellt, wobei der Ermittlung dieses Personalbestandes Anhaltszahlen dienen.

Dazu wird eine Relation zwischen aufgestellten/belegten Betten, Pflegetagen oder Patienten und dem Personal hergestellt, indem einer Person der jeweiligen Gruppe ein bestimmtes Leistungsergebnis zugeordnet wird: So ist z.B. für die Patientenaufnahme von 6.500 Patienten eine Person aus dem Verwaltungsdienst nötig (Kennziffernmethode).[66]

2.4.3.2 Medizinisch-technischer Dienst

Der Medizinisch-technische Dienst ist in unterschiedlichen Bereichen des Krankenhauses tätig (vgl. Abb.6). Aufgrund der bereits angesprochenen direkt zurechenbaren Zeiten werden die grün markierten Bereiche im Modell geplant. Die blau markierten Abteilungen werden im Abschluß aufgrund der Kennziffernmethode im Modell berücksichtigt, wobei das jeweilige Personal aber nicht wie eine begrenzte Ressource behandelt, sondern lediglich der Personalkostenblock wird im Modell angesetzt wird.[67] Dem rot gekennzeichneten Bereich kommt im Modell keine Bedeutung zu, da über die Arbeiten zu wenig Informationen vorlagen.

Die Struktur des Modells bleibt für den Bereich der Untersuchungen/Behandlungen gleich:

1. „L" kennzeichnet die Leistungsanzahl der Behandlungen oder Untersuchungen am Patienten.

2. „Z" erfaßt dabei die Zeit, die für diese Behandlung notwendig ist. Dabei drücken diese Werte die Zeit aus, die das Personal direkt mit dem Patienten beschäftigt ist - im Labor wäre dies zum Beispiel die Präperation einer Probe zur maschinellen Untersuchung. Die

---

[66] vgl. Dahlgaard, K. [1997], S.297
[67] vgl. dazu Kapitel 2.4.5.3

restliche Zeit, in der das Personal im Labor z.b. die Untersuchungsergebnisse schriftlich festhalten muß, wird global erfaßt, indem ein Abschlag von der Jahresistarbeitszeit vorgenommen wird.

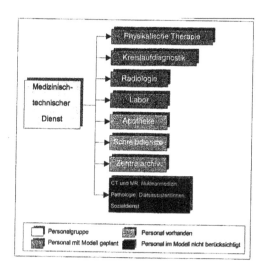

Abb.6: Funktionsbereiche des Medizinisch-technischen Dienstes
(Quelle: Daten aus Bayerischer Kommunaler Prüfungsverband [1997])

Im Anhang (Tabelle A3) sind die Zeiten tabellarisch erfaßt, die eine Person einer bestimmten Personalgruppe für die Patienten zur Verfügung steht. Dazu wird von der Jahressollarbeitszeit abzüglich der Ausfallzeiten (Jahresistarbeitszeit) ausgegangen und anschließend der Abschlag für sonstige Tätigkeiten vorgenommen.[68]

Damit ergeben sich die Restriktionen, die im Modell den Bereich der Untersuchungen abdecken.

Variablen x_{MK} = Bedarf an MTD in der Kreislaufdiagnostik [Personen/Jahr]

x_{ML} = Bedarf an MTD im Labor [Personen/Jahr]

x_{MP} = Bedarf an MTD in der Physikalischen Therapie [Personen/Jahr]

x_{MR} = Bedarf an MTD in der Radiologieabteilung Röntgen [Personen/Jahr]

---

[68] Ausfallzeiten bezeichnen die „bezahlte Abwesenheit" des Personals (Berücksichtigung gesetzlicher, tariflicher, oder betrieblicher Regelungen: Urlaub, Arbeitszeitverkürzungen, Zusatzurlaub, Sonderurlaub, Arbeitsbefreiung, Krankheit, Mutterschutz, Feiertage, Sonstiges)

x_{MRA} = Bedarf an MTD in der gesamten Radiologieabteilung [Personen/Jahr]

x_{MS} = Bedarf an MTD in der Radiologieabteilung Strahlentherapie [Personen/Jahr]

x_{MU} = Bedarf an MTD in der Radiologieabteilung Ultraschall [Personen/Jahr]

Koeffizienten

L_EKG_j	Leistungsanzahl an EKG für einen Patienten der Fallklasse j
L_LA1_j	Leistungsanzahl an Untersuchung 1 des Labors für einen Patienten der Fallklasse j
L_LA2_j	Leistungsanzahl an Untersuchung 2 des Labors für einen Patienten der Fallklasse j
L_LA3_j	Leistungsanzahl an Untersuchung 3 des Labors für einen Patienten der Fallklasse j
L_LA4_j	Leistungsanzahl an Untersuchung 4 des Labors für einen Patienten der Fallklasse j
L_LA5_j	Leistungsanzahl an Untersuchung 5 des Labors für einen Patienten der Fallklasse j
L_LEKG_j	Leistungsanzahl an Langzeit-EKG für einen Patienten der Fallklasse j
L_PH1_j	Leistungsanzahl Behandlung 1 der Physikalischen Therapie für einen Patienten der Fallklasse j
L_PH2_j	Leistungsanzahl Behandlung 2 der Physikalischen Therapie für einen Patienten der Fallklasse j
L_PH3_j	Leistungsanzahl Behandlung 3 der Physikalischen Therapie für einen Patienten der Fallklasse j
L_RO_j	Leistungsanzahl der Röntgenabteilung für einen Patienten der Fallklasse j
L_ST_j	Leistungsanzahl an Strahlentherapie für einen Patienten der Fallklasse j
L_UL1_j	Leistungsanzahl an Ultraschalluntersuchung 1 für einen Patienten der Fallklasse j
L_UL2_j	Leistungsanzahl an Ultraschalluntersuchung 2 für einen Patienten der Fallklasse j
L_BEKG_j	Leistungsanzahl an Belastungs-EKG für einen Patienten der Fallklasse j
MTD_KD	Verfügbare Zeit einer Person des MTD in der Kreislaufdiagnostik [min/Jahr]
MTD_LA	Verfügbare Zeit einer Person des MTD im Labor [min/Jahr]
MTD_PH	Verfügbare Zeit einer Person des MTD in der Physikalischen Therapie [min/Jahr]
MTD_RO	Verfügbare Zeit einer Person des MTD in der Röntgenabteilung [min/Jahr]
MTD_ST	Verfügbare Zeit einer Person des MTD in der Strahlentherapie [min/Jahr]
MTD_UL	Verfügbare Zeit einer Person des MTD in der Ultraschallabteilung [min/Jahr]
Z_EKG_j	Zeitbedarf für EKG für einen Patienten der Fallklasse j [min]
Z_RO_j	Zeitbedarf der Röntgenabteilung für einen Patienten der Fallklasse j [min]
Z_ST_j	Zeitbedarf der Strahlentherapie für einen Patienten der Fallklasse j [min]
Z_UL1_j	Zeitbedarf Ultraschalluntersuchung 1 für einen Patienten der Fallklasse j [min]
Z_UL2_j	Zeitbedarf Ultraschalluntersuchung 2 für einen Patienten der Fallklasse j [min]
Z_BEKG_j	Zeitbedarf für Belastungs-EKG für einen Patienten der Fallklasse j [min]
Z_LA1_j	Zeitbedarf für Laboruntersuchung 1 für einen Patienten der Fallklasse j [min]
Z_LA2_j	Zeitbedarf für Laboruntersuchung 2 für einen Patienten der Fallklasse j [min]
Z_LA3_j	Zeitbedarf für Laboruntersuchung 3 für einen Patienten der Fallklasse j [min]

Z_LA4_j	Zeitbedarf für Laboruntersuchung 4 für einen Patienten der Fallklasse j [min]
Z_LA5_j	Zeitbedarf für Laboruntersuchung 5 für einen Patienten der Fallklasse j [min]
Z_LEKG_j	Zeitbedarf für Langzeit-EKG für einen Patienten der Fallklasse j [min]
Z_PH1_j	Zeitbedarf für Behandlung 1 der Phys. Therapie für einen Patienten der Fallklasse j [min]
Z_PH2_j	Zeitbedarf für Behandlung 2 der Phys. Therapie für einen Patienten der Fallklasse j [min]
Z_PH3_j	Zeitbedarf für Behandlung 3 der Phys. Therapie für einen Patienten der Fallklasse j [min]

Restriktionen

Radiologie[69]

Der Funktionsbereich Radiologie kann in unterschiedliche Bereiche eingeteilt werden. Dazu gehören zum Beispiel Ultraschall, Mammographie, Strahlentherapie, Computertomograhie, Angiographie oder Nuklearmedizin. Das Modell wird sich vereinfachend auf die drei Bereiche Röntgen, Ultraschall und Strahlentherapie einschränken. Dabei untergliedern sich diese Bereiche in verschiedene Untersuchungen, indem die benötigten Zeiten der Untersuchungen voneinander abweichen.

Röntgen $$\sum_{j=1}^{30} L\_RO_j * Z\_RO_j * x_j \leq MTD\_RO * x_{MR} \qquad (GL7)$$

Strahlentherapie $$\sum_{j=1}^{30} L\_ST_j * Z\_ST_j * x_j \leq MTD\_ST * x_{MS} \qquad (GL8)$$

Ultra-
schall $$\sum_{j=1}^{30} (L\_UL1_j * Z\_UL1_j + L\_UL2_j * Z\_UL2_j) * x_j \leq MTD\_UL * x_{MU} \qquad (GL9)$$

Im Modell wird davon ausgegangen, daß der Medizinisch-technische Dienst in der Radiologie in allen drei Bereichen einsetzbar ist. Dazu wird eine weitere Restriktion eingeführt, die das Personal in der Radiologie als Summe des Personals in der Röntgenabteilung, Strahlentherapie und Ultraschall definiert:

$$x_{MR} + x_{MS} + x_{MU} = x_{MRA} \qquad (GL10)$$

Laboratorium[70]

$$\sum_{j=1}^{30} (L\_LA1_j * Z\_LA1_j + L\_LA2_j * Z\_LA2_j + L\_LA3_j * Z\_LA3_j +$$
$$L\_LA4_j * Z\_LA4_j + L\_LA5_j * Z\_LA5_j) * x_j \leq MTD\_LA * x_{ML} \qquad (GL11)$$

---

[69] Die zugehörige Excel-Datei und die Dokumentation der Daten findet sich im Anhang S.6, Tab. A4
[70] Die zugehörige Excel-Datei und die Dokumentation der Daten findet sich im Anhang S.7, Tab. A5

Kreislaufdiagnostik[71]

$$\sum_{j=1}^{30} (L\_EKG_j * Z\_EKG_j + L\_BEKG_j * Z\_BEKG_j +$$

$$L\_LEKG_j * Z\_LEKG_j) * x_j \leq MTD\_KD * x_{MK} \qquad (GL12)$$

Physikalische Therapie[72]

$$\sum_{j=1}^{30} (L\_PH1_j * Z\_PH1_j + L\_PH2_j * Z\_PH2_j +$$

$$L\_PH3_j * Z\_PH3_j) * x_j \leq MTD\_PH * x_{MP} \qquad (GL13)$$

2.4.3.3 Pflegepersonal

Pflege-Personalregelung

Am 1.1.1993 trat im deutschen Gesundheitswesen die Pflege-Personal-Regelung (PPR) in Kraft. Ziel dieser Regelung war es, mittels eines Patientenerhebungsbogens den tatsächlichen Pflegebedarf der Patienten und damit allgemein in deutschen Krankenhäusern zu ermitteln, um damit die Kostentransparenz im Pflegebereich zu erhöhen. Dazu wird ein Patient täglich zwischen 12 Uhr und 20 Uhr in eine bestimmte Patientengruppe eingestuft, die zwei Kategorien umfaßt: Die Allgemeine und die Spezielle Pflege.

Jede dieser einzelnen Pflegegruppen teilt sich wiederum in drei Pflegestufen, entsprechend dem Ausmaß der pflegerischen Hilfeleistung. Abbildung 7 und Abbildung 8 zeigen die Kriterien dieser unterschiedlichen Einstufungen mit den dazugehörigen Minutenwerten.

---

[71] Die zugehörige Excel-Datei und die Dokumentation der Daten findet sich im Anhang S.8, Tab. A6
[72] Die zugehörige Excel-Datei und die Dokumentation der Daten findet sich im Anhang S.8, Tab. A7

Leistungs-bereiche	Pflegestufen Einordnungsmerkmale		
	A1 Gundleistungen	A2 erweiterte Leistungen	A3 Besondere Leistungen
Körperpflege	Alle Patienten, die nicht A2 oder A3 zugeordnet werden	Hilfe bei überwiegend selbständiger Körperpflege	überwiegende oder vollständige Übernahme der Körperpflege
Ernährung		Nahrungsaufbereitung	Hilfe bei der Nahrungsaufnahme
Ausscheidung		Unterstützung zur kontrollierten Blasen- oder Darmentleerung Versorgung bei häufigem Erbrechen Entleeren oder Wechseln von Katheder- oder Stomabeuteln	Versorgung bei unkontrollierter Blasen- oder Darmentleerung
Bewegung und Lagerung		Hilfe beim Aufstehen und Gehen einfaches Lagern und Mobilisieren	häufiges (zwei- bis vierstündlich) Körperlagern oder Mobilisieren
Minutenwerte	20	66	147

Abb.7: Einordnungskriterien und Minutenwerte in der Allgemeinen Pflege (Quelle: Gerste, B. / Monka, M. [1996], S.157)

Leistungs-bereiche	Pflegestufen Einordnungsmerkmale		
	S1 Gundleistungen	S2 erweiterte Leistungen	S3 Besondere Leistungen
Leistungen im Zusammenhang mit Operationen, invasiven Maßnahmen, akuten Krankheitsphasen	Alle Patienten, die nicht S2 oder S3 zugeordnet werden	Beobachten des Patienten und Kontrolle von mindestens 2 Parametern 4-6 mal innerhalb von 8 Stunden aufwendiges Versorgen von Ableitungs- und Absaugsystemen	Beobachten des Patienten und Kontrolle von Mindestens 3 Parametern fortlaufend innerhalb von wenigstens 12 Stunden zum Erkennen einer akuten Bedrohung
Leistungen im Zusammenhang mit medikamentöser Versorgung		bei kontinuierlicher oder mehrfach wiederholter Infusionstherapie oder bei mehreren Transfusionen bei intravenösem Verabreichen von Zytostatika	fortlaufendes Beobachten und Betreuen des Patienten bei schwerwiegenden Arzneimittelwirkungen
Leistungen im Zusammenhang mit Wund- und Hautbehandlung		aufwendiger Verbandswechsel Behandlung großflächiger oder tiefer Wunden oder großer Hautareale	mehrmals täglich: Behandlung großflächiger oder tiefer Wunden oder großer Hautareale
Minutenwerte	32	42	68

Abb.8: Einordnungskriterien und Minutenwerte in der Speziellen Pflege (Quelle: Gerste, B. / Monka, M. [1996], S.158)

Damit ergeben sich für die Einstufung eines Patienten bei der Kombination von Allgemeiner und Spezieller Pflege neun Möglichkeiten mit verschiedenen Zeitwerten:

	S1	S2	S3
A1	52	62	88
A2	98	108	134
A3	179	189	215

Abb.9: Minutenwerte bei der Kombination allgemeiner und spezieller Pflege (Quelle: Eigene Darstellung)

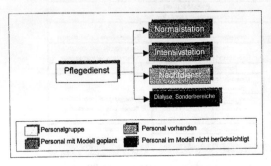

Abb.10: Funktionsbereiche des Pflegepersonals
(Quelle: Daten aus Bayerischer Kommunaler
Prüfungsverband [1997])

Obwohl die PPR im Rahmen des 2.GKV-Neuordnungsgesetzes bereits wieder aufgehoben wurde, stellt sie doch eine gute Grundlage für die interne Personalplanung des Pflegepersonals dar. Daher werden im Modell derartige Einstufungen der Patienten in bestimmte Pflegeklassen der Pflegepersonalplanung dienen. Die grün markierten Bereiche in Abbildung 10 zeigen die Bereiche, für die mit den Restriktionen der Personalbedarf geplant wird.

<u>Pflegepersonal auf der Normalstation</u>

Das Pflegepersonal auf der Normalstation wird anhand der Pflegeeinstufungen in allgemeine und spezielle Pflege ermittelt. Zusätzlich soll bei jedem Patienten berücksichtigt werden, daß neben den Zeiten für die Pflege Zeiten für andere Tätigkeiten anfallen: Der Pflegefallwert und Pflegegrundwert.

1. Der Pflegegrundwert umfaßt die Zeit pro Patient und Tag neben der allgemeinen oder speziellen Pflege (wie z.B. Gespräche mit den Patienten)

2. Der Pflegefallwert umfaßt die Zeit je aufgenommenen Patienten (so z.B. Einweisung in Räumlichkeiten des Krankenhauses).[73]

<u>Variablen</u>

x_{PA} Bedarf an Pflegepersonal in der Abteilung Augenheilkunde [Personen/Jahr]

x_{PC} Bedarf an Pflegepersonal in der Abteilung Chirurgie [Personen/Jahr]

x_{PF} Bedarf an Pflegepersonal in der Abteilung Fr. und Geburtshilfe [Personen/Jahr]

x_{PH} Bedarf an Pflegepersonal in der Abteilung HNO [Personen/Jahr]

x_{PI} Bedarf an Pflegepersonal in der Abteilung Innere Medizin [Personen/Jahr]

---

[73] vgl. Dahlgaard, K. [1997], S.299

Koeffizienten

PFW	Pflegefallwert pro aufgenommenen Patienten [min/Patient]
PGW	Pflegegrundwert pro Pflegetag eines Patienten [min/Pflegetag]
PP_A	Verfügbare Zeit einer Person des Pflegepersonals in der Augenheilkunde [min/Jahr]
PP_C	Verfügbare Zeit einer Person des Pflegepersonals in der Chirurgie [min/Jahr]
PP_F	Verfügbare Zeit einer Person des Pflegepersonals in der Fr. und Geburtshilfe [min/Jahr]
PP_H	Verfügbare Zeit einer Person des Pflegepersonals in der HNO [min/Jahr]
PP_I	Verfügbare Zeit einer Person des Pflegepersonals in der Inneren Medizin [min/Jahr]
Z_P_INj	gesamter Zeitbedarf für die Pflege eines auf der Intensivstation behandelten Patienten der Fallklasse j auf der Normalstation [min/Fall]
Z_P_Nj	gesamter Zeitbedarf für die Pflege eines nicht intensiv behandelten Patienten der Fallklasse j auf der Normalstation [min/Fall]

Restriktionen[74]

$$\sum_{j=1}^{5}[H\_OIB_j *(Z\_P\_N_j + PFW) + H\_IB_j *(Z\_P\_IN_j + PFW) +$$
$$PGW *(H\_OIB_j *VD\_OIN_j + H\_IB_j *VD\_MIN_j)] * x_j \le PP\_I * x_{PI} \quad (GL14)$$

$$\sum_{j=6}^{10}[H\_OIB_j *(Z\_P\_N_j + PFW) + H\_IB_j *(Z\_P\_IN_j + PFW) +$$
$$PGW *(H\_OIB_j *VD\_OIN_j + H\_IB_j *VD\_MIN_j)] * x_j \le PP\_C * x_{PC} \quad (GL15)$$

$$\sum_{j=11}^{15}[H\_OIB_j *(Z\_P\_N_j + PFW) + H\_IB_j *(Z\_P\_IN_j + PFW) +$$
$$PGW *(H\_OIB_j *VD\_OIN_j + H\_IB_j *VD\_MIN_j)] * x_j \le PP\_H * x_{PH} \quad (GL16)$$

$$\sum_{j=16}^{20}[H\_OIB_j *(Z\_P\_N_j + PFW) + H\_IB_j *(Z\_P\_IN_j + PFW) +$$
$$PGW *(H\_OIB_j *VD\_OIN_j + H\_IB_j *VD\_MIN_j)] * x_j \le PP\_F * x_{PF} \quad (GL17)$$

$$\sum_{j=21}^{25}[H\_OIB_j *(Z\_P\_N_j + PFW) + H\_IB_j *(Z\_P\_IN_j + PFW) +$$
$$PGW *(H\_OIB_j *VD\_OIN_j + H\_IB_j *VD\_MIN_j)] * x_j \le PP\_A * x_{PA} \quad (GL18)$$

---

[74] Die zugehörigen Excel-Dateien und die Dokumentation der Daten finden sich im Anhang S.9, Tab. A8 und Anhang S.10, Tab. A9

Pflegepersonal auf der Intensivstation und für Neugeborene

Das benötigte Pflegepersonal auf der Intensivstation wird in diesem Modell nicht aufgrund von PPR-Einstufungen der Patienten auf der Intensivstation berechnet.

Der Pflegebedarf eines Patienten einer bestimmten Fallklasse auf der Intensivstation ist bis zum jetzigen Zeitpunkt zu wenig nach dem individuellen Pflegeaufwand dokumentiert, als daß für jeden intensiv-behandelten Patienten einer Fallklasse gesonderte Werte ansetzbar wären.

Daher soll das benötigte Pflegepersonal auf der Intensivstation aufgrund von den im Krankenhaus anfallenden Intensivpflegetagen erfolgen, die nach einem bestimmten Prozentsatz in Intensivbehandlung, Intensivüberwachung oder Beatmung aufgeteilt werden.[75] Anschließend werden die ermittelten Tage mit Minutenwerten multipliziert, die bei einer Einstufung in eine der drei Pflegeklassen pro Tag anfallen.

Auf der Neugeborenenstation ergibt sich der Personalbedarf in gleicher Weise: Für die Pflege eines gesundem Neugeborenen wird eine täglich anfallende Pflegezeit einberaumt und in Abhängigkeit von den entsprechenden Fallklassen der Personalbedarf ermittelt.[76]

Variablen

x_{PIN}	Bedarf an Pflegepersonal für die Intensivstation [Personen/Jahr]
x_{PN}	Bedarf an Pflegepersonal für die Pflege der gesunden Neugeborenen [Personen/Jahr]
x_{PTI}	Anzahl aller Pflegetage auf der Intensivstation im Planungszeitraum [Tage]

Koeffizienten

PGN	Prozentsatz für gesunde Neugeborene [%]
Z_PN	Zeitwert für die Pflege eines gesunden Neugeborenen pro Tag [min/Pflegetag]
Z_PS1	Zeitbedarf an Pflege pro Tag in Pflegestufe 1 auf der Intensivstation [min/Pflegetag]
Z_PS2	Zeitbedarf an Pflege pro Tag in Pflegestufe 2 auf der Intensivstation [min/Pflegetag]
Z_PS3	Zeitbedarf an Pflege pro Tag in Pflegestufe 3 auf der Intensivstation [min/Pflegetag]
VD_N	durchschnittl. Verweildauer eines Neugeborenen auf der Station [Tage]
PP_IN	Verfügbare Zeit einer Person des Pflegepersonals auf der Intensivstation [min/Jahr]
PP_N	Verfügbare Zeit einer Person des Pflegepers. zur Pflege eines Neugeborenen [min/Jahr]

---

[75] Definition Intensivüberwachung: Überwachung und Pflege von Frischoperierten nach schwierigen Eingriffen, Schwerverletzten und Schwerkranken bis zur Überwindung der kritischen Phase der Erkrankung. Definition Intensivbehandlung: Behandlung und Pflege von Schwerkranken, Schwerverletzten und Vergifteten, deren vitale Funktionen (Atmung, Herz- und Kreislauffunktionen, Temperatur- und Stoffwechselregulation, Bewußtseinslage) gefährdet oder gestört sind und durch besondere Maßnahmen aufrechterhalten und/oder wiederhergestellt werden müssen. Vgl. Bayerischer Kommunaler Prüfungsverband [1997], S.39
[76] Aufgrund der ausgewählten Fallpauschalen für die ICD9-Codes handelt es sich bei den Entbindungen jeweils um Einlinge. Daher gilt ein Kind pro Patient.

PS1   Prozentsatz der Einstufung in Pflegestufe 1 auf der Intensivstation

PS2   Prozentsatz der Einstufung in Pflegestufe 2 auf der Intensivstation

PS3   Prozentsatz der Einstufung in Pflegestufe 3 auf der Intensivstation

Restriktionen[77]

Intensivstation

$$\sum_{j=1}^{25} H\_IB_j * VD\_I_j * x_j = x_{PTI} \qquad (GL19)$$

$$x_{PTI} * (PS1 * Z\_PS1 + PS2 * Z\_PS2 + PS3 * Z\_PS3) \le PP\_IN * x_{PIN} \quad (GL20)$$

Neugeborene

$$PGN * Z\_PN * VD\_N * (x_{16} + x_{18} + x_{19}) \le PP\_N * x_{PN} \qquad (GL21)$$

Pflegedienstleitung

Die Pflegedienstleitung kann nicht allgemeingültig anhand von vorhandenen/belegten Betten oder vorhandenen Patienten im Modell geplant werden. Daher wird an dieser Stelle die Kennziffernmethode angewandt: Die Summe des benötigten Pflegepersonals dividiert durch eine Anhaltszahl ergibt den Bedarf der Pflegedienstleitung.

Variablen

x_{PD} Bedarf an Personen für die Pflegedienstleitung für das Pflegepersonal [Personen/Jahr]

x_{PP} Bedarf an Pflegepersonal für die Innere Medizin, Chirurgie, HNO, Augenheilkunde, Fr. und Geburtshilfe, Intensivstation und Pflege der Neugeborenen [Personen/Jahr]

Koeffizient

AHZ_PD   Anhaltszahl für die Anzahl an Pflegepersonal je Vollkraft Pflegedienstleitung

Restriktionen[78]

$$x_{PI} + x_{PC} + x_{PH} + x_{PF} + x_{PA} + x_{PIN} + x_{PN} = x_{PP} \qquad (GL22)$$

$$x_{PP} / AHZ\_PD = x_{PD} \qquad (GL23)$$

---

[77] Die zugehörige Excel-Datei und die Dokumentation der Daten findet sich im Anhang S.10, Tab. A9
[78] Die zugehörige Excel-Datei und die Dokumentation der Daten findet sich im Anhang S.11, Tab. A10

2.4.3.4 Ärztlicher Dienst

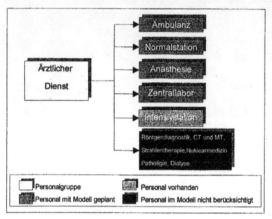

Beim ärztlichen Dienst müssen bei der Personalplanung vier Bereiche berücksichtigt werden: Ein Arzt einer Station soll die Patienten auf der Normalstation versorgen, Patienten auf der Intensivstation besuchen und stationäre, bzw. ebenso ambulante Operationen durchführen. Die benötigte Zeit auf der Normalstation kann wie bei dem Pflegepersonal in

Abb.11: Funktionsbereiche des Ärztlichen Dienstes (Quelle: Daten aus Bayerischer Kommunaler Prüfungsverband [1997])

eine Fallzeit und eine Grundzeit untergliedert werden:[79]

1. Die Fallzeit wird mit einem Durchschnittswert von 60 Minuten pro Patient angesetzt, in der z.B. Aufnahme- und Abschlußuntersuchungen, Arztbrief, Gespräche mit Angehörigen und Diagnostik erfaßt sind

2. In der Grundzeit von durchschnittlich 11 Minuten sind die Zeiten pro Tag und Patient enthalten, die z.B. durch Visite oder stationäre Behandlungsmaßnahmen verursacht sind[80]

Die durchschnittliche Zeit pro Tag und Patient, die ein Arzt auf der Intensivstation verbringt, um Patienten seiner Abteilung zu „besuchen", beträgt 10 Minuten.[81]

Der Zeitbedarf des ärztlichen Personals bei den Operationen wird in zwei Schritten ermittelt.[82] Die Operationszeit drückt die reine „Arbeitszeit am Patienten" aus. Durch die Einführung von Gleichzeitigkeitskeitsfaktoren kann weiter ausgedrückt werden, wie viele Ärzte

---

[79] Die zugehörige Excel-Datei und die Dokumentation der Daten findet sich im Anhang S.12, Tab. A12
[80] vgl. Bayerischer Kommunaler Prüfungsverband [1997], S.33
[81] Mündliche Auskunft
[82] Die zugehörige Excel-Datei und die Dokumentation der Daten findet sich im Anhang S.11, Tab. A11

während der Operationszeit nötig sind, bzw. um welchen Teil die ärztliche Zeit die reine Operationszeit über- oder unterschreitet. So kann beispielsweise bei einer Operationszeit von 60 Minuten ein Gleichzeitigkeitsfaktor von 1,5 bedeuten, daß während der 60-minütigen Operation ein zweiter Arzt nur 30 Minuten anwesend oder ein Arzt mit der Vor- oder Nachbereitung der Operation zusätzlich 30 Minuten beschäftigt ist. Da es im Modell für die Berechnung des benötigten Personals keine Rolle spielt, wie sich diese Zeiten im Einzelnen aufgliedern, sind sie hier zusammengefaßt.

Bei den ambulanten Operationen gliedert sich der Zeitbedarf ebenso in Untersuchungs-, bzw. Diagnosezeit und Operationszeit auf. Aus modelltheoretischen Gründen wird hier die Untersuchungs- und Operationszeit für den ärztlichen Dienst in einem Zeitwert ausge-drückt.

Ferner wird im Bereich der Operationen eine Unterscheidung nach der Operationsart vorge-nommen: Zwar werden mit Ausnahme einer Operationsart alle Operationen offen-chirurgisch durchgeführt, so daß diese Unterteilung eigentlich unterbleiben könnte. Ande-rerseits wird an dieser Stelle deutlich, wie eine Differenzierung desselben Sachverhalts in einem LP-Modells vollzogen werden kann. Des weiteren ist es in Anbetracht der fortschrei-tenden Technik durchaus denkbar, daß einige Operationen in der Zukunft auf unterschiedli-che Arten durchgeführt werden.

Die Bezeichnung als „endoskopische" Operation soll daher nicht als Definition der Operati-onsart verstanden werden, sondern lediglich alternative Techniken zu einer „offen-chirurgischen" Operation ausdrücken.

Normalstation, Operationen und Ambulanz

Variablen

x_{AA}	Bedarf an Ärztlichem Dienst auf der Normalstation Augenheilkunde [Personen/Jahr]
x_{AC}	Bedarf an Ärztlichem Dienst auf der Normalstation Chirurgie [Personen/Jahr]
x_{AF}	Bedarf an Ärztlichem Dienst auf der Normalstation Fr. und Geburtshilfe [Personen/Jahr]
x_{AH}	Bedarf an Ärztlichem Dienst auf der Normalstation HNO [Personen/Jahr]
x_{AI}	Bedarf an Ärztlichem Dienst auf der Normalstation Innere Medizin [Personen/Jahr]

Koeffizienten

AD_A	Verfügbare Zeit einer Person des Ärztl. Dienstes in der Abteilung Augenheilkunde [min/Jahr]

$AD\_A\_A_j$ Benötigte Zeit des Ärztl. Dienstes aus der Augenheilkunde für einen ambulanten Patienten der Fallklasse j [min]

$AD\_A\_C_j$ Benötigte Zeit des Ärztl. Dienstes aus der Chirurgie für einen ambulanten Patienten der Fallklasse j [min]

$AD\_A\_F_j$ Benötigte Zeit des Ärztl. Dienstes aus der Fr. und G. für einen ambulanten Patienten der Fallklasse j [min]

$AD\_A\_H_j$ Benötigte Zeit des Ärztl. Dienstes aus der HNO-Abteilung für einen ambulanten Patienten der Fallklasse j [min]

$AD\_A\_I_j$ Benötigte Zeit des Ärztl. Dienstes aus der inneren Medizin für einen ambulanten Patienten der Fallklasse j [min]

AD_C Verfügbare Zeit einer Person des Ärztlichen Dienstes in der Abteilung Chirurgie [min/Jahr]

AD_F Verfügbare Zeit einer Person des Ärztl. Dienstes in der Abteilung Fr. und G. [min/Jahr]

AD_H Verfügbare Zeit einer Person des Ärztl. Dienstes in der Abteilung HNO [min/Jahr]

AD_I Verfügbare Zeit einer Person des Ärztl. Dienstes in der Abteilung Innere Medizin [min/Jahr]

GZ_E_j Gleichzeitigkeitsfaktor des Ärztlichen Dienstes bei einer endoskopischen Operation an einem Patienten der Fallklasse j

GZ_O_j Gleichzeitigkeitsfaktor des Ärzlichen Dienstes bei einer offen-chirurgischen Operation an einem Patienten der Fallklasse j

OPZ_E_j Operationszeit bei einer endosk. Operation an einem Patienten der Fallklasse j [min]

OPZ_O_j Operationszeit bei einer offen-chir. Operation an einem Patienten der Fallklasse j [min]

OPH_E_j Operationshäufigkeit einer endoskopischen Operation der Patienten der Fallklasse j [min]

OPH_O_j Operationshäufigkeit einer offen-chir. Operation der Patienten der Fallklasse j [min]

Z_ADF_j Zeitbedarf des Ärztl. Dienstes für einen Patienten der Fallklasse j auf der Normalstation [min/Fall]

Z_ADG_j Zeitbedarf des Ärztl. Dienstes für einen Patienten der Fallklasse j auf der Normalstation [min/Tag]

Z_ADI_j Zeitbedarf des Ärztl. Dienstes für einen Patienten der Fallklasse j auf der Intensivstation [min/Tag]

Restriktionen

$$\sum_{j=1}^{5}[Z\_ADF_j + Z\_ADG_j *(H\_IB_j *VD\_MIN_j + H\_OIB_j *VD\_OIN_j) +$$
$$OPH\_E_j *OPZ\_E_j *GZ\_E_j + OPH\_O_j *OPZ\_O_j *GZ\_O_j + \quad\quad (GL24)$$
$$H\_IB_j *VD\_I_j *Z\_ADI_j]* x_j + \sum_{j=26}^{30} AD\_A\_I_j * x_j \leq AD\_I * x_{AI}$$

$$\sum_{j=6}^{10}[Z\_ADF_j + Z\_ADG_j * (H\_IB_j * VD\_MIN_j + H\_OIB_j * VD\_OIN_j) +$$
$$OPH\_E_j * OPZ\_E_j * GZ\_E_j + OPH\_O_j * OPZ\_O_j * GZ\_O_j + \qquad \text{(GL25)}$$
$$H\_IB_j * VD\_I_j * Z\_ADI_j] * x_j + \sum_{j=26}^{30} AD\_A\_C_j * x_j \le AD\_C * x_{AC}$$

$$\sum_{j=11}^{15}[Z\_ADF_j + Z\_ADG_j * (H\_IB_j * VD\_MIN_j + H\_OIB_j * VD\_OIN_j) +$$
$$OPH\_E_j * OPZ\_E_j * GZ\_E_j + OPH\_O_j * OPZ\_O_j * GZ\_O_j + \qquad \text{(GL26)}$$
$$H\_IB_j * VD\_I_j * Z\_ADI_j] * x_j + \sum_{j=26}^{30} AD\_A\_H_j * x_j \le AD\_H * x_{AH}$$

$$\sum_{j=16}^{20}[Z\_ADF_j + Z\_ADG_j * (H\_IB_j * VD\_MIN_j + H\_OIB_j * VD\_OIN_j) +$$
$$OPH\_E_j * OPZ\_E_j * GZ\_E_j + OPH\_O_j * OPZ\_O_j * GZ\_O_j + \qquad \text{(GL27)}$$
$$H\_IB_j * VD\_I_j * Z\_ADI_j] * x_j + \sum_{j=26}^{30} AD\_A\_F_j * x_j \le AD\_F * x_{AF}$$

$$\sum_{j=21}^{25}[Z\_ADF_j + Z\_ADG_j * (H\_IB_j * VD\_MIN_j + H\_OIB_j * VD\_OIN_j) +$$
$$OPH\_E_j * OPZ\_E_j * GZ\_E_j + OPH\_O_j * OPZ\_O_j * GZ\_O_j + \qquad \text{(GL28)}$$
$$H\_IB_j * VD\_I_j * Z\_ADI_j] * x_j + \sum_{j=26}^{30} AD\_A\_A_j * x_j \le AD\_A * x_{AA}$$

Anästhesie

Mit der Anästhesiezeit ist zusammenfassend die Zeit erfaßt, die ein Anästhesiearzt mit der Anästhesie, mit prä- und postoperativen Tätigkeiten beschäftigt oder während der Operationszeit anwesend ist.

Variable

x_{AAN} Bedarf an Ärztlichem Dienst in der Anästhesie [Personen/Jahr]

Koeffizienten

AD_AN   Verfügbare Zeit einer Person des ärztlichen Dienstes in der Anästhesie [min/Jahr]

ANZ_E$_j$ Anästhesiezeit bei einer endosk. Operation an einem Patienten der Fallklasse j [min]

ANZ_O$_j$ Anästhesiezeit bei einer offen-chir. Operation an einem Patienten der Fallklasse j [min]

Restriktion

$$\sum_{j=1}^{30}(OPH\_E_j * ANZ\_E_j + OPH\_O_j * ANZ\_O_j) * x_j \le AD\_AN * x_{AAN} \quad \text{(GL29)}$$

Zentrallabor

Da der Bedarf an Laborärzten nicht aufgrund von direkt zurechenbaren Zeiten der Patientenuntersuchungen ermittelt werden kann, kommt hier eine Anhaltszahl des BKPV zur Anwendung, nach der auf 10 nichtärztliche Mitarbeiter im Labor ein Facharzt im Zentrallabor eingesetzt wird.[83]

Variable

x_{AZ} Bedarf an Ärztlichem Dienst im Zentrallabor [Personen/Jahr]

Koeffizient

AHZ_AZ   Anhaltszahl des BKPV: Anzahl medizinisch-technische Mitarbeiter im Labor je Vollkraft
             ärztlicher Dienst im Zentrallabor

Restriktion

$$x_{ML} \, / \, AHZ\_AZ = x_{AZ} \qquad \text{(GL30)}$$

2.4.3.5 Funktionsdienst

Der Funktionsdienst ist in den in Abbildung 12 aufgeführten Bereichen tätig. Simultan zu der bisherigen Vorgehensweise werden auch für den Funktionsdienst die grün dargestellten Bereiche in den Restriktionen geplant und die blau markierten als bereits angestelltes Personal behandelt. Dabei wird in den Bereichen Operationsdienst und Anästhesie gleich wie bei dem ärztlichen Personal mit Gleichzeitigkeitsfaktoren gearbeitet.

---

[83] vgl. Bayerischer Kommunaler Prüfungsverband [1997], S.57

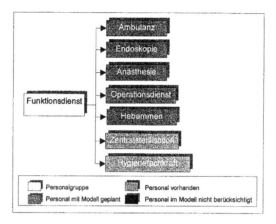

Abb.12: Funktionsbereiche des Funktionsdienstes
(Quelle: Daten aus Bayerischer Kommunaler
Prüfungsverband [1997])

Variablen

x_{FA}	Bedarf an Personal des Funktionsdienstes in der Anästhesie [Personen/Jahr]
x_{FE}	Bedarf an Personal des Funktionsdienstes in der Endoskopie [Personen/Jahr]
x_{FO}	Bedarf an Personal des Funktionsdienstes im Operationsdienst [Personen/Jahr]
x_{FAM}	Bedarf an Personal des Funktionsdienstes in der Ambulanz [Personen/Jahr]
x_{FH}	Bedarf an Personal des Funktionsdienstes Hebamme [Personen/Jahr]

Koffizienten

FD_A	Verfügbare Zeit einer Person des Funktionsdienstes in der Anästhesie [min/Jahr]
FD_AM	Verfügbare Zeit einer Person des Funktionsdienstes in der Ambulanz [min/Jahr]
FD_E	Verfügbare Zeit einer Person des Funktionsdienstes in der Endoskopie [min/Jahr]
FD_O	Verfügbare Zeit einer Person des Funktionsdienstes im Operationsdienst [min/Jahr]
FD_H	Verfügbare Zeit einer Person des Funktionsdienstes Hebamme [min/Jahr]
GZ_FAE$_j$	Gleichzeitigkeitsfaktor des Funktiondienstes in der Anästhesie bei endoskopischer Operation an einem Patienten der Fallklasse j
GZ_FAO$_j$	Gleichzeitigkeitsfaktor des Funktiondienstes in der Anästhesie bei offen-chirurgischer Operation an einem Patienten der Fallklasse j
GZ_FOE$_j$	Gleichzeitigkeitsfaktor des Funktionsdienstes bei einer endoskopischen Operation an einem Patienten der Fallklasse j
GZ_FOO$_j$	Gleichzeitigkeitsfaktor des Funktionsdienstes bei einer offen-chirurgischen Operation an einem Patienten der Fallklasse j
GZ_FH$_j$	Gleichzeitigkeitsfaktor des Funktionsdienstes Hebamme bei einer Geburt
L_EI$_j$	Leistungsanzahl der endosk. Untersuchung 1 für einen Patienten der Fallklasse j

L_E2$_j$	Leistungsanzahl der endosk. Untersuchung 2 für einen Patienten der Fallklasse j
Z_E1$_j$	Zeitbedarf für die endosk. Untersuchung 1 für einen Patienten der Fallklasse j [min]
Z_E2$_j$	Zeitbedarf für die endosk. Untersuchung 2 für einen Patienten der Fallklasse j [min]
Z_FDA$_j$	Zeitbedarf des Funktionsdienstes in der Ambulanz für die Behandlung eines Patienten der Fallklasse j [min/Fall]

Restriktionen[84]

Endoskopie

$$\sum_{j=1}^{30}(OPH\_E_j * OPZ\_E_j * GZ\_FOE_j +$$

$$L\_E1_j * Z\_E1_j + L\_E2_j * Z\_E2_j) * x_j \leq FD\_E * x_{FE} \qquad (GL31)$$

Operationsdienst $\quad \displaystyle\sum_{j=1}^{30}OPH\_O_j * OPZ\_O_j * GZ\_FOO_j * x_j \leq FD\_O * x_{FO}$ (GL32)

Anästhesie $\quad \displaystyle\sum_{j=1}^{30}(OPH\_E_j * ANZ\_E_j * GZ\_FAE_j +$

$$OPH\_O_j * ANZ\_O_j * GZ\_FAO_j) * x_j \leq FD\_A * x_{FA} \qquad (GL33)$$

Ambulanz $\quad \displaystyle\sum_{j=26}^{30}Z\_FDA_j * x_j \leq FD\_AM * x_{FAM}$ (GL34)

Hebammen

$$OPZ\_O_{16} * GZ\_FH_{16} * x_{16} + OPZ\_O_{18} * GZ\_FH_{18} * x_{18} +$$

$$OPZ\_O_{19} * GZ\_FH_{19} * x_{19} \leq FD\_H * x_{FH} \qquad (GL35)$$

2.4.3.6 Personalwesen

Vergleichbar mit der Pflegedienstleitung sind die benötigten Kräfte des Personalwesens aus der Personalgruppe Verwaltungsdienst abhängig von der gesamten Anzahl des Personals im Krankenhaus. Damit muß dieser Bereich ebenfalls im Modell geplant werden, da sich die Anzahl der Arbeitskräfte erst mit der Lösung des LP-Modells ergeben wird.

---

[84] Die zugehörigen Excel-Dateien und die Dokumentation der Daten finden sich im Anhang S.13, Tab. A13 und Anhang S.13, Tab. A14

Variablen

x_{PW} Bedarf an Personen für die Verwaltung Personalwesen [Personen/Jahr]

Koffizienten

AHZ_PW Anhaltszahl des BKPV: Anzahl Personal je Vollkraft Personalwesen

AZ_PER Anzahl an Personen, die bereits fest eingestellt sind (Technischer Dienst, Wirtschafts- und Versorgungsdienst......)[85]

Restriktion

$$(AZ\_PER + x_{PP} + x_{PD} + x_{MRA} + x_{AA} + x_{AAN} + x_{AC} + x_{AF} + x_{AH} + x_{AI} + x_{AZ} + x_{FA} + x_{FE} +$$
$$x_{FO} + x_{FAM} + x_{FH} + x_{MK} + x_{ML} + x_{MP}) / AHZ\_PW = x_{PW}$$

(GL36)

2.4.4 Geräte- und Raumkapazitätsplanung

Konstanten

GK_LA1 Gerätekapazität des Laborgerätes 1 [Proben/Jahr]

GK_LA2 Gerätekapazität des Laborgerätes 2 [Proben/Jahr]

GK_LA3 Gerätekapazität des Laborgerätes 3 [Proben/Jahr]

GK_LA4 Gerätekapazität des Laborgerätes 4 [Proben/Jahr]

GK_RO Gerätekapazität des Röntgengerätes [min/Jahr]

GK_UL1 Gerätekapazität des Ultraschallgerätes 1 [min/Jahr]

GK_UL2 Gerätekapazität des Ultraschallgerätes 2 [min/Jahr]

KAP_N Kapazität an Neugeborenenbetten [Pflegetage/Jahr]

KAP_O Kapazität der Operationstische [min/Jahr]

KAP_K Kapazität des Kreißsaales [min /Jahr]

Restriktionen[86]

Röntgen $$\sum_{j=1}^{30} L\_RO_j * Z\_RO_j * x_j \le GK\_RO$$ (GL37)

Laborgerät 1 $$\sum_{j=1}^{30} L\_LA1_j * x_j \le GK\_LA1$$ (GL38)

Untersuchung Gerinnungsstatus Plasma

---

[85] Zur Ermittlung des Personalbestandes siehe Kapitel 2.4.5.3
[86] Die zugehörige Excel-Datei und die Dokumentation der Daten findet sich im Anhang S.14, Tab. A15

Laborgerät 2
$$\sum_{j=1}^{30}(L\_LA2_j + L\_LA3_j)*x_j \le GK\_LA2 \qquad \text{(GL39)}$$

Untersuchung Enzyme / Substrate im Serum

Laborgerät 3
$$\sum_{j=1}^{30} L\_LA4_j *x_j \le GK\_LA3 \qquad \text{(GL40)}$$

Untersuchung Elektrolyten im Serum

Laborgerät 4
$$\sum_{j=1}^{30} L\_LA5_j *x_j \le GK\_LA4 \qquad \text{(GL41)}$$

Untersuchung Blutzucker

Ultraschall 1
$$\sum_{j=1}^{30} L\_UL1_j * Z\_UL1_j *x_j \le GK\_UL1 \qquad \text{(GL42)}$$

Sonographie

Ultraschall 2
$$\sum_{j=1}^{30} L\_UL2_j * Z\_UL2_j *x_j \le GK\_UL2 \qquad \text{(GL43)}$$

Ultraschall

Operationssaal[87]

$$\sum_{j=1}^{30}(OPH\_O_j * OPZ\_O_j + OPH\_E_j * OPZ\_E_j)*x_j -$$
$$OPH\_O_{16} * OPZ\_O_{16} *x_{16} - OPH\_O_{18} * OPZ\_O_{18} *x_{18} - \qquad \text{(GL44)}$$
$$OPH\_O_{19} * OPZ\_O_{19} *x_{19} \le KAP\_O$$

Neugeborenenstation

$$PGN*VD\_N*(x_{16}+x_{18}+x_{19}) \le KAP\_N \qquad \text{(GL45)}$$

Kreißsaal

$$OPZ\_O_{16}*x_{16}+OPZ\_O_{18}*x_{18}+OPZ\_O_{19}*x_{19} \le KAP\_K \qquad \text{(GL46)}$$

2.4.5 Zielfunktion

2.4.5.1 Ziel des Modells

Nachdem in den vorangegangenen Kapiteln alle Restriktionen des LP-Modells aufgestellt wurden, ist nun zu klären, welches Ziel mit der Berechnung des Modells verfolgt werden

---

[87] Da in der Excel-Datei die Entbindungszeiten unter den offen-chirurgischen Operationen aufgeführt wurde, müssen diese für die Berechnung der Belegung des Operationssaales abgezogen werden.

soll.[88] Grundsätzlich bleibt es bei der Ermittlung des optimalen Fallklassen-Programms eines Krankenhauses. Dieses kann aber auf unterschiedlichen Wegen geschehen:

Denkbar wäre vor allem in Hinblick auf die derzeitige Kostensituation im Krankenhauswesen, bei der Auswahl der Patienten eine Kostenminimierung anzustreben.

Damit verbunden ist aber gleichzeitig, daß bei der Berechnung des Modells für ein Krankenhaus (bei keiner Vorgabe einer Mindestanzahl an Patienten) das Ergebnis sein wird, keinen Patient im Krankenhaus zu behandeln, da jeder Patient „kostet". Sobald im Modell der Versorgungsauftrag des Krankenhauses berücksichtigt und die Mindestanzahl an zu versorgenden Patienten vorgegeben wird, wird wiederum höchstens die vorgegebene Patientenmenge das Ergebnis der Berechnungen sein.

Lediglich bei der Erweiterung des Modells auf fünf Krankenhäuser, die im Verbund arbeiten, kann eine eigentliche „Planung" erfolgen: Die Mindestanzahl an Patienten wird auf die Krankenhäuser verteilt, daß für jede Fallklasse die günstigste Versorgung gewählt wird. Gleich bleibt aber, daß nicht mehr Patienten als nötig in die Krankenhäuser aufgenommen werden. Damit impliziert diese Zielsetzung, daß in den Krankenhäusern freie Kapazitäten und Ressourcen nicht genutzt und ausgelastet werden.

Anders verhält es sich, wenn in die Zielfunktion die Erlöse für die Behandlung eines Patienten mit einbezogen werden, d.h. die von den Krankenkassen entrichteten Fallpauschalen. Denn sobald für eine bestimmte Fallklasse der Erlös über den Kosten der Behandlung liegt, werden von diesem Patienten mehr Fälle aufgenommen und freie Kapazitäten genutzt.

Von dieser Seite betrachtet handelt es sich bei dem Ziel des Modells um eine Überschußmaximierung, die aber dem Ziel der Kostenminimierung nicht entgegensteht: Da für jede Fallklasse ein gleiches Entgelt bezahlt wird, bedingt eine Überschußmaximierung, die Kosten zu minimieren. Damit werden zwei Ziele gleichzeitig verfolgt, wobei das Hauptziel in der Überschußmaximierung und das Zwischenziel in der Kostenreduzierung liegt.[89] Daher soll es Ziel des Modells sein, den Überschuß zu maximieren.

An dieser Stelle kann weiter überlegt werden, inwieweit Fixkosten in das Modell einbezogen werden. Grundsätzlich sind Fixkosten in einem Modell nicht entscheidungsrelevant und können in der Zielfunktion weggelassen werden.[90]

---

[88] Wäre das Krankenhaus ein z.B. von einer GmbH getragenes privates Krankenhaus, müßte darauf nicht näher eingegangen werden. Das Ziel wäre eine Überschuß- oder Gewinnmaximierung.
[89] Zur Zielspaltung vgl. Meyer, M. [1996b], S.147 ff.
[90] Die optimale Lösung wird berechnet und anschließend der Fixkostenblock abgezogen. Für die Optimallösung der Variablen spielt es daher keine Rolle, wie hoch die Fixkosten ausfallen.

Der Einbezug von Fixkosten ist aber dann wichtig, wenn auf Grundlage dieser Fixkosten eine Entscheidung getroffen werden muß. Das bedeutet z.B. im Rahmen einer Investitionsentscheidung, daß die Berücksichtigung der Fixkosten davon abhängig gemacht wird, ob die Investition vorgenommen wird oder nicht.

Wie in Kapitel 1.3.2 ausgeführt, soll im Regionalmodell die Möglichkeit offenstehen, Abteilungen oder ganze Krankenhäuser zu schließen. Das heißt, daß die Fixkosten der Krankenhäuser in der Zielfunktion berücksichtigt werden müssen. Aus diesem Grund werden für alle Modelle -sowohl für die Berechnungen der einzelnen Krankenhäuser als auch für das Regionalmodell- die Fixkosten in die Zielfunktion einbezogen, um damit die Berechnungen aller Modelle auf gleicher Grundlage durchführen zu können und Vergleichswerte zu erhalten.[91]

Da die Modifikationen des Regionalmodells von den Abteilungsschließungen bis hin zu den Krankenhausschließungen schrittweise erfolgen, werden im folgenden die Fixkostenbereiche und Zwischenergebnisse definiert:

Erlöse aus Fallpauschalen	
- den Patienten direkt zurechenbare Sachkosten (1)	Untersuchungskosten, Operationskosten, Verpflegungskosten
= Deckungsbeitrag I	
- Personalkosten (2)	Kosten für das Personal, das mit dem Modell geplant wird
= Deckungsbeitrag II	
- Fixkosten der Abteilungen (3)	Innere Medizin, Chirurgie, HNO, Frauenheilkunde und Geburtshilfe., Augenheilkunde
= Deckungsbeitrag III	
- Restliche Fixkosten des Krankenhauses (4)	**Fixkosten für Funktionsabteilungen** Labor, Endoskopie, Physikalische Therapie, usw.. **Fixkosten für Personal** im Verwaltungsdienst, Technischem Dienst, usw...
= Überschuß	

Tab. 8: Definition der Fixkostenblöcke und Deckungsbeiträge für das LP-Modell (Quelle: Eigene Darstellung)

An dieser Schematisierung wird sich die Zielfunktionsaufstellung orientieren.

---

[91] Die LP-Software XPRESS-MP erlaubt es, Konstanten in der Zielfunktion einzugeben

2.4.5.2 Entgelte im Krankenhauswesen

Bevor auf die Erlöse aus Fallpauschalen eingegangen wird, die im Modell Anwendung finden, werden die unterschiedlichen Entgeltformen definiert:

Basispflegesatz[92]

Der Basispflegesatz umfaßt alle Kosten, die weder dem Patienten als Behandlungsfall noch der behandelnden bzw. pflegenden Abteilung im Krankenhaus zugerechnet werden können. Mit dem Basispflegesatz werden die sog. „Hotelleistungen" vergütet, z.B. Kosten der Unterkunft, Verpflegung oder Verwaltung. Der Basispflegesatz ist nicht leistungsbezogen, sondern pauschaliert. Grundlage ist §12 Abs.1 und §13 Abs.1 BPflV.

Abteilungspflegesatz[93]

Der Abteilungspflegesatz ist ein pauschaliertes Entgelt, das sich auf die medizinischen und pflegerischen Leistungen einer Abteilung bezieht. Der Abteilungspflegesatz ist nicht leistungsbezogen. Grundlage ist §12 Abs1. und §13 Abs.1 BPflV.

Sonderentgelt[94]

Sonderentgelte decken Operationsleistungen ab, d.h. die Personal- und Sachkosten, die im Operationssaal anfallen. Das Sonderentgelt ist leistungsbezogen. Grundlage ist §11 Abs.2 BPflV.

Fallpauschale[95]

Eine Fallpauschale ist die Vergütung für alle anfallenden Leistungen eines Behandlungsfalles, die während des Aufenthalts des Patienten anfallen. Die Voraussetzung für die Abrechnung einer Fallpauschale ist, daß der Patient innerhalb einer vorgegebenen Grenzverweildauer im Krankenhaus liegt. Bei Überschreitung der Grenzverweildauer wird für die folgenden Aufenthaltstage der tagesgleiche Basis- und Abteilungspflegesatz vergütet. Die Fallpauschale ist ein leistungsbezogenes Entgelt. Grundlage ist §11 Abs.1 BPflV.

---

[92] vgl. Friedrich-Alexander-Universität Erlangen-Nürnberg [online a], S.1
[93] vgl. Friedrich-Alexander-Universität Erlangen-Nürnberg [online b], S.1
[94] vgl. Friedrich-Alexander-Universität Erlangen-Nürnberg [online c], S.1
[95] vgl. Friedrich-Alexander-Universität Erlangen-Nürnberg [online d], S.1

Für Sonderentgelte und Fallpauschalen existiert jeweils ein Sonderentgelt- oder Fallpauschalen-Katalog, in dem als Bewertungsrelationen Punkte vorgegeben sind, die sich wiederum in Personal- und Sachpunkte teilen. Das letztliche Entgelt aus den Pauschalen ergibt sich durch eine Bewertung der vorgegebenen Sach- und Personalpunkte mit Punktwerten [DM/Punkt]. Damit erfolgt die Regulierung der tatsächlichen Entgelte über den Ansatz der Punktwerte.

Im Modell werden alle Patientenbehandlungen nach Fallpauschalen abgegolten. In Kapitel 2.4.1.1 wurde bereits für jede ICD9-Diagnose eine zugehörige ICPM-Nummer gesucht, um eine Entlohnung nach Fallpauschalen zu erreichen. Da es für die ICD9-Diagnosen 436, 850, 388, 473, 365, 361, 362 und 378 keine Kombination mit einer ICPM-Nummer gibt, so daß eine Fallpauschale entrichtet wird, muß hier eine fiktive Fallpauschale entwickelt werden.[96] Dazu werden die vom Statistischen Bundesamt veröffentlichten durchschnittlichen Verweildauern dieser Patienten mit einem Abteilungs- und Basispflegesatz multipliziert.[97] Da diese Fallklassen im Modell auf der Intensivstation behandelt werden können, wird zusätzlich der Abteilungspflegesatz für die Intensivstation mit der durchschnittlichen Verweildauer auf der Intensivstation multipliziert.

Bei der Entlohnung einer Fallklasse soll aber nicht danach unterschieden werden, ob der Patient intensiv behandelt wurde oder nicht. Daher wird auf die „Fallpauschale" ein Zuschlag vorgenommen, der sich aus der Multiplikation der Häufigkeit einer Intensivbehandlung mit den Kosten ergibt. Zuletzt wird dieser Betrag noch in einen Personal- und Sachkostenanteil aufgeteilt, um damit die gleichen Bewertungsrelationen wie bei den offiziellen Fallpauschalen zu erhalten.

Es sei hervorgehoben, daß die auf diesem Weg ermittelten Fallpauschalen nur zum Zwecke der gleichartigen Entlohnung im LP-Modell festgesetzt werden, in keinem Zusammenhang mit den tatsächlichen Kosten stehen und in der Realität sicherlich nicht Anwendung finden.

Für das Modell werden auch die offiziellen Fallpauschalen modifiziert.[98] Ein Krankenhaus soll es nicht von einer Operation abhängig machen können, ob es einen Patienten aufnimmt oder nicht. Da die Fallpauschalen darauf ausgerichtet sind, nur im Falle einer Operation bezahlt zu werden (notwendige Koppelung von ICD9-Diagnose und ICPM nach dem

---

[96] Die zugehörige Excel-Datei findet sich im Anhang S.15, Tab. A16
[97] Zu den Durchschnittsverweildauern vgl. Gerste, B. [1997], S.227; Zu den Abteilungs- und Basispflegesätzen siehe im Anhang S.16, Abb. A14
[98] Die zugehörige Excel-Datei findet sich im Anhang S.17, Tab. A17

Schlüssel-Schloß-Prinzip), müssen die Kosten, die für den Bereich der Operation kalkuliert sind, nach der prozentualen Operationshäufigkeit der Patienten als Zuschlag auf alle Fallpauschalen verteilt werden. Damit kann diese Fallpauschale für alle Patienten einer Fallklasse entrichtet werden, unabhängig davon, ob der Patient operiert wurde oder nicht.

2.4.5.3 Aufstellung der Zielfunktion

Im Modell werden als Erlöse (vgl. Tab.8) die Personal- und Sachpunkte der Fallpauschalen mit den Punktwerten für Personal- und Sachkosten multipliziert. Aus Abbildung 13 und 14 wird ersichtlich, daß innerhalb Deutschlands in jedem Bundesland andere Punktwerte festgesetzt sind. Darum wird im Modell der Mittelwert über alle Punktwerte eingesetzt. Von diesen Erlösen werden die einem Patienten direkt zurechenbaren Kosten (vgl. Tab.8(1)) und als nächster Block die Personalkosten des geplanten Personals abgezogen (vgl. Tab.8(2)).

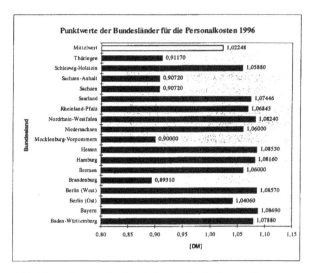

Abb.13: Punktwerte der Bundesländer für die Personalkosten
(Quelle: Eigene Darstellung)

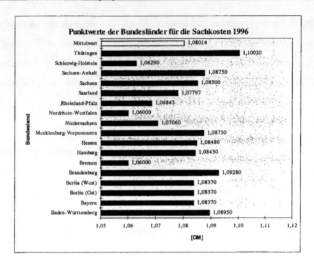

Abb.14: Punktwerte der Bundesländer für die Sachkosten
(Quelle: Eigene Darstellung)

Problematisch erweist sich die Erfassung der Fixkostenblöcke (Tab.8(3),(4)), da in den Krankenhäusern nicht nach unterschiedlichen Abteilungen differenziert wird. Aus diesem Grund wird auf die durchschnittlichen Kosten je Pflegetag zurückgegriffen, die nicht in direktem Zusammenhang mit der Behandlung eines Patienten stehen.[99]

Posten	Pos. Nr.	Kosten je Pflegetag (DM) 1994	Pflegetage der Vorperiode im Krankenhaus	Fixer Kostenteil eines Jahres
Wasser, Energie, Brennstoffe	1	12,89	117.999	1.521.007,11
Wirtschaftsbedarf	2	18,26	117.999	2.154.661,74
Verwaltungsbedarf	3	9,02	117.999	1.064.350,98
Zentrale Verwaltungs-dienste	4	2,37	117.999	279.657,63
Zentrale Gemeinschafts.dienste	5	1,16	117.999	136.878,84
Steuern, Abgaben, Versicherungen	6	4,95	117.999	584.095,05
Instandhaltung	7	22,96	117.999	2.709.257,04
Gebrauchsgüter	8	1,23	117.999	145.138,77
Zinsen für Betriebs-mittelkredite	9	0,97	117.999	114.459,03
				8.709.506,19

Tab. 9: Fixkosten im Krankenhaus (Quelle: Eigene Darstellung)

---

[99] vgl. Deutsche Krankenhausgesellschaft [1996], S.61

Dabei geht die Berechnung der Fixkosten von den Pflegetagen einer „Vorperiode" aus (vgl. Tab.9). Gemeint ist, daß im Modell die Kosten angesetzt werden, die sich aus den Pflegetagen ergeben, wenn genau die Patienten der Region versorgt werden (vgl. Tab.7). Im nächsten Schritt erfolgt eine Umlegung dieser Fixkosten auf die Anzahl der Betten in den unterschiedlichen Abteilungen, die als Abteilungsfixkosten definiert werden.[100]

Über die Fixkosten der Funktionsabteilungen Labor, Radiologie, usw. kann in Abhängigkeit von der Krankenhausgröße generell keine Aussage getroffen werden. Daher muß im Modell mit den Zahlen gearbeitet werden, die sich aus unterschiedlichen Krankenhäusern mit verschiedenen Bettenanzahlen ergeben haben. Damit ist durchaus verbunden, daß in dem Modell Kosten doppelt erfaßt sein können: Zum einen abgedeckt durch die durchschnittlichen Kosten je Pflegetag und zum anderen durch die von einem Krankenhaus individuell ermittelten Kosten einer Funktionsabteilung.

Abschließend bleibt die Berechnung des im Krankenhaus bereits angestellten Personals. Wie bereits ausgeführt, soll dieses Personal keine begrenzte Ressource sein und nur der anfallende Kostenblock berücksichtigt werden. Zur Ermittlung dieses Personals wird wie bei den Fixkosten der unterschiedlichen Abteilungen verfahren:

Da mittels der Kennziffernmethode das benötigte Personal bestimmt wird, sind Anzahl der Patienten, Pflegetage, belegter oder aufgestellter Betten notwendig. Da sich diese aber erst durch die Modellberechnungen ergeben, wird hier die „Vorperiode" herangezogen. Ausgehend von der Mindestversorgung der Region ergeben sich die Kräfte, die im Modell bereits angestellt sein sollen, und damit die Fixkosten für das Personal.[101] Nach der Erläuterung aller notwendigen Daten kann die Formulierung der Zielfunktion erfolgen.

Koeffizienten

FK_A	Fixkostenposten Augenheilkunde [DM/Jahr]
FK_AN	Fixkostenposten Anästhesie [DM/Jahr]
FK_C	Fixkostenposten Chirurgie [DM/Jahr]
FK_E	Fixkostenposten Endoskopie [DM/Jahr]
FK_F	Fixkostenposten Frauenheilkunde und Geburtshilfe [DM/Jahr]
FK_H	Fixkostenposten HNO [DM/Jahr]
FK_I	Fixkostenposten Innere Medizin [DM/Jahr]
FK_IN	Fixkostenposten Intensivstation [DM/Jahr]
FK_K	Fixkostenposten Kreißsaal [DM/Jahr]

---

[100] Die zugehörige Excel-Datei findet sich im Anhang S.17, Tab. A18
[101] Die zugehörige Excel-Datei und die Dokumentation der Daten befindet sich im Anhang S.18, Tab. A19; Die Anzahl des angestellten Personals wurde bereits in Gleichung 44 als AZ_PER definiert.

FK_KD	Fixkostenposten Kreislaufdiagnostik [DM/Jahr]
FK_L	Fixkostenposten Labor [DM/Jahr]
FK_O	Fixkostenposten Operationssaal [DM/Jahr]
FK_P	Fixkostenposten Physikalische Therapie [DM/Jahr]
FK_PER	Fixkostenposten Personal [DM/Jahr]
FK_R	Fixkostenposten Radiologie [DM/Jahr]
FPP_j	Punkte Personal der Fallpauschale für einen operierten Patienten der Fallklasse j
FPS_j	PunkteSachmittel der Fallpauschale für einen operierten Patienten der Fallklasse j
PK_AA	Personalkosten einer Person des ärztlichen Dienstes in der Augenheilkunde [DM/Jahr]
PK_AAN	Personalkosten einer Person des ärztlichen Dienstes in der Anästhesie [DM/Jahr]
PK_AC	Personalkosten einer Person des ärztlichen Dienstes in der Chirurgie [DM/Jahr]
PK_AF	Personalkosten einer Person des ärztlichen Dienstes in der Frauenheilkunde [DM/Jahr]
PK_AH	Personalkosten einer Person des ärztlichen Dienstes in der HNO [DM/Jahr]
PK_AI	Personalkosten einer Person des ärztlichen Dienstes in der Inneren Medizin [DM/Jahr]
PK_AZ	Personalkosten einer Person des ärztlichen Dienstes im Zentrallabor [DM/Jahr]
PK_FA	Personalkosten einer Person des Funktionsdienstes in der Anästhesie [DM/Jahr]
PK_FAM	Personalkosten einer Person des Funktionsdienstes in der Ambulanz [DM/Jahr]
PK_FE	Personalkosten einer Person des Funktionsdienstes in der Endoskopie [DM/Jahr]
PK_FO	Personalkosten einer Person des Funktionsdienstes im Operationsdienst [DM/Jahr]
PK_FH	Personalkosten einer Person des Funktionsdienstes Hebamme [DM/Jahr]
PK_MK	Personalkosten einer Person des MTD in der Kreislaufdiagnostik [DM/Jahr]
PK_ML	Personalkosten einer Person des MTD in der Labor [DM/Jahr]
PK_MP	Personalkosten einer Person des MTD in der Physikalischen Therapie [DM/Jahr]
PK_MR	Personalkosten einer Person des MTD in der Radiologie [DM/Jahr]
PK_MS	Personalkosten einer Person des MTD in der Strahlentherapie [DM/Jahr]
PK_MU	Personalkosten einer Person des MTD beim Ultraschall [DM/Jahr]
PK_PA	Personalkosten pro einer Person des Pflegepersonals in der Augenheilkunde [DM/Jahr]
PK_PC	Personalkosten pro einer Person des Pflegepersonals in der Chirurgie [DM/Jahr]
PK_PD	Personalkosten einer Person der Pflegedienstleitung [DM/Jahr]
PK_PF	Personalkosten pro einer Person des Pflegepers. in der Frauenh. und Geburtsh.[DM/Jahr]
PK_PH	Personalkosten pro einer Person des Pflegepersonals in der HNO [DM/Jahr]
PK_PI	Personalkosten pro einer Person des Pflegepersonals in der Inneren Medizin [DM/Jahr]
PK_PIN	Personalkosten pro einer Person des Pflegepersonals auf der Intensivstation [DM/Jahr]
PK_PN	Personalkosten pro einer Person des Pflegepersonals für Neugeborene [DM/Jahr]
PK_PW	Personalkosten einer Person im Personalwesen [DM/Jahr]
PWP	Punktwert Personal [DM/Punkt]
PWS	Punktwert Sachkosten [DM/Punkt]
S_AE_j	Sachkosten der Anästhesie bei einer endosk. Operation an Patient der Fallklasse j [DM]
S_AMB_j	Sachkosten in der Ambulanz pro Patient der Fallklasse j [DM/Patient]

S_AO$_j$	Sachkosten der Anästhesie bei einer offen-chir. Operation an Patient der Fallklasse j [DM]
S_BEKG$_j$	Sachkosten für Belastungs-EKG an Patient der Fallklasse j [DM/Belastungs-EKG]
S_E1$_j$	Sachkosten pro endosk. Untersuchung 1 für einen Patienten der Fallklasse j [DM/Untersuchung]
S_E2$_j$	Sachkosten pro endosk. Untersuchung 2 für einen Patienten der Fallklasse j [DM/Untersuchung]
S_EKG$_j$	Sachkosten für EKG an Patient der Fallklasse j [DM/EKG]
S_I$_j$	Sachkosten auf der Intensivstation für einen Patienten der Fallklasse j [DM/Tag]
S_LM	Sachkosten Lebensmittel für die Versorgung eines Patienten [DM/Tag]
S_NG	Sachkosten für die Versorgung eines Neugeborenen pro Tag [DM/Tag]
S_N$_j$	Sachkosten auf der Normalstation für einen Patienten der Fallklasse j [DM/Tag]
S_OE$_j$	Sachkosten einer endosk. Operation an Patient der Fallklasse j [DM/Operation]
S_OO$_j$	Sachkosten einer offen-chir. Operation an Patient der Fallklasse j [DM/Operation]
S_PH1$_j$	Sachkosten für die phys. Therapie 1 an Patient der Fallklasse j [DM/Phys.Therapie]
S_PH2$_j$	Sachkosten für die phys. Therapie 2 an Patient der Fallklasse j [DM/Phys. Therapie]
S_PH3$_j$	Sachkosten für die phys. Therapie 3 an Patient der Fallklasse j [DM/Phys. Therapie]
S_RO$_j$	Sachkosten für Röntgenuntersuchung an Patient der Fallklasse j [DM/Untersuchung]
S_ST$_j$	Sachkosten für Strahlentherapie an Patient der Fallklasse j [DM/Untersuchung]
S_UL1$_j$	Sachkosten für Ultraschalluntersuchung an Patient der Fallklasse j [DM/Untersuchung]
S_UL2$_j$	Sachkosten für Ultraschalluntersuchung an Patient der Fallklasse j [DM/Untersuchung]
S_LA1$_j$	Sachkosten für Laboruntersuchung 1 an Patient der Fallklasse j [DM/Untersuchung]
S_LA2$_j$	Sachkosten für Laboruntersuchung 2 an Patient der Fallklasse j [DM/Untersuchung]
S_LA3$_j$	Sachkosten für Laboruntersuchung 3 an Patient der Fallklasse j [DM/Untersuchung]
S_LA4$_j$	Sachkosten für Laboruntersuchung 4 an Patient der Fallklasse j [DM/Untersuchung]
S_LA5$_j$	Sachkosten für Laboruntersuchung 5 an Patient der Fallklasse j [DM/Untersuchung]
S_LEKG$_j$	Sachkosten für Langzeit-EKG an Patient der Fallklasse j [DM/Langzeit-EKG]

Zielfunktion

$$\sum_{j=1}^{30} \; [FPP_j * PWP + FPS_j * PWS -$$

$$(L\_LA1_j * S\_LA1_j + L\_LA2_j * S\_LA2_j + L\_LA3_j * S\_LA3_j + L\_LA4_j * S\_LA4_j +$$

$$L\_LA5_j * S\_LA5_j + L\_RO_j * S\_RO_j + L\_ST_j * S\_ST_j + L\_UL1_j * S\_UL1_j +$$

$$L\_UL2_j * S\_UL2_j + L\_EKG_j * S\_EKG_j + L\_BEKG_j * S\_BEKG_j +$$

$$L\_LEKG_j * S\_LEKG_j + L\_PH1_j * S\_PH1_j + L\_PH2_j * S\_PH2_j +$$

$$L\_PH3_j * S\_PH3_j + L\_E1_j * S\_E1_j + L\_E2_j * S\_E2_j) -$$

$$(OPH\_E_j * (S\_OE_j + S\_AE_j) + OPH\_O_j * (S\_OO_j + S\_AO_j)) -$$

$$(H\_IB_j * VD\_I_j * S\_I_j + (H\_OIB_j * VD\_OIN_j + H\_IB_j * VD\_MIN_j) * S\_N_j$$

$$+S\_AMB_j) - (H\_OIB_j * VD\_OIN_j + H\_IB_j * VD\_MIN_j) * S\_LM] \quad * x_j -$$

$$PGN * VD\_N * S\_NG * (x_{16} + x_{18} + x_{19}) -$$

$$(PK\_MR * x_{MR} + PK\_MS * x_{MS} + PK\_MU * x_{MU} + PK\_ML * x_{ML} + PK\_MK * x_{MK} +$$

$$PK\_MP * x_{MP} + PK\_FE * x_{FE} + PK\_FA * x_{FA} + PK\_FO * x_{FO} + PK\_FAM * x_{FAM} +$$

$$PK\_FH * x_{FH} + PK\_AI * x_{AI} + PK\_AC * x_{AC} + PK\_AH * x_{AH} + PK\_AF * x_{AF} +$$

$$PK\_AA * x_{AA} + PK\_PI * x_{PI} + PK\_PC * x_{PC} + PK\_PH * x_{PH} + PK\_PF * x_{PF} +$$

$$PK\_PA * x_{PA} + PK\_PIN * x_{PIN} + PK\_PN * x_{PN} + PK\_AAN * x_{AAN} + PK\_PD * x_{PD} +$$

$$PK\_PW * x_{PW} + PK\_AZ * x_{AZ}) -$$

$$FK\_I - FK\_C - FK\_H - FK\_F - FK\_A - FK\_IN -$$

$$FK\_PER - FK\_L - FK\_R - FK\_E - FK\_KD -$$

$$FK\_AN - FK\_P - FK\_O - FK\_K \Rightarrow MAX$$

(ZIELF)

3 Lösung des LP-Modells des Ausgangskrankenhauses

3.1 Ganzzahligkeit der Variablen

Nachdem das LP-Modell mit allen Restriktionen und der Zielfunktion aufgestellt ist, kann das Problem mit XPRESS-MP gelöst werden. Bevor jedoch die Berechnung durchgeführt wird, ist zu klären, ob bzw. wieviele ganzzahlige Variablen im Modell definiert werden.

Das Ausgangsmodell besteht aus 47 Gleichungen und 60 Variablen. Im Laufe der Modifikationen des Ausgangsmodells für ein Krankenhaus (Bettenverschiebung, Abteilungsschließung) wird sich die Anzahl der Variablen auf 90 erhöhen. Erweitert auf das Regionalmodell mit fünf Krankenhäusern bedeutet dies, daß Berechnungen für mindestens 450 Variablen durchzuführen sind.[102]

Sicherlich wäre es im Sinne des Modells, alle Variablen ganzzahlig zu berechnen. Aufgrund der Ganzzahligkeit wird aber im Lösungsverfahren das Branch-and-Bound erforderlich, womit sowohl erhöhte Rechenzeiten als auch Bedarf einer enormen Speicherkapazität verbunden sind.

Des weiteren kann nicht grundsätzlich ausgesagt werden, bis zu welcher Anzahl an ganzzahligen Variablen der Rechen- und Speicheraufwand in einem „vernünftigen Rahmen" liegt, da sich bei der Optimierung von Modellen mit der gleichen Struktur aber unterschiedlichen Zahlen Rechenzeitdifferenzen von bis zu 36 Stunden ergeben haben (dabei waren nur 28 ganzzahlige Variablen zu lösen).

Deshalb genügt es nicht, sich lediglich auf eine bestimmte Anzahl an ganzzahligen Variablen zu beschränken, da unter anderem alle Ergebnisse auf der gleichen Grundlage erhoben werden sollen. Vielmehr ist zu entscheiden, ob die Variablen für die Patienten oder das Personal ganzzahlig definiert werden.

Ohne näher auf die folgenden Berechnungen einzugehen und die Ergebnisse zu analysieren, sollen Modellberechnungen erfolgen, in denen untersucht wird, welche Variante (nur Patientenanzahl oder nur Personal ganzzahlig) der optimalen ganzzahligen Lösung am nähesten kommt.

Als ganzzahlige Optimallösung für das bisher aufgestellte Ausgangsmodell ergibt sich ein Zielfunktionswert von 35.949.788 DM. Als nächster Schritt werden einmal nur die Variablen für das Personal und einmal nur die der Patienten ganzzahlig gefordert. Die erhaltenen Lösungen für die jeweiligen nicht-ganzzahligen Variablen werden anschließend gerundet als Konstante im Modell definiert. Bei der Berechnung dieser Lösungen ergibt sich in der ersten Variante (Patientenanzahl vorgegeben, Personal ganzzahlig berechnet) eine Differenz von 21.578 DM und in der zweiten Variante (Personal vorgegeben, Patientenanzahl ganzzahlig berechnet) eine Differenz von 297.453 DM zur rein-ganzzahligen Optimallösung.

Dieser Unterschied ist damit zu begründen, daß die Gößenordnung der Patientenanzahlen zwischen 100 und 7000 liegt, und sich eine Rundung nicht so stark auswirkt wie bei dem Personal, wo Rundungen von 1,09 Personen auf 2,0 vorgenommen werden müssen. Damit

---

[102] „Mindestens", weil das Regionalmodell über die ursprünglichen Modifikationen hinaus um Restriktionen und Variablen erweitert wird.

soll in den folgenden Modellen jeweils der Personalstamm ganzzahlige Werte annehmen.[103] Diese Vorgehensweise läßt sich in der Realität dadurch rechtfertigen, im Personalbereich Vollkräfte einstellen zu müssen. Im Gegensatz dazu handelt es sich bei den Patientendaten um Durchschnittswerte, womit nicht bei allen Patienten einer Fallklasse die Verweildauern oder Anzahl an Untersuchungen identisch sind.

3.2 Lösung eines LP-Modells mit XPRESS-MP

Die Lösung eines LP-Modells erfolgt in XPRESS-MP mit den beiden Modulen `mp-model` und `mp-opt`. Dabei muß zuerst das Modell in der für XPRESS-MP lesbaren mathematischen Schreibweise formuliert werden.[104] Anschließend wird das Modell im Modul `mp-model` eingelesen und zu einer MPSX-Datei im Format *.mat generiert. Die eigentliche Lösung des Modells erfolgt im Modul `mp-opt`, wo die entwickelte *.mat-Datei herangezogen und die Optimallösung berechnet wird.

Im Anhang Abbildung A5 ist die *.mod-Datei des bisher erstellten Modells vollständig abgebildet und mit kurzen Erläuterungen zu den einzelnen Bestandteilen versehen. Ebenso kann im Anhang Abbildung A6 die dazugehörige *.mat-Datei eingesehen werden.

3.3 Lösungsprotokoll von XPRESS-MP

Die berechneten Lösungen der Modelle können in XPRESS-MP in einer Datei des Formats *.prt abgespeichert und damit jederzeit eingesehen oder ausgedruckt werden. Dabei gliedert sich die Lösung in die drei Bereiche Problem Statistics, Rows Section und Columns Section (vgl. Abb.15).

Unter Problem Statistics sind Informationen über das Modell, wie z.B. Problemname, Anzahl der Gleichungen/Variablen und der optimale Zielfunktionswert angegeben. Im Bereich der Rows Section ist unter Row zu sehen, um welche Gleichung es sich handelt. Die Buchstaben der ersten Spalte benennen, ob es sich um eine „Lower than"- , „Equal

---

[103] Ausgenommen von der Ganzzahligkeit werden der ärztliche Dienst im Zentrallabor, das Personal im Personalwesen und die Pflegedienstleitung. Ansonsten wird durch die Kennziffern verursacht, daß der Personalbestand z.B. im Pflegedienst sprunghaft nach oben gehen muß, wenn zwar die Optimallösung der einzelnen Pflegepersonen ganzzahlig berechnet werden konnte, aber die Division durch die Kennziffer ein nicht-ganzzahliges Ergebnis ergibt. Des weiteren wird im Modell davon ausgegangen, daß der MTD in der Radiologie in allen drei Bereichen einsetzbar ist. Damit erfolgt die Ganzzahligkeitsforderung nur für die Variable x_{MRA}. Dafür sollen die behandelten Fälle in der Ambulanz (x_{26} - x_{30}) ganzzahlig sein.

[104] Zum systematischen Aufbau der Modellbezeichnungen siehe Anhang S.19, Tab. A20

to"-, „Grater than"- Nebenbedingung oder die „neutrale" Zielfunktion handelt. Die Zahlen in diesem Bereich ergeben sich durch das Einsetzen der erhaltenen optimalen Variablenwerte. Dabei stehen unter RHS die zur Verfügung stehenden und unter Value die davon tatsächlich ausgeschöpften Kapazitäten.[105] Es sind beispielsweise bei der Optimallösung des Problems K10 von 158 Betten[106] in der Inneren Medizin 157,57 Betten genutzt, was wiederum leerstehende Kapazitäten von 0,43 Betten und damit 155,4 Pflegetagen bedeutet - sichtbar unter der Spalte Slack Value. Dies drücken auch die Bezeichnungen unter At aus: erreichte Höchstgrenze der Kapazität (UL), erreichte Niedrigstgrenze (LL), ein Wert zwischen den beiden Grenzen (BS) oder der genau erreichte Gleichungswert (EQ). Demnach muß in den Fällen der UL oder EQ ein Engpaß bezüglich dieser Kapazität vorliegen. XPRESS-MP berechnet die Schattenpreise dieser Engpaßkapazitäten, die unter Dual Value aufgeführt sind.[107] Somit ergäbe zum Beispiel eine Erhöhung der verfügbaren Pflegetage der Abteilung HNO (GL3) um eine Einheit einen um 531,98 DM höheren Zielfunktionswert.[108]

Im Folgenden soll der Bereich der Columns Section betrachtet werden. In der Spalte Number steht das c für die betrachteten Variablen (columns), die im einzelnen unter Column benannt werden. Der Wert, den die jeweilige Variable annimmt, befindet sich unter Value. Unter Input Cost sind die Zielfunktionskoeffizienten bestimmt, die sich in diesem Modell aus den Erlösen minus den direkt zurechenbaren Sachkosten ergeben (Deckungsbeitrag I - vgl. Tab.8). Der Bereich Reduced Costs dagegen ist einer Sensitivitätsanalyse zuzurechnen: Die berechneten Zahlen drücken aus, um wieviel sich die Kosten für die Fallklassen erniedrigen bzw. die jeweiligen Deckungsbeiträge erhöhen müßten, damit die entsprechende Fallklasse überhaupt mit in die Lösung aufgenommen wird.

---

[105] XPRESS-MP formuliert bei der Generation des Modells in eine *.mat Datei (MSPX-Format) die Gleichungen in die Standardform eines LP-Modells.
[106] 57.670 Pflegetage/365 Tage
[107] Zur näheren Erläuterung des Begriffs siehe Kapitel 3.4.3
[108] Über Aussagekraft bei (gemischt-)ganzzahligen Modellen erfolgen gesonderte Hinweise.

```
Problem Statistics
Matrix K10
Objective ZIELF
RHS RHS00001
Problem has   47 rows and    60 structural columns

Solution Statistics
Maximisation performed
Optimal solution found after   1 iterations
Objective function value is  34971366.41

Rows Section
    Number    Row      At      Value      Slack Value    Dual Value         RHS
 L     1  GL1         BS    57514.64132     155.358676   000.000000    57670.00000
 ...
 L     3  GL3         UL     6935.0000       0.000000    531.989239     6935.0000
 ...
 N    47  ZIELF       BS    65199855.40  -34971366.41       .000000   30228488.90

Columns Section
    Number   Column    At      Value      Input Cost    Reduced Cost
 C    48  x   01       BS         .416157   9237.774387    0.000000
 C    49  x   02       LL         .000000  10632.00132    599.967508
 ...
```

Abb.15: Auszug aus einer Lösungsdatei von XPRESS-MP (Format *.prt)
(Quelle: Eigene Darstellung)

Unter der Spalte At ist angegeben, ob der berechnete Variablenwert die Höchstgrenze (UL) oder Niedrigstgrenze (LL) beträgt, oder zwischen diesen beiden liegt (BS). So ist zum Beispiel der Wert für die Variable x_2 (= 0) der niedrigste annehmbare Wert für die Variable x_2.

3.4 Interpretation der Lösung

3.4.1 Vorbemerkungen

Eine Interpretation der Lösung wird in dieser Arbeit im Einzelnen nur für das bisher entwickelte Modell stattfinden.[109] Dies geschieht aus unterschiedlichen Gründen:

Zum einen besteht nur für dieses Modell (ohne Einbezug der Regionalversorgung) die Möglichkeit, auf Alternativlösungen oder Reduzierte Kosten einzugehen.[110] Zum zweiten sind im Laufe dieser Arbeit 68 Modelle zu lösen, auf die nicht im Einzelnen eingegangen werden kann.

Bezogen auf die Berechnungen für das Regionalmodell ist vorwegzunehmen, daß diese Lösungen nicht die endgültigen Lösungen der Modelle sind. Das heißt, daß für diese Modelle

---

[109] Mit „Interpretation" ist gemeint, daß die Lösung auf Schattenpreise, Reduzierte Kosten und Alternativlösungen in der Form untersucht wird, daß weitere Modellberechnungen mit „neuen Zahlen" durchgeführt werden, die aus der Lösung hervorgehen.

[110] Erinnert sei daran, daß Alternativlösungen oder Reduzierte Kosten nur dann bestehen, wenn eine Variable nicht in die Basis aufgenommen ist. Im Fall der Regionalversorgung wird aber eine Mindestmenge an Patienten vorgegeben, so daß jede Variable einen Wert annehmen muß. Auf Ausnahmen im Falle der Ganzzahligkeit wird in Kapitel 3.4.3 und 3.4.4 eingegangen.

zwar ganzzahlige Lösungen ermittelt werden, der Lösungsprozeß aber in Anbetracht der Größe der Modelle (bis zu 300 ganzzahlige Variablen) eingeschränkt wird (z.B. Begrenzung der Rechenzeit). Daher ist nicht auszuschließen, daß es sich bei den Optimalwerten um Suboptimas handelt. Aufgrund dessen ist eine Interpretation der Schattenpreise oder Reduzierten Kosten im Regionalmodell nicht sinnvoll, da die Auswirkungen auf die Optimallösung nicht überprüft werden können.

3.4.2 Gleichungen und Variablenwerte[111]

Der optimale Zielfunktionswert dieses Modells beträgt 34.971.366,41 DM. Die grauschraffierten Gleichungen im Bereich der Rows Section heben die Restriktionen hervor, in denen beschränkte Kapazitäten (Betten, Operationssaal, Geräte, usw...) vorgegeben waren. Mit der Optimallösung ist, wie sich bei der Betrachtung der Freikapazitäten (Slack Value) zeigt, eine Engpaßsituation in der Abteilung HNO verbunden (GL3). Die zur Verfügung stehende Kapazität von 6.935 Pflegetagen (RHS) ist ausgelastet. Für die Kapazitäten des Kreißsaales und der Neugeborenenstation (GL45/46) sind die Freikapazitäten gleich den vorhandenen Kapazitäten. Das heißt, daß keine Person der Fallklassen 16, 18 oder 19 in der Optimallösung aufgenommen wird, da mit jeder dieser Patientinnen eine Besetzung des Kreißsaales oder der Bedarf einer Hebamme verbunden ist (siehe auch den Wert für die Variablen x_{16}, x_{18}, x_{19} und FH im Bereich der Columns Section).

Als Auslastung können auch die „Slack Value" der übrigen Gleichungen bezeichnet werden. Allgemein und in der lp-üblichen Schreibweise formuliert haben die Restriktionen für das zu planende Personal folgende Struktur:

$$\sum_{j=1}^{30} Z_j * x_j - Z_{Pers} * x_{Pers} \leq 0$$

x_j = Patient der Fallklasse j

Z_j = Zeitbedarf für Patient j

Z_{Pers} = Zur Verfügung stehende Zeit einer Person im Krankenhaus

Das bedeutet z.B. für das Personal in der Radiologie (GL7-9), daß bei der Optimallösung eine Person des MTD in der Radiologie 52.502 [min] nicht ausgelastet ist.[112] Als Wert für die Restriktion des Pflegepersonals in der Chirurgie (GL15) ergibt sich sowohl unter Value

---

[111] Das Lösungsprotokoll des Ausgangsmodells findet sich im Anhang S.39, Abb. A7 .

[112] Negativer Wert bei dem Einsatz der optimalen Werte x_j in die Restriktionen und damit positive Differenzen zur rechten Seite, sichtbar unter Slack Value.

als auch unter Slack Value der Wert Null. Das kann einerseits bedeuten, daß kein Pflegepersonal auf der Station eingestellt wird oder das Personal ausgelastet ist. Eine Betrachtung der Variablen PC im Bereich der Columns Section ergibt, daß 72 Personen in der Chirurgie tätig sind. Damit bedeutet dies eine Auslastung des Personals.

Die optimalen Variablenwerte bei einer freien Patientenwahl des Krankenhauses machen zwei Dinge deutlich, die anhand der Patienten in der Abteilung Chirurgie (x_6-x_{10}) gezeigt werden: Eine Berechnung der tatsächlich Erlöse ($FPP_j * PWP + FPS_j * PWS$) ergibt, daß innerhalb der in der Chirurgie behandelten Patienten die Fallklasse 8 mit 5.894 DM den höchsten Erlös und den höchsten Deckungsbeitrag I erzielt.[113] Im optimalen Fallklassen-Programm wird aber die Fallklasse gewählt (6.676 Patienten), die sowohl den niedrigsten Erlös als auch den niedrigsten Deckungsbeitrag I bringt. Von der anfangs favorisierten Fallklasse 8 hingegen ist in dieser Optimallösung kein Patient vorhanden. Damit wird deutlich, daß die Bestimmung eines optimalen Fallklassen-Programms nicht auf Erlöse und Deckungsbeiträge der Fallklassen beschränkt sein darf, sondern unter Berücksichtigung von Kapazitäten gelöst werden muß.

Die Optimallösung zeigt, daß sich jede Abteilung auf die Behandlung ausgewählter Fallklassen spezialisieren sollte. Dabei sind die bevorzugten Fallklassen des Ausgangskrankenhauses 3 (Innere Medizin), 7/9 (Chirurgie), 13 (HNO), 17 (Frauenheilkunde und Geburtshilfe) und 22/23 (Augenheilkunde).

Dies ist aber nicht so zu deuten, daß nur bei diesen Fallklassen ein Überschuß erzielt werden kann. Daran ist lediglich zu sehen, daß diese Zusammensetzung der Fallklassen für das Krankenhaus am lukrativsten ist.

Das zur Pflege und Behandlung der Patienten benötigte Personal ist im Anschluß mit den dazugehörigen Werten aufgelistet.

3.4.3 Schattenpreise

Wie bereits in Kapitel 3.3 angesprochen, werden von XPRESS-MP die Schattenpreise einer Restriktion angegeben. Schattenpreise sind die Werte der Variablen, die sich bei der Berechnung des dualen Problems ergeben. Sie haben daher in der Lösungsausgabe den Namen

---

[113] Weitere Reihenfolge: Fallklasse 9 (3.701 DM), Fallklasse 6 (3.365 DM), Fallklasse 10 (3.217 DM), Fallklasse 7 (2.267 DM).

Dual Value.[114] Wurde für eine Restriktion ein Schattenpreis errechnet, so drückt dieser die Verbesserung (oder Verschlechterung) des bisherigen Optimums aus, das sich bei einer Erhöhung (oder Verringerung) der entsprechenden rechten Seiten um eine Einheit ergibt.[115] In Bezug auf die Verwendbarkeit dieser Schattenpreise ist darauf hinzuweisen, daß diese Angabe innerhalb eines marginalen Bereichs gültig ist. Des weiteren sind diese Schattenpreise in (gemischt-)ganzzahligen Modellen der Linearen Programmierung nur beschränkt bzw. gar nicht interpretierbar.[116] Im Folgenden wird an einigen Stellen untersucht, inwieweit die angegebenen Schattenpreise in diesem (gemischt-)ganzzahligen Modell Aussagekraft haben.

Zuerst wird der Engpaß in der HNO (GL3) betrachtet und die Kapazität um eine Einheit auf 6.936 Pflegetage erhöht.[117] Die Berechnung der Optimallösung ergibt den Zielfunktionswert von 34.971.898 DM und beträgt in Übereinstimmung mit dem Schattenpreis 532 DM mehr als im Ausgangsmodell. Dabei muß aber darauf hingewiesen werden, daß sich der Variablenwert für x_{13} um 0,125 Patienten erhöhen durfte, da die Variablen für die Patienten nicht ganzzahlig sind.

Es ist aber nicht anzunehmen, daß die Schattenpreise der ersten Restriktionen (Bettenkapazitäten) immer Aussagekraft haben, weil darin ausschließlich Patientenvariablen vorkommen. Vielmehr ist die Gültigkeit darauf zurückzuführen, daß durch die Aufnahme von 0,125 Patienten kein zusätzliches Personal erforderlich wurde, da alle betroffenen Personalgruppen in der bisherigen Lösung nicht ausgelastet waren.[118]

Eine weitere Ursache für die Erhöhung um 0,125 Patienten liegt in der Dimension [Pflegetage], in der die RHS der Bettenkapazitätsgleichungen formuliert sind. Eine Erhöhung dieser RHS um eine Einheit bedeutet, ein Bett für einen Tag in die Abteilung zu stellen.

---

[114] In der Lösung des Dualmodells stehen die Schlupfvariablen des Primalmodells als Strukturvariablen in der Basis, sofern in der entsprechenden Restriktion des Primalmodells ein Engpaß auftritt

[115] vgl. Littger, K. [1992], S.253

[116] Zu erklären ist dies damit, daß zwar innerhalb der entsprechenden Restriktion eine Vergrößerung der RHS um eine Einheit diesen erhöhten Zielfunktionswert bedingen kann, daß aber andererseits nicht berücksichtigt ist, daß die Variablen ganzzahlige Werte annehmen müssen. Damit wäre auch die Einschränkung auf einen marginalen Bereich nicht mehr gültig.

[117] Für diese Untersuchungen werden jeweils die Veränderungen in der *.mat-Datei vorgenommen und anschließend die Probleme erneut mit mp-opt gelöst.

[118] So ist z.B. das Pflegepersonal in der HNO (GL16) 10.967 Minuten oder der Ärztliche Dienst in der HNO (GL26) 15.389 Minuten nicht ausgelastet.

Da die Kapazität vorher schon ausgelastet ist und die Patienten der Fallklasse 13 durchschnittlich acht Tage auf der Normalstation verbringen, wäre die Aufnahme eines „ganzen" Patienten gar nicht möglich.

Im nächsten Schritt wird die Kapazität der HNO um ein Bett im gesamten Planungszeitraum erhöht, also um 365 [Pflegetage] auf 7.301 [Pflegetage]. Die Lösung dieses Modells ergibt einem Zielfunktionswert von 35.088.652 DM und damit 116.754 DM mehr Überschuß. Dividiert durch 365 [Pflegetage] entspricht dies einer Erhöhung des Zielfunktionswertes um 319 DM pro Tag, an dem das zusätzliche Bett verfügbar ist.

Diese Abweichung vom Schattenpreis (532 DM) kann sowohl durch die marginale Gültigkeit der Schattenpreise als auch mit der Ganzzahligkeit der Variablen begründet werden: Durch die Erhöhung von bisher 869 Patienten der Fallklasse 13 auf 915 Patienten wurde zusätzliches Personal im Pflegebereich der HNO notwendig: Das Personal in der Abteilung muß von 14 auf 15 Personen steigen, obwohl diese Pflegeperson jetzt zu 43% nicht ausgelastet ist. Unabhängig von der Auslastung sind aber die Kosten für die Vollkraft zu tragen.

Im nächsten Bereich wird ausgehend vom Modell K10 die Restriktion der Pflegepersonalplanung in der Augenheilkunde untersucht, in der das Personal ausgelastet ist (GL18). Dabei sei daran erinnert, daß die RHS dieser Personalplanungsrestriktionen jeweils Null sind.

$$\sum_{j=1}^{30} Z_j * x_j - Z_{Pers} * x_{Pers} \leq 0$$

Nach der Definition drücken die Schattenpreise die Verbesserung des Zielfunktionswertes bei einer Erhöhung der RHS um eine Einheit aus. Bei der Betrachtung der Lösung zeigt sich, daß in allen Fällen des ausgelasteten Personals (z.B. GL15, GL17, GL24) Schattenpreise angegeben sind. Weiterführend hieße dies, daß die Erhöhung der Differenz (von höchstens null auf höchstens eins) einen höheren Zielfunktionswert bringt, der sich durch den Schattenpreis ausdrückt (für das Pflegepersonal in der Augenheilkunde beträgt dieser 2,72 DM). Um die Aussagefähigkeit in diesem Fall überprüfen zu können, muß die Gleichung folgende Form annehmen:

$$\sum_{j=1}^{30} Z_j * x_j - Z_{Pers} * x_{Pers} \leq 1$$

Umformuliert bedeutet dies, daß durch eine Erhöhung der gesamten Pflegezeit des Personals in der Augenheilkunde (nicht der verfügbaren Zeit einer Person) um eine Minute mehr Überschuß zu erzielen ist.

$$\sum_{j=1}^{30} Z_j * x_j \le Z_{Pers} * x_{Pers} + 1$$

Da aber vor Lösung des LP-Modells nicht absehbar ist, wieviel Personal in der Augenheilkunde nötig ist und wieviel (verfügbare) Pflegezeit anfällt, müßte diese Minute auf das gesamte Personal verteilt werden. Die Gleichung hätte dann folgende Form:

$$\sum_{j=1}^{30} Z_j * x_j \le Z_{Pers} * x_{Pers} + \frac{1}{x_{PERS}}$$

Dadurch wird die Restriktion zu einer nichtlinearen Funktion und ist nicht einfach zu lösen.[119] Es ist auf anderem Wege zu überprüfen, inwieweit diese Schattenpreise zustimmen.
Dazu wird diese Minute nicht auf das gesamte Personal verteilt, sondern die verfügbare Zeit
einer Pflegeperson um eine Minute erhöht.[120]

Die Optimallösung des Modells bringt eine Erhöhung des Zielfunktionswertes um 24,48
DM. Dabei sind (wie zuvor) neun Pflegepersonen tätig. Multipliziert mit dem Schattenpreis
von 2,72 DM entspricht es genau dieser Differenz.

Sicher kann an dieser Stelle der Einwand gebracht werden, daß dieser Schattenpreis nur
Gültigkeit hat, da die Variablen der Patienten nichtganzzahlig sind und keine Engpässe in
der Augenheilkunde oder bei den Geräten vorliegen. Andererseits war aber auch der ärztliche Dienst in der Augenheilkunde ausgelastet (GL28), womit von vornherein dieses Ergebnis nicht abzusehen ist.

Eine weitere Variante zur Überprüfung dieses Schattenpreises ist eine Verringerung des
Pflegebedarfs in der Augenheilkunde (um eine Minute). Wie oben bereits erläutert ist aber
die Anzahl der Patienten nicht bekannt und die Restriktion muß (wie bei dem Pflegepersonal) nichtlinear formuliert werden. Deshalb wird der Pflegebedarf jedes Patienten (x_{21}-x_{25}) in
der Augenheilkunde um eine Minute vermindert, woraus ein Überschuß von 608 DM resul-
tieren. Für den Fall, daß nur bei einem Patienten (x_{23}) der Pflegebedarf um eine Minute
sinkt, beläuft sich der Überschuß auf 21 DM.

Die Gültigkeit der Schattenpreise wird an weiteren Stellen geprüft: Dazu wird die verfügbare Zeit des ärztlichen Dienstes in der Inneren Medizin um eine Minute erhöht (das Personal
ist in der Ausgangslösung ausgelastet, vgl. GL24). Hier beträgt der neue Zielfunktionswert

---

[119] Mit XPRESS-MP ist die Lösung nichtlinearer Probleme nicht möglich. Daher müßte eine schrittweise
Linearisierung durch den Einsatz von Stützstellen erfolgen. Auf diese Möglichkeit wird aber an dieser
Stelle nicht eingegangen.
[120] Verglichen mit der verfügbaren Zeit einer Person (66.366 Minuten) kann die Erhöhung um eine Minute
als Erhöhung im marginalen Bereich betrachtet werden.

912 DM mehr, was wiederum für die Gültigkeit des Schattenpreises spricht (25 angestellte Ärzte * 37 DM Schattenpreis).

Zuletzt wird im Bereich der Rows Section auf den Schattenpreis der Gleichung 36 eingegangen, wonach eine Erhöhung des bereits angestellten Personals (107 Personen) um eine Person einen um 521,35 DM schlechteren Zielfunktionswert ergibt. Diese Aussage wird von der anderen Seite untersucht. Die Reduzierung des Personalbestandes auf 106 Personen liefert im Ergebnis, daß sich der optimale Zielfunktionswert um 521,35 DM erhöht.

Nach Abschluß der Berechnungen dieser Modellvarianten kann über die angegebenen Schattenpreise ausgesagt werden, daß in diesem (gemischt-)ganzzahligen Modell aus den Schattenpreisen zumindest tendentiell absehbar ist, wie sich eine Datenveränderung auf den Zielfunktionswert auswirkt.

3.4.4 Reduzierte Kosten

Bei den Reduzierten Kosten handelt es sich um den Betrag, um den sich der optimale Zielfunktionswert ändert, wenn eine Nichtbasisvariable mit dem Wert eins in die Basis „gezwungen" wird. Gleichsam können die Reduzierten Kosten als Kosten interpretiert werden, um die sich der Zielfunktionskoeffizient der Variable ändern muß, um die bisherige Nichtbasisvariable in die Lösung aufzunehmen.[121]

Demzufolge handelt es sich bei den Reduzierten Kosten um die z_j-c_j - Werte im Optimaltableau (indirekte Kosten minus direkte Kosten), d.h. die „Schattenpreise der Strukturvariablen". Wenn sich die c_j-Werte um die angegebenen Reduzierten Kosten ändern (für die Patienten müßten sich die Erlöse um diesen Betrag erhöhen), ergibt die Differenz z_j-c_j den Wert Null und damit besteht eine alternative Optimallösung.[122]

Dementsprechend bestehen Reduzierte Kosten dort, wo die Variable nicht in der Basis steht.[123] Denn die Basisvektoren im Optimaltableau (Spaltenvektoren der Basisvariablen) sind Einheitsvektoren mit einer eins in der entsprechenden Zeile der Variablen x_j und einer Null in der z_j-c_j Zeile.

---

[121] vgl. Littger, K. [1992], S.252
[122] Zur näheren Erläuterung des Begriffs siehe Kapitel 3.4.5
[123] Basisvariablen besitzen ebenso Reduzierte Kosten. Diese haben den Wert Null.

Ferner sind laut Definition die Reduzierten Kosten nur bei den Variablen von Bedeutung, die in der Optimallösung den Wert Null haben.[124] Demzufolge muß es auch Fälle geben, in denen bei Basisvariablen Reduzierte Kosten angegeben werden.

Eine Betrachtung des Lösungsprotokolls K10 zeigt, daß für die Variablen des Personals Reduzierte Kosten angegeben sind, obwohl die Variablen in die Optimallösung aufgenommen wurden und Basisvariablen sind. Noch dazu sind bei einigen Variablen als Reduzierte Kosten negative Werte angegeben, was in der Hinsicht interpretiert werden müßte, daß die angegebene Lösung nicht optimal ist (ein negativer z_j-c_j-Wert begründet eine weitere Iterationen nach der entsprechenden Variablen x_j).

Diese Ergebnisse für die Variablen des Personals bedeuten nicht, daß die bisherige theoretische Abgrenzung der Reduzierten Kosten keine Gültigkeit hat. Vielmehr hat diese Abweichung von der Theorie ihren Grund darin, daß für diese Variablen Ganzzahligkeit gefordert war. Insofern ist den Ausführungen über Schattenpreise zu folgen, indem Reduzierte Kosten (gemischt-)ganzzahliger Modelle keine Aussagekraft haben. Inwieweit die Reduzierten Kosten in diesem Modell interpretiert werden können, wird im Folgenden an einigen Stellen untersucht.

Anfangs wird auf die Angaben über Reduzierte Kosten bei den Variablen der Patienten (x_1-x_{30}) eingegangen. Obwohl für diese Variablen -mit Ausnahme der ambulant behandelten Patienten- keine Ganzzahligkeitserfordernis besteht, muß immer der Zusammenhang zu dem (ganzzahligen) benötigten Personal gesehen werden, der die Gültigkeit der Reduzierten Kosten beeinträchtigen kann.

In der ersten Variante wird der Deckungsbeitrag I der Fallklasse 2 um 600 DM erhöht (die Reduzierten Kosten betragen gerundet 599,97 DM). Die Optimallösung hat mit 34.971.366,47 DM denselben Betrag wie die Optimallösung des Ausgangsmodells. Anstelle der bisher behandelten Fallklasse 1 ist in dieser Lösung die Fallklasse 2 (mit 1,97 Patienten) in die Lösung aufgenommen. Damit wurde in diesem Fall durch den Einsatz der Reduzierten Kosten eine alternative Lösung des Problems ermöglicht, wobei die Auslastung des ärztlichen Dienstes in der Chirurgie (GL15) dieses Ergebnis nicht beeinträchtigt hat.

Innerhalb der Abteilungen besteht ein Engpaß in der HNO (GL3). Inwieweit die Reduzierten Kosten für Patienten dieser Abteilung (x_{11}-x_{15}) verwendbar sind, wird auf zwei Wegen untersucht.

---

[124] vgl. Littger, K. [1992], S.252

Zum einen wird mit der zusätzlichen Restriktion $x_{14} \geq 1$ gefordert, daß mindestens ein Patient der Fallklasse 14 in die Optimallösung aufgenommen wird. Die Lösung dieses Modells hat einen Patienten dieser Fallklasse in der Lösung und weicht um -231,60 DM von der bisherigen Optimallösung ab.

Im nächsten Versuch wird der Deckungsbeitrag I für diesen Patienten um 232 DM erhöht. Verglichen mit dem Fall in der Chirurgie ergibt sich aber keine Alternativlösung mit dem gleichen Zielfunktionswert als Lösung. Vielmehr findet eine Umstrukturierung der Patientenklassen statt, indem von der Fallklasse 13 (gerundet) 130 Patienten weniger, dafür aber 255 Patienten der Fallklasse 14 neu aufgenommen werden. Der Zielfunktionswert hat sich zudem um 358 DM verbessert.

Damit zeigt sich hier, mit der Interpretation der Reduzierten Kosten bei einem gemischtganzzahligen Modell vorsichtig zu sein, unabhängig davon, ob die entsprechende Variable ganzzahlig oder nicht-ganzzahlig ist.

Dies zeigt sich auch bei der Untersuchung der Reduzierten Kosten der (ganzzahligen) ambulanten Fälle. Für die Variable x_{29} betragen die Reduzierten Kosten 503,78 DM. Eine Erhöhung der Input Kosten dieser Variablen auf 810 DM hat zur Folge, daß sich der Zielfunktionswert um 129.117 DM erhöht. Dabei stehen aber jetzt nicht nur Patienten der Fallklasse 29, sondern ebenso Patienten der Fallklassen 28 und 30 in der Optimallösung, obwohl an deren Input Kosten nichts geändert wurde. Zurückgeführt werden könnte das darauf, daß die jetzt benötigte Vollkraft des Funktionsdienstes in der Ambulanz (FAM) mit der Behandlung weiterer ambulanter Patienten ausgelastet werden soll.

Ferner ergibt sich bereits eine Änderung der Optimallösung, wenn die Input Kosten der Fallklasse 29 nicht um (gerundet) 504 DM, sondern lediglich um 450 DM geändert werden. Der Zielfunktionswert ist in diesem Fall zwar nur 126.577 DM höher, die Veränderungen im Bereich der Variablen (zusätzliche Aufnahme von x_{28}, x_{30}) sind aber dieselben. Eine Änderung der Input Kosten um 350 DM hingegen hat keinen Einfluß auf die bisherige Lösung des Modells.

Die Werte für die Variablen der ambulanten Patienten sind in der ursprünglichen Lösung Null und es existieren Reduzierte Kosten, die größer als null sind. Dies enspricht auf den ersten Anschein der Theorie über die Reduzierten Kosten. Die letzten Versuche haben aber gezeigt, daß die Gültigkeit dieser Reduzierten Kosten durch die Ganzzahligkeitsforderung eingeschänkt war. Dennoch kann für dieses gemischt-ganzzahlige Modell die Aussage ge-

troffen werden, daß auch die Reduzierten Kosten zumindest Hinweise auf Lösungsverände-
rungen geben.

Zuletzt bleiben noch die Reduzierten Kosten des Personals. Daß hier eine eigene Untersuchung entfallen kann, wird bei Betrachtung des Ergebnisses deutlich: Die Reduzierten Kosten für den Arzt (die Variable hat den Wert eins) in der Augenheilkunde (**AA**) betragen
(gerundet) -109.057 DM. Erwartungsgemäß ergibt eine Lösung des Modells mit Input Kosten des Arztes von -256.176 DM (der Arzt kostet nun 109.057 DM mehr) einen Zielfunktionswert, der um genau diesen Betrag niedriger ist als zuvor. Dagegen wäre eine Veränderung der Input Kosten der Personalgruppen, die positive Reduzierte Kosten aufweisen,
nicht sinnvoll. Das Personal würde nicht mehr kosten, sondern man würde eher Geld für die
Einstellung einer Person erhalten, wie z.B. für den Pflegedienst auf der Neugeborenenstation (PN), der jetzt nicht mehr mit -72.870 DM sondern mit 1.256 DM in der Zielfunktion
steht. Eine Optimierung dieses Problems ist nicht mehr möglich, da der Lösungsbereich für
x_{PA} im Unendlichen liegt. Dies wird auch nicht dadurch beeinflußt, daß mit dem Zuwachs an
Pflegepersonal eine Vergrößerung der Pflegedienstleitung und des Personalwesens verbunden ist, da diese zusätzlich anfallenden Kosten immer durch den Zuwachs an Erlösen gedeckt sind.

3.4.5 Alternativlösungen

Zu einer Lösung eines LP-Modells gibt es eine alternative Lösung, wenn die Reduzierten
Kosten einer Nichtbasisvariablen Null sind. Die Alternativlösung wird berechnet, indem die
entsprechende Variable durch die Restriktion $x_j \geq 1$ in die Lösung „gezwungen" wird. In
der Alternativlösung wird derselbe Zielfunktionswert erreicht, jedoch mit anderen Variablen.

Für das betrachtete Modell K10 bestehen keine Alternativlösungen, da jede Nichtbasisvariable Reduzierte Kosten besitzt.[125] Für das Modell bedeutet es, daß dieses Fallklassen-
Programm die optimale Zusammenstellung darstellt und dieser Zielfunktionswert auf keinem
anderen Weg erreicht werden kann.

---

[125] Daß sich bei Änderung der Deckungsbeiträge I Alternativlösungen ergeben können, ist in Kapitel 3.4.4
bereits erläutert.

4 Modifikationen des LP-Modells des Ausgangskrankenhauses

4.1 Berücksichtigung des Einzugsgebiets

Das Krankenhaus kann bei freier Wahl seiner Patienten erheblichen Überschuß erzielen. Das Krankenhaus hat aber einen Versorgungsauftrag zu erfüllen, und darum wird in der ersten Modifikation des Modells das Einzugsgebiet berücksichtigt.

4.1.1 Mathematische Formulierung

Das bisherige Modell muß dazu um einige Restriktionen erweitert werden. Für die stationären Fälle (x_1-x_{25}) gilt, mindestens die (in Tabelle 7 bereits ermittelten) Fälle des Einzugsgebiets aufzunehmen. Die Anzahl der ambulanten Patienten hingegen ist abhängig von der Zahl stationärer Patienten. Grundlage dafür ist, daß die ausgewählten ambulanten Operationsarten im Krankenhaus auch stationär durchgeführt werden und daher ein direkter Zusammenhang zwischen stationären und ambulanten Patienten hergestellt werden kann.[126]

Diese Verknüpfung entspricht durchaus der Realität: Je mehr Patienten der bestimmten Fallklasse stationär behandelt werden, desto mehr Patienten kommen zur ambulanten Operation in das Krankenhaus (Ruf, Erfahrung).

Andererseits soll dem Krankenhaus offenstehen, mehr als die Mindestanzahl der ambulanten Patienten zu behandeln. Dadurch wird dem Krankenhaus eine Spezialisierung auf ambulantes Operieren einer bestimmten Fallklasse einberaumt.

Koeffizienten

V_EZG_j Zur Versorgung des Einzugsgebiets: Anzahl der Patienten im Einzugsgebiet, die vom Krankenhaus versorgt werden müssen (für j=1:25; stationäre Fälle) [Fälle]

P_AMB_j Zur Versorgung des Einzugsgebiets: Prozentsatz von ambulant behandelten Patienten im Vergleich zu entsprechenden stationär behandelten Patienten (für j=26:30) [%]

Restriktionen

$$x_j \geq V\_EZG_j \qquad \forall j = 1,2...25 \qquad \text{(R1)}$$

$$x_{26} \geq P\_AMB_{26} * x_6 \qquad \text{(R26)}$$

$$x_{27} \geq P\_AMB_{27} * x_9 \qquad \text{(R27)}$$

---

[126] Welche Fallklassen im Modell miteinander verknüpft werden und welche Prozentsätze gelten, ist im Anhang S.41 erläutert.

$$x_{28} \geq P\_AMB_{28} * x_{16} \qquad \text{(R28)}$$

$$x_{29} \geq P\_AMB_{29} * x_{20} \qquad \text{(R29)}$$

$$x_{30} \geq P\_AMB_{30} * x_{11} \qquad \text{(R30)}^{127}$$

4.1.2 Lösung und Interpretation[128]

Der Zielfunktionswert dieses Modells beträgt 1.796.503 DM. Damit hat sich der Überschuß des Krankenhauses durch die Versorgung der Mindestanzahl an Patienten um 33.174.863 DM verschlechtert.

Die Bettenausstattung des Krankenhauses wurde mit einer durchschnittlichen Bettenauslastung von 80% geplant. Damit stehen dem Krankenhaus bei der Versorgung der Region noch Freikapazitäten zur Verfügung.

Wie aus dem Lösungsprotokoll deutlich hervorgeht (R1 01-25), wird von den meisten Patientenklassen genau die vorgegebene Mindestmenge an Patienten aufgenommen. Die Freikapazitäten werden für die Fallklassen genutzt, die zuvor schon für das Krankenhaus favorisiert waren.[129] Damit ergibt sich in diesem Fallklassen-Programm ein Engpaß in den Abteilungen Innere Medizin, Chirurgie, HNO und Frauenheilkunde.

Ebenso verhält es sich bei der Behandlung der ambulanten Patienten. Solange kein Patient behandelt werden mußte, wurde keiner in die Lösung aufgenommen. Durch die Versorgung der Region treten ambulante Fälle im Krankenhaus auf, aber nur so viele, wie in Abhängigkeit von den stationären Patienten zu versorgen sind.[130]

Des weiteren ist im Operationssaal (GL44) eine Freikapazität von 0,22 [min] vorhanden, in der zwar keine Operation mehr stattfinden kann, die aber dennoch keinen Engpaß darstellt. Für dieses optimale Fallklassen-Programm genügt die zur Verfügung stehende Kapazität im Operationssaal.

4.2 Möglichkeit der Bettenverschiebung innerhalb einer 5%-Grenze

In der Augenheilkunde ist die Kapazität nicht voll ausgeschöpft (GL5). Da in anderen Abteilungen Engpässe vorliegen, ist zu überlegen, die Engpässe einzelner Abteilungen krankenhausintern durch Freikapazitäten anderer Abteilungen auszugleichen. Daher soll in der fol-

---

[127] Die mathematische Formulierung für XPRESS-MP befindet sich im Anhang S.41, Abb. A8
[128] Das Lösungsprotokoll befindet sich im Anhang S.42, Abb. A9
[129] Siehe dazu Kapitel 3.4.2
[130] So z.B. Fallklasse 30: 303 (Fallklasse 11) x 0.09 = 27,27; da dies die Mindestanzahl ist und die Variable x_{30} ganzzahlig sein muß, ist die Anzahl der Patienten 30.

genden Modifikation die Möglichkeit bestehen, zwischen den Abteilungen Betten zu verschieben. Als Limit für die aufnehmbaren Betten und für die Freigabe von Betten werden 5% der eigenen Abteilungsgröße angesetzt.[131]

4.2.1 Mathematische Formulierung

Variablen[132]

x_{VBA} Anzahl der verschobenen Betten aus der Abteilung Augenheilkunde [Stk]

x_{VBAC} Anzahl der verschobenen Betten aus der Abteilung Augenheilkunde in Chirurgie [Stk]

x_{VBAF} Anzahl der verschobenen Betten aus der Abteilung Augenheilkunde in Fr. u. G [Stk]

x_{VBAH} Anzahl der verschobenen Betten aus der Abteilung Augenheilkunde in HNO [Stk]

x_{VBAI} Anzahl der verschobenen Betten aus der Abteilung Augenheilkunde in Innere Medizin [Stk]

x_{VBC} Anzahl der verschobenen Betten aus der Abteilung Chirurgie [Stk]

x_{VBCA} Anzahl der verschobenen Betten aus der Abteilung Chirurgie in Augenheilkunde [Stk]

x_{VBCF} Anzahl der verschobenen Betten aus der Abteilung Chirurgie in Fr. u. G [Stk]

x_{VBCH} Anzahl der verschobenen Betten aus der Abteilung Chirurgie in HNO [Stk]

x_{VBCI} Anzahl der verschobenen Betten aus der Abteilung Chirurgie in InnereMedizin [Stk]

x_{VBF} Anzahl der verschobenen Betten aus der Abteilung Fr. u. G. [Stk]

x_{VBFA} Anzahl der verschobenen Betten aus der Abteilung Fr. u. G. in Augenheilkunde [Stk]

x_{VBFC} Anzahl der verschobenen Betten aus der Abteilung Fr. u. G. in Chirurgie [Stk]

x_{VBFH} Anzahl der verschobenen Betten aus der Abteilung Fr. u. G. in HNO [Stk]

x_{VBFI} Anzahl der verschobenen Betten aus der Abteilung Fr. u. G. in InnereMedizin [Stk]

x_{VBH} Anzahl der verschobenen Betten aus der Abteilung HNO [Stk]

x_{VBHA} Anzahl der verschobenen Betten aus der Abteilung HNO in Augenheilkunde [Stk]

x_{VBHC} Anzahl der verschobenen Betten aus der Abteilung HNO in Chirurgie [Stk]

x_{VBHF} Anzahl der verschobenen Betten aus der Abteilung HNO in Fr. u. G. [Stk]

x_{VBHI} Anzahl der verschobenen Betten aus der Abteilung HNO in InnereMedizin [Stk]

x_{VBI} Anzahl der verschobenen Betten aus der Abteilung Innere Medizin [Stk]

x_{VBIA} Anzahl der verschobenen Betten aus der Abteilung Innere Medizin in Augenheilkunde [Stk]

x_{VBIC} Anzahl der verschobenen Betten aus der Abteilung Innere Medizin in Chirurgie [Stk]

x_{VBIF} Anzahl der verschobenen Betten aus der Abteilung Innere Medizin in Fr. u. G. [Stk]

x_{VBIH} Anzahl der verschobenen Betten aus der Abteilung Innere Medizin in HNO [Stk]

---

[131] Diese 5%-Grenze für die Bettenverschiebungen besteht auch in der Realität.
[132] Alle definierten Variablen sind ganzzahlig zu lösen.

Restriktionen

$$x_{VBI} = x_{VBIC} + x_{VBIH} + x_{VBIF} + x_{VBIA} \qquad \text{(BK1)}$$

$$x_{VBC} = x_{VBCI} + x_{VBCH} + x_{VBCF} + x_{VBCA} \qquad \text{(BK2)}$$

$$x_{VBH} = x_{VBHI} + x_{VBHC} + x_{VBHF} + x_{VBHA} \qquad \text{(BK3)}$$

$$x_{VBF} = x_{VBFI} + x_{VBFC} + x_{VBFH} + x_{VBFA} \qquad \text{(BK4)}$$

$$x_{VBA} = x_{VBAI} + x_{VBAC} + x_{VBAH} + x_{VBAF} \qquad \text{(BK5)}$$

$$x_{VBI} \le 0.05 * BKAP\_I \qquad \text{(BK6)}$$

$$x_{VBC} \le 0.05 * BKAP\_C \qquad \text{(BK7)}$$

$$x_{VBH} \le 0.05 * BKAP\_H \qquad \text{(BK8)}$$

$$x_{VBF} \le 0.05 * BKAP\_F \qquad \text{(BK9)}$$

$$x_{VBA} \le 0.05 * BKAP\_A \qquad \text{(BK10)}$$

$$x_{VBCI} + x_{VBHI} + x_{VBFI} + x_{VBAI} \le 0.05 * BKAP\_I \qquad \text{(BK11)}$$

$$x_{VBIC} + x_{VBHC} + x_{VBFC} + x_{VBAC} \le 0.05 * BKAP\_C \qquad \text{(BK12)}$$

$$x_{VBIH} + x_{VBCH} + x_{VBFH} + x_{VBAH} \le 0.05 * BKAP\_H \qquad \text{(BK13)}$$

$$x_{VBIF} + x_{VBCF} + x_{VBHF} + x_{VBAF} \le 0.05 * BKAP\_F \qquad \text{(BK14)}$$

$$x_{VBIA} + x_{VBCA} + x_{VBHA} + x_{VBFA} \le 0.05 * BKAP\_A \qquad \text{(BK15)}$$

Modifikation der Bettenkapazitätsrestriktionen

$$\sum_{j=1}^{5}(H\_IB_j * VD\_MIN_j + H\_OIB_j * VD\_OIN_j) * x_j \le$$
$$(BKAP\_I - x_{VBI} + x_{VBCI} + x_{VBHI} + x_{VBFI} + x_{VBAI}) * PZ$$
$$\text{(GL1)}$$

$$\sum_{j=6}^{10}(H\_IB_j * VD\_MIN_j + H\_OIB_j * VD\_OIN_j) * x_j \le$$
$$(BKAP\_C - x_{VBC} + x_{VBIC} + x_{VBHC} + x_{VBFC} + x_{VBAC}) * PZ$$
$$\text{(GL2)}$$

$$\sum_{j=11}^{15}(H\_IB_j * VD\_MIN_j + H\_OIB_j * VD\_OIN_j) * x_j \le$$
$$(BKAP\_H - x_{VBH} + x_{VBIH} + x_{VBCH} + x_{VBFH} + x_{VBAH}) * PZ$$
$$\text{(GL3)}$$

$$\sum_{j=16}^{20}(H\_IB_j * VD\_MIN_j + H\_OIB_j * VD\_OIN_j) * x_j \leq$$

$$(BKAP\_F - x_{VBF} + x_{VBIF} + x_{VBCF} + x_{VBHF} + x_{VBHF}) * PZ$$

(GL4)

$$\sum_{j=21}^{25}(H\_IB_j * VD\_MIN_j + H\_OIB_j * VD\_OIN_j) * x_j \leq$$

$$(BKAP\_A - x_{VBA} + x_{VBIA} + x_{VBCA} + x_{VBHA} + x_{VBFA}) * PZ$$

(GL5)[133]

4.2.2 Lösung und Interpretation[134]

Der Zielfunktionswert dieses Modells beträgt 3.458.917 DM und um 1.662.414 DM gestiegen.[135] Das Krankenhaus konnte durch die Möglichkeit der Bettenverschiebung seinen Überschuß fast verdoppeln.

Das Fallklassen-Programm gleicht dem vorherigen: Es werden von den bevorzugten Fallklassen mehr aufgenommen, als vorgegeben ist. Ein Unterschied ergibt sich allerdings in den Patientenanzahlen, die behandelt werden. Während die Anzahl der Patienten in der HNO und der Augenheilkunde dieselbe geblieben ist, hat sich die der Inneren Medizin um 227 erhöht, die der Frauenheilkunde um 223 und der Chirurgie um 102 verringert.

Erkennbar ist dies auch aus den Bettenverschiebungsrestriktionen (BK6-BK15): In der HNO und der Augenheilkunde hat sich der Bettenbestand nicht verändert.[136] Dagegen hat in den anderen Abteilungen eine Bettenverschiebung stattgefunden. Eine Betrachtung der Variablen x_{VBIC} bis x_{VBAF} liefert nähere Ergebnisse: Aus der Frauenheilkunde wurden sechs Betten verschoben (x_{VBF}), wovon drei in die Innere Medizin und drei in die Chirurgie gingen. Aus der Chirurgie (x_{VBC}) kamen vier Betten in die Innere Medizin. Damit hat die Innere Medizin zusätzlich sieben Betten. Verglichen mit den maximal verschiebbaren Betten aus einer (in eine) Abteilung (BK6-BK15, RHS) ist dies die maximale Anzahl an aufnehmbaren Betten für diese Abteilung.

---

[133] Die mathematische Formulierung für XPRESS-MP befindet sich im Anhang S.45, Abb. A10
[134] Das Lösungsprotokoll befindet sich im Anhang S.48, Abb. A11
[135] In den Modifikationen beziehen sich die Angaben immer auf die vorangegangenen Lösungen und nicht mehr auf das Grundmodell K10.
[136] Der Einsatz der optimalen Variablenwerte ergibt für diese Restriktionen den Wert null. Damit ist auch die Variable null.

Für die Chirurgie ergibt sich ein anderes Bild. Zwar wurde die maximale Bettenanzahl aus der Abteilung herausgeschoben, dafür wurden aus der Frauenheilkunde wieder drei Betten aufgenommen. Eine Verschiebung eines einzelnen Bettes aus der Chirurgie in die Innere Medizin und die direkte Verschiebung der Betten aus der Frauenheilkunde in die Innere Medizin würde zu dem gleichen Ergebnis führen und wäre weniger umständlich. Auf die Optimallösung hat diese Bettenverteilung keinen Einfluß, da mit dem Modell nur eine „Rechenaufgabe" gestellt wurde, deren Lösung im Ergebnis zwar unpraktisch, aber aus modelltheoretischen Gründen möglich ist.

Zuletzt sei in dieser Lösung noch auf den Operationssaal hingewiesen, dessen Kapazität in dieser Optimallösung ausgelastet ist (GL44). Eine Erhöhung dieser Kapazität könnte zur Verbesserung des bisherigen Ergebnisses beitragen.[137]

4.3 Berücksichtigung der Kosten

Die „Bettenverschiebungen" im Krankenhaus dürfen nicht als tatsächlicher Vorgang verstanden werden. Vielmehr handelt es sich um ein „visuelles" Verschieben, da die Betten nach der Sterilisation lediglich auf unterschiedliche Stationen verteilt werden. Dennoch ist es vor allem für der Lösung größerer Modelle sinnvoll, die Problematik der indirekten Bettenverschiebungen durch entsprechende Restriktionen zu verhindern. Die Lösung wird eindeutig und übersichtlich, die Optimallösung aber nicht beeinflußt.[138]

Zur Erreichung dieses Ziels werden in dieser Modifikation für die Bettenverschiebung Kosten anfallen. Da es Ziel des Modells ist, den Überschuß zu maximieren, wird gleichzeitig die Anzahl der verschobenen Betten minimiert. Die Kosten können aus modelltheoretischen Gründen angesetzt werden (ein Betrag von 0,001 DM genügt), um Bettenverschiebungen aus einer Abteilung und gleichzeitig in diese Abteilung zu vermeiden. Des weiteren ist es denkbar, daß durch die Verschiebung der Betten im Krankenhaus tatsächliche Kosten anfallen, wie z.B. Verwaltungs- oder Umbuchungsaufwand.

4.3.1 Mathematische Formulierung

Koeffizienten[139]

K_VB   Kosten für die Verschiebung eines Bettes von einer Abteilung in eine andere [DM]

---

[137] vgl. dazu Kapitel 3.4.3
[138] Die folgende Modifikation des Modells kann als „Mängelbeseitigung" verstanden werden. Vgl. dazu Kapitel 1.3.1
[139] In diesem Modell werden anfallende Kosten in Höhe von 14 DM angesetzt.

Modifikation der Zielfunktion

$$\sum_{j=1}^{30} [FPP_j * PWP + FPS_j * PWS - \ldots\ldots FK\_IN -$$

$$K\_VB * (x_{VBI} + x_{VBC} + x_{VBH} + x_{VBF} + x_{VBA}) \Rightarrow MAX$$

$$(ZIELF)^{140}$$

4.3.2 Lösung und Interpretation[141]

Die Lösung dieses Modells liefert erwartungsgemäß einen um 98 DM schlechteren Zielfunktionswert (7 Betten x 14 DM) und die Betten werden direkt von der Frauenheilkunde in die Innere Medizin verschoben. Die doppelte Erfassung der Betten konnte mit dieser Modifikation ausgeschlossen werden.

4.4 Berücksichtigung räumlicher Begrenzungen

In der nächsten Modifikation soll berücksichtigt werden, daß eine Abteilung aufgrund räumlicher Begrenzungen nicht 5% ihrer eigenen Bettenkapazität aufnehmen kann. Um die Auswirkungen auf das Gesamtergebnis vergleichen zu können, wird für die Innere Medizin die maximale Anzahl der aufnehmbaren Betten auf sechs Betten begrenzt. Die anfallenden Kosten bei der Bettenverschiebung sollen weiterhin berücksichtigt werden, da sie keine Auswirkungen auf die Entscheidung haben, ob man Betten verschiebt.

4.4.1 Mathematische Formulierung

Konstanten

MBKI	Maximale Bettenkapazität der Abteilung Innere Medizin [Stk]
MBKC	Maximale Bettenkapazität der Abteilung Chirurgie [Stk]
MBKH	Maximale Bettenkapazität der Abteilung HNO [Stk]
MBKF	Maximale Bettenkapazität der Abteilung Fr. u. G. [Stk]
MBKA	Maximale Bettenkapazität der Abteilung Augenheilkunde [Stk]

Restriktionen

$$BKAP\_I - x_{VBI} + x_{VBCI} + x_{VBHI} + x_{VBFI} + x_{VBAI} \leq MBKI \qquad (BK16)$$

---

[140] Die mathematische Formulierung für XPRESS-MP befindet sich im Anhang S.51, Abb. A12
[141] Das Lösungsprotokoll befindet sich im Anhang S.52, Abb. A13

$$BKAP\_C - x_{VBC} + x_{VBIC} + x_{VBHC} + x_{VBFC} + x_{VBAC} \leq MBKC \qquad \text{(BK17)}$$

$$BKAP\_H - x_{VBH} + x_{VBIH} + x_{VBCH} + x_{VBFH} + x_{VBAH} \leq MBKH \qquad \text{(BK18)}$$

$$BKAP\_F - x_{VBF} + x_{VBIF} + x_{VBCF} + x_{VBHF} + x_{VBAF} \leq MBKF \qquad \text{(BK19)}$$

$$BKAP\_A - x_{VBA} + x_{VBIA} + x_{VBCA} + x_{VBHA} + x_{VBFA} \leq MBKA \qquad \text{(BK20)}^{142}$$

4.4.2 Lösung und Interpretation[143]

Durch die räumliche Einschränkung hat sich das Ergebnis auf 3.153.041 DM verschlechtert. Der Wegfall eines Bettes aus der Inneren Medizin bedeutet damit für das Krankenhaus „Einbußen" von 305.778 DM. An dem optimalen Fallklassen-Programm hat sich in der Zusammenstellung nichts geändert, lediglich der Operationssaal verfügt wieder über Freikapazitäten, was auf den Wegfall der Patienten in der Inneren Medizin zurückgeführt werden kann.

4.5 Möglichkeit der Bettenverschiebung innerhalb einer 6%-Grenze

Im Rahmen der Krankenhausplanung ist zu überlegen, ob eine Beschränkung der verschiebbaren Betten auf eine 5%-Grenze notwendig ist, wenn die Versorgung des Einzugsgebiets sichergestellt werden kann. Daher soll im Folgenden untersucht werden, inwieweit sich eine Erhöhung um 1% (auf eine 6%-Grenze) auf das Ergebnis auswirkt. Dabei bleiben die anfallenden Kosten und räumlichen Begrenzungen erhalten.

4.5.1 Mathematische Formulierung[144]

Für diese Modifikation muß keine Formulierung zusätzlicher Restriktionen erfolgen. Hier genügt eine Veränderung der Gleichungen BK6 - BK15, wobei 0.05 durch 0.06 ersetzt wird.

4.5.2 Lösung und Interpretation[145]

Der Zielfunktionswert dieses Modells beträgt 3.274.643 DM. Durch die Erhöhung der maximal verschiebbaren Betten konnte der Gesamtüberschuß des Krankenhauses (trotz eingeschränkter Aufnahmemöglichkeit in der Inneren Medizin) 121.602 DM zunehmen. Als Be-

---

[142] Die mathematische Formulierung für XPRESS-MP befindet sich im Anhang S.54, Abb. A14
[143] Das Lösungsprotokoll befindet sich im Anhang S.56, Abb. A15
[144] Die mathematische Formulierung für XPRESS-MP befindet sich im Anhang S.59, Abb. A16a
[145] Das Lösungsprotokoll befindet sich im Anhang S.60, Abb. A16b

sonderheit sei noch zu erwähnen, daß es in den bisherigen Lösungen immer einen Engpaß in mindestens einer der Abteilungen gab. In dieser Lösung sind weder die Abteilungen noch der Operationssaal ausgelastet.

4.6 Möglichkeit der Abteilungsschließung

In der letzten Modifikation des LP-Modells des Ausgangskrankenhauses besteht für das Krankenhaus die Möglichkeit, Abteilungen zu schließen. In dieser Arbeit wird dies nur für bettenführende Abteilungen in Betracht gezogen.

Eine Abteilungsschließung wäre ebenso für Funktionsabteilungen wie z.B. das Labor oder die Radiologie möglich, wenn die Leistungen ein externer Anbieter erfüllen soll. Eine derartige Outsourcing-Entscheidung kann in einem LP-Modell formuliert werden, wenn die entsprechenden Kosten für die fremden Labor- oder Radiologieleistungen bekannt sind.

Wenn dem Krankenhaus die Möglichkeit offenstehen soll, eine bettenführende Abteilung zu schließen, kann nicht von einer Mindestversorgung der Region ausgegangen werden. Daher bleiben für diese Modifikation die Restriktionen für die Patienten der Region unberücksichtigt. Weiterhin gilt, daß Betten verschoben werden. Dabei entfällt die Grenze, maximal 5% der Betten aus einer Abteilung verschieben zu können, da diese Begrenzung in Hinblick auf die Wahl, eine ganze Abteilung zu schließen, nicht konsequent wäre. Andererseits bleibt aber der Vorbehalt, höchstens 5% der eigenen Bettenkapazität in die Abteilung aufzunehmen.

4.6.1 Mathematische Formulierung

Variablen

$$SDI = \begin{cases} 1 & \textit{falls die Abteilung Innere Medizin geöffnet bleibt} \\ 0 & \textit{falls die Abteilung Innere Medizin geschlossen wird} \end{cases}$$

$$SDC = \begin{cases} 1 & \textit{falls die Abteilung Chirurgie geöffnet bleibt} \\ 0 & \textit{falls die Abteilung Chirurgie geschlossen wird} \end{cases}$$

$$SDH = \begin{cases} 1 & \textit{falls die Abteilung HNO geöffnet bleibt} \\ 0 & \textit{falls die Abteilung HNO geschlossen wird} \end{cases}$$

$$SDF = \begin{cases} 1 & \textit{falls die Abteilung Fr. u. G. geöffnet bleibt} \\ 0 & \textit{falls die Abteilung Fr. u. G. geschlossen wird} \end{cases}$$

$$SDA = \begin{cases} 1 & falls \ die \ Abteilung \ Augenheilkunde \ ge\ddot{o}ffnet \ bleibt \\ 0 & falls \ die \ Abteilung \ Augenheilkunde \ geschlossen \ wird \end{cases}$$

$M \gg 0$

Restriktionen

Die Restriktionen R1 und R26-30, sowie BK6-10 entfallen.

$$M * SDI > BKAP\_I - x_{VBI} + x_{VBCI} + x_{VBHI} + x_{VBFI} + x_{VBAI} \qquad (A1)$$

$$M * SDC > BKAP\_C - x_{VBC} + x_{VBIC} + x_{VBHC} + x_{VBFC} + x_{VBAC} \qquad (A2)$$

$$M * SDH > BKAP\_H - x_{VBH} + x_{VBIH} + x_{VBCH} + x_{VBFH} + x_{VBAH} \qquad (A3)$$

$$M * SDF > BKAP\_F - x_{VBF} + x_{VBIF} + x_{VBCF} + x_{VBHF} + x_{VBAF} \qquad (A4)$$

$$M * SDA > BKAP\_A - x_{VBA} + x_{VBIA} + x_{VBCA} + x_{VBHA} + x_{VBFA} \qquad (A5)$$

Schaltung der Fixkostenposten in der Zielfunktion

$$\sum_{j=1}^{30} [FPP_j * PWP + FPS_j * PWS - ....$$

$$SDI * FK\_I - SDC * FK\_C - SDH * FK\_H - SDF * FK\_F - SDA * FK\_A - FK\_IN -$$

$$FK\_PER - FK\_L - FK\_R - FK\_E - FK\_KD -$$

$$FK\_AN - FK\_P - FK\_O - SDF * FK\_K -$$

$$K\_VB * (x_{VBI} + x_{VBC} + x_{VBH} + x_{VBF} + x_{VBA}) \qquad \Rightarrow \ MAX$$

$$(ZIELF)^{146}$$

4.6.2 Lösung und Interpretation

Der Überschuß des Krankenhauses beläuft sich in diesem Modell auf 36.750.528 DM. Im Vergleich zum Ausgangsmodell K10 bedeutet das 1.779.162 DM mehr Überschuß.[147] Trotz des Wegfalls von Fixkosten bei einer Abteilungsschließung sind in der Optimallösung alle Abteilungen geöffnet.

---

[146] Die mathematische Formulierung für XPRESS-MP befindet sich im Anhang S.63, Abb. A17
[147] Das Ergebnis dieses Modells muß mit dem Ausgangsmodell K10 verglichen werden, wo eine freie Wahl der Patienten möglich war.

4.7 Zusammenfassung der Ergebnisse

Aus den Untersuchungen für das Ausgangskrankenhaus wurde deutlich, daß bei der Optimierung eines Fallklassen-Programms für ein Krankenhaus die Berücksichtigung des Versorgungsgebietes vorteilhaft ist, wenn die Ergebnisse nicht verfälscht werden sollen (Ein Überschuß von 35 Mio. DM ist zwar theoretisch möglich, aber in der Realität kaum zu verwirklichen). Aufgrund der Bettenverschiebung konnte das Krankenhaus seinen Überschuß verbessern. Daher ist es sinnvoll, derartige Möglichkeiten in einem Modell einzuarbeiten.

Bezogen auf die Gültigkeit der erhaltenen Daten (Zielfunktionswerte) ist darauf hinzuweisen, daß das LP-Modell überarbeitet werden müßte, indem sich der Personalbestand des Technischen Dienstes oder Verwaltungsdienstes ebenso nach der Anzahl der Patienten bemißt. Da das fest eingestellte Personal aufgrund einer Mindestanzahl von Patienten kalkuliert wurde, ist für die zusätzliche Aufnahme von Patienten zu wenig Personal vorhanden. Verglichen mit Kennzahlen des Statistischen Bundesamtes bestehen bei den Personalkostenanteilen Abweichungen. 1994 betrugen die Personalkostenanteile für den Ärztlichen Dienst 20,7%, Pflegedienst 37,0%, Verwaltungsdienst 6,0%, Funktionsdienst 8,9%, Medizinisch-technischen Dienst 11,7% und für die übrigen Personalkosten 15,7%.[148] Abbildung 16 zeigt die Personalkostenanteile des Ausgangskrankenhauses, die sich aus dem Modell K14 (Region, Bettenverschiebung 5%, Kosten, räumliche Begrenzung) ergeben.

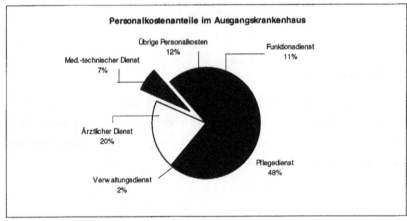

Abb.16: Personalkostenanteile im Ausgangskrankenhaus [Modell K15]
(Quelle: Eigene Darstellung)

---

[148] vgl. Reister, M. [1996], S.231

Deutlich ist die Abweichung bei den Personalgruppen des Medizinisch-technischen Dienstes und des Verwaltungsdienstes. Für den Verwaltungsdienst liegt die Ursache in der bereits angesprochenen Minderbemessung des Personals. Bei dem Medizinisch-technischen Dienst ist die Abweichung darauf zurückzuführen, daß mit den im Modell abgehandelten Untersuchungen nicht alle Untersuchungen abgedeckt sind, die tatsächlich bei der Behandlung eines Patienten entstehen. Damit fallen im Ergebnis die ermittelten Zielfunktionswerte für das Krankenhaus zu hoch aus.

In Tabelle 10 sind alle Ergebnisse für das Ausgangskrankenhaus zusammenfassend dargestellt.

Modifikation	berechneter Überschuß [DM]	Differenz zum vorherigen Ergebnis [DM]	Modell	Rechenzeit XPRESS-MP / LP_DOS[149]	
Freie Wahl der Patienten	34.971.366	entfällt	K10	00:00:47 h	00:00:38 h
Berücksichtigung des Einzugsgebiets	1.796.503	-33.174.863	K11	00:00:52 h	00:00:40 h
Bettenverschiebung innerhalb einer 5%-Grenze	3.458.917	1.662.414	K12	00:00:34 h	00:02:47 h
Berücksichtigung anfallender Kosten	3.458.819	-98	K13	00:00:39 h	00:06:55 h
Berücksichtigung räumlicher Begrenzungen	3.153.041	-305.778	K14	00:01:04 h	00:07:05 h
Bettenverschiebung innerhalb einer 6%-Grenze	3.274.643	121.602	K15	00:09:47 h	01:12:34 h
Abteilungsschließung (freie Wahl der Patienten und Bettenverschiebung)	36.750.528 keine Abteilung zu	(Vergleich K10) 1.779.162	K16	____	00:03:51 h

Tab.10: Zusammenfassung der Ergebnisse für das Ausgangskrankenhaus
(Quelle: Eigene Darstellung)

---

[149] In dieser Spalte sind die Rechenzeiten der beiden LP-Solver LP_DOS und XPRESS-MP angegeben. Falls in der Spalte XPRESS-MP keine Zeit steht, wurde das Modell nur mit LP_DOS gelöst. Während der Optimierungsprozesse in LP_DOS wurde parallel auf der Windows-Oberfläche gearbeitet. Daher sind die Rechenzeiten für LP_DOS teilweise verfälscht. Die Rechenzeiten für die weiteren Modelle (Tab.11 bis Tab.14) machen deutlich, daß vor einem Lösungsprozeß nur aufgrund der Struktur des Modells nicht abgeschätzt werden kann, wie lange die Lösung dauert. Dies gilt auch für den benötigten Speicherplatz. So wurde in XPRESS-MP z.B. das Modell K25 (vgl. Tab.11) nach 32 Stunden Rechenzeit abgebrochen, da der Speicherplatz von 90 Megabyte nicht ausreichte. Das Modell K15 hingegen wurde in 10 Minuten gelöst (gleiche Struktur, andere Daten). Mit dem LP-Solver LP_DOS wurden für das Modell K25 9 Stunden gebraucht.

5 Erweiterung des LP-Modells auf fünf Krankenhäuser

5.1 Fiktives Beispiel Raum Nürnberg

Nach den Berechnungen für das Ausgangskrankenhaus mit 400 Betten kann die Erweiterung auf fünf Krankenhäuser stattfinden. Da es nicht der Realität entspricht, daß in einer Region alle Krankenhäuser mit derselben Bettenanzahl ausgestattet sind, sollen in diesem Modell die Bettengrößen und Einzugsgebiete der Krankenhäuser voneinander abweichen. Um das Modell realitätsnah zu gestalten, wird als Region die Stadt Nürnberg gewählt, in der die Krankenhäuser angesiedelt sind.

Zum Jahresende 1996 wurden in der Stadt Nürnberg 492.864 Einwohner gezählt. Zur Versorgung dieser Region stehen 16 Krankenhäuser mit insgesamt 3.850 Planbetten zur Verfügung. Dabei entfallen auf die Abteilungen Innere Medizin, Chirurgie, HNO, Frauenheilkunde/Geburtshilfe und Augenheilkunde 2.806 Betten.

Aus dem beigefügten Faltplan der Stadt Nürnberg mit seinen Stadtteilen, Bezirken und Distrikten wird ersichtlich, wie die Krankenhäuser in der Stadt verteilt sind.[150] Dabei zeigt sich deutlich die Ballung der Krankenhäuser im Stadtzentrum (Stadtteile 0, 2) und in dem dicht bevölkerten Stadtteil der östlichen Außenstadt (Stadtteil 9). In dem Stadtteil mit der geringsten Bevölkerungsdichte (Stadtteil 7) hingegen ist kein Krankenhaus angesiedelt. Die Versorgung der südlichen Stadtteile (Stadtteile 3, 4, 5) übernimmt mit 1.000 Betten das Klinikum Süd.

Bei der Planung des Ausgangskrankenhauses wurden für 66.880 Einwohner 400 Betten zur Verfügung gestellt, womit auf 167 Einwohner ein Bett entfällt. Übertragen auf die Stadt Nürnberg heißt das, 2.948 Betten aufzustellen.

Die Aufteilung der Betten auf die fünf Krankenhäuser und deren Standorte sollen sich ebenso an der Stadt Nürnberg orientieren.

♦ Das Ausgangskrankenhaus mit 400 Betten wird im Stadtzentrum angesiedelt (Versorgung des Stadtteils 0: tatsächliche Einwohnerzahl 54.722; versorgt werden können 66.870 Einwohner)

♦ Krankenhaus 2 mit 750 Betten versorgt die Stadtteile 1, 3 und 4 (tatsächliche Einwohnerzahl 183.700; versorgt werden können 125.400 Einwohner)

---

[150] Im Anhang S.65 sind die auf dem Faltplan verwendeten Kennziffern der Krankenhäuser und die einzelnen Stadtteile mit Einwohnerzahl und Bevölkerungsdichte aufgelistet.

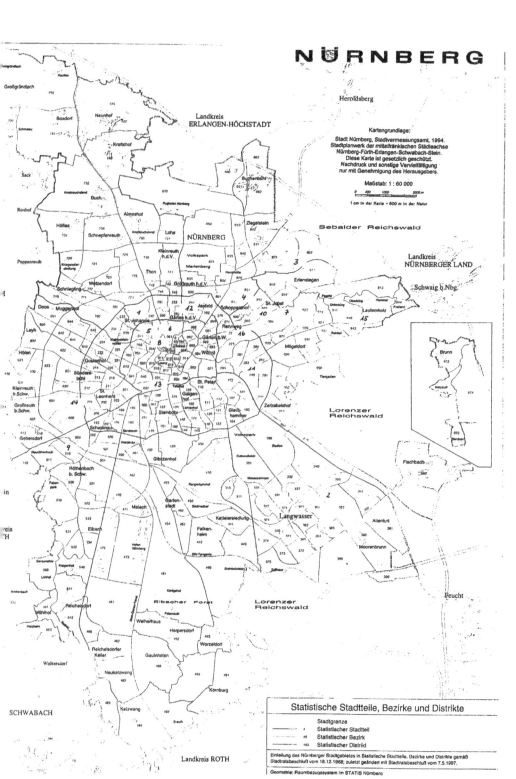

NÜRNBERG

Heroldsberg

Landkreis
ERLANGEN-HÖCHSTADT

Kartengrundlage:
Stadt Nürnberg, Stadtvermessungsamt, 1994.
Stadtplanwerk der mittelfränkischen Städteachse
Nürnberg-Fürth-Erlangen-Schwabach-Stein.
Diese Karte ist gesetzlich geschützt.
Nachdruck und sonstige Vervielfältigung
nur mit Genehmigung des Herausgebers.

Maßstab: 1 : 60 000

1 cm in der Karte = 600 m in der Natur

Sebalder Reichswald

Landkreis
NÜRNBERGER LAND

Schwaig b.Nbg.

Lorenzer
Reichswald

Langwasser

Lorenzer
Reichswald

Feucht

SCHWABACH

Statistische Stadtteile, Bezirke und Distrikte

Stadtgrenze
Statistischer Stadtteil
Statistischer Bezirk
Statistischer Distrikt

Einteilung des Nürnberger Stadtgebietes in Statistische Stadtteile, Bezirke und Distrikte gemäß
Stadtratsbeschluß vom 18.12.1968; zuletzt geändert mit Stadtratsbeschluß vom 7.5.1997.

Geometrie: Raumbezugssystem im STATIS Nürnberg

Landkreis ROTH

◆ Krankenhaus 3 mit 600 Betten versorgt die Stadtteile 7, 8 und 9 (tatsächliche Einwohnerzahl 98.529; versorgt werden können 100.320 Einwohner)

◆ Krankenhaus 4 mit 1.000 Betten versorgt die Stadtteile 2, 5 und 6 (tatsächliche Einwohnerzahl 155.913; versorgt werden können 167.200 Einwohner)

◆ Krankenhaus 5 mit 198 Betten wird in der Nähe von Krankenhaus 2 angesiedelt, da dort die Versorgung des Einzugsgebiets noch nicht gesichert ist.

Aus dieser Aufteilung wird deutlich, daß ein Krankenhaus nicht ausschließlich die Einwohner der Stadtteile versorgt, in der es angesiedelt ist. Das entspricht auch nicht der Realität. Um jedoch die Modellberechnungen für die Krankenhäuser durchführen zu können, muß von einem festgesetzten Einzugsgebiet ausgegangen werden.

5.2 Berechnungen für die einzelnen Krankenhäuser

5.2.1 Vorbemerkungen

In den folgenden Kapiteln 5.2.2 - 5.2.5 werden die Modellberechnungen mit allen Modifikationen für alle Krankenhäuser durchgeführt. Dabei wird nicht mehr näher auf die Klassifikation[151] des Krankenhauses oder die Ermittlung der Gerätekapazitäten eingegangen. Für jedes Krankenhaus wird ein Vermerk auf den Anhang vorgenommen, in dem die Patientenzahlen aufgeführt sind, die Grundlage für die Ermittlung des Personals oder der Kapazitäten sind. Über die verwendeten „Behandlungsdaten" sei hier auf die Tabelle A21 im Anhang verwiesen, aus der ersichtlich wird, daß die bisher verwendeten Daten als Durchschnittsdaten dienen.[152]

Lediglich für die in den Modellen angesetzten Fixkosten der Funktionsabteilungen wird im Anhang Abbildung A18 bis A25 näher eingegangen. Alle anderen Daten (Fixkosten der Bettenabteilungen, Ermittlung des fest eingestellten Personals und Ermittlung der Fixkosten für das Personal) wurden auf gleichem Weg erhoben, wie für das Ausgangskrankenhaus. Daher wird eine Dokumentation dieser Berechnungen und eine Darstellung der Tabellen unterbleiben.[153]

---

[151] Hier müßten andere Einordnungen in die Versorgungsstufen des Krankenhauses vorgenommen werden. Die Abteilungen oder die Trägerschaften der Krankenhäuser bleiben dieselben. Siehe Ausführungen in Kapitel 2.1

[152] Siehe Ausführungen in Kapitel 1.3.2

[153] Die Aufteilung der Betten auf die einzelnen Abteilungen findet wie bei dem Ausgangskrankenhaus über die ermittelten Anteile der Betten statt (vgl. Tab.5 (2)). Tabelle A22 im Anhang gibt zusammenfassend die Bettenverteilungen wieder.

Auf eine Erläuterung der einzelnen Lösungen muß aufgrund des Umfangs der Berechnungen verzichtet werden. Daher werden die Ergebnisse (Zielfunktionswerte) zusammenfassend in einer Tabelle dargestellt, wie sie bereits in Kapitel 4.7 verwendet wurde.

5.2.2 Berechnungen für Krankenhaus 2

Modifikation	berechneter Überschuß [DM]	Differenz zum vorherigen Ergebnis [DM]	Modell	Rechenzeit XPRESS-MP / LP_DOS	
Freie Wahl der Patienten	76.998.597	entfällt	K20	00:00:47 h	00:00:53 h
Berücksichtigung des Einzugsgebiets	-3.491.073	-80.489.670	K21	00:00:50 h	00:00:48 h
Bettenverschiebung innerhalb einer 5%-Grenze	12.839	3.503.12	K22	28:00:18 h	01:36:24 h
Berücksichtigung anfallender Kosten	12.659	-180	K23	36:12:16 h	01:53:44 h
Berücksichtigung räumlicher Begrenzungen	12.659	0	K24	____	02:15:30 h
Bettenverschiebung innerhalb einer 6%-Grenze	709.460	696.801	K25	____	09:28:40 h
Abteilungsschließung (freie Wahl der Patienten und Bettenverschiebung)	80.469.776 keine Abteilung zu	(Vergleich K20) -3.471.179	K26	____	23:35:07 h

Tab.11: Zusammenfassung der Ergebnisse für das Krankenhaus 2[154] (Quelle: Eigene Darstellung)

5.2.3 Berechnungen für Krankenhaus 3

Modifikation	berechneter Überschuß [DM]	Differenz zum vorherigen Ergebnis [DM]	Modell	Rechenzeit XPRESS-MP / LP_DOS	
Freie Wahl der Patienten	46.991.316	entfällt	K30	00:00:27 h	00:00:35 h
Berücksichtigung des Einzugsgebiets	6.739	-46.984.477	K31	00:00:36 h	00:00:53 h
Bettenverschiebung innerhalb einer 5%-Grenze	2.186.990	2.180.251	K32	00:00:58 h	00:24:08 h

---

[154] Die zugehörige Tabelle mit der Anzahl der Betten, Patienten und Pflegetage findet sich im Anhang S.84, Tab. A23

Berücksichtigung an-fallender Kosten	2.186.846	-144	K33	____	01:03:51 h
Berücksichtigung räumlicher Begrenzungen	2.186.846	0	K34	____	01:20:27 h
Bettenverschiebung innerhalb einer 6%-Grenze	2.672.919	486.073	K35	____	01:13:03 h
Abteilungsschließung (freie Wahl der Patienten und Bettenverschiebung)	49.671.912 keine Abteilung zu	(Vergleich K30) 2.680.596	K36	____	00:12:02 h

Tab.12: Zusammenfassung der Ergebnisse für das Krankenhaus 3[155]
(Quelle: Eigene Darstellung)

5.2.4 Berechnungen für Krankenhaus 4

Modifikation	berechneter Überschuß [DM]	Differenz zum vor-herigen Ergebnis [DM]	Modell	Rechenzeit XPRESS-MP / LP_DOS	
Freie Wahl der Patienten	85.719.507	entfällt	K40	00:00:58 h	00:00:42 h
Berücksichtigung des Einzugsgebiets	5.527.957	-80.191.550	K41	00:00:46 h	00:00:53 h
Bettenverschiebung innerhalb einer 5%-Grenze	8.456.043	2.928.086	K42	____	00:06:57 h
Berücksichtigung an-fallender Kosten	8.455.796	-312	K43	____	00:10:02 h
Berücksichtigung räumlicher Begrenzungen	8.455.796	65	K44	____	05:37:48 h
Bettenverschiebung innerhalb einer 6%-Grenze	8.952.308	496.512	K45	____	31:19:02 h
Abteilungsschließung (freie Wahl der Patienten und Bettenver-schiebung)	89.035.864 keine Abteilung zu	(Vergleich K40) 3.316.357	K46	____	00:15:35 h

Tab.13: Zusammenfassung der Ergebnisse für das Krankenhaus 4[156]
(Quelle: Eigene Darstellung)

---

[155] Die zugehörige Tabelle mit der Anzahl der Betten, Patienten und Pflegetage findet sich im Anhang S.85, Tab. A24
[156] Die zugehörige Tabelle mit der Anzahl der Betten, Patienten und Pflegetage findet sich im Anhang S.85, Tab. A25

5.2.5 Berechnungen für Krankenhaus 5

Modifikation	berechneter Überschuß [DM]	Differenz zum vorherigen Ergebnis [DM]	Modell	Rechenzeit XPRESS-MP / LP_DOS	
Freie Wahl der Patienten	21.109.957	entfällt	K50	00:00:32 h	00:00:42 h
Berücksichtigung des Einzugsgebiets	1.681.219	-19.428.738	K51	00:00:38 h	00:00:40 h
Bettenverschiebung innerhalb einer 5%-Grenze	2.621.866	940.647	K52	00:01:10 h	00:01:02 h
Berücksichtigung anfallender Kosten	2.621.824	-42	K53	00:01:46 h	00:01:20 h
Berücksichtigung räumlicher Begrenzungen	2.621.824	0	K54	00:01:47 h	00:00:49 h
Bettenverschiebung innerhalb einer 6%-Grenze	2.779.215	157.391	K55	00:06:22 h	00:01:35 h
Abteilungsschließung (freie Wahl der Patienten und Bettenverschiebung)	21.945.944 keine Abteilung zu	(Vergleich K50) 835.987	K56	_____	00:11:44 h

Tab.14: Zusammenfassung der Ergebnisse für das Krankenhaus 5[157]
(Quelle: Eigene Darstellung)

5.3 Konstruktion des LP-Modells für die Region

Im Regionalmodell werden alle Daten der einzelnen Krankenhäuser zusammengefaßt. Die Ermittlung des Leistungsangebots der Krankenhäuser im Verbund setzt voraus, daß die Krankenhäuser kooperieren. Das heißt, daß nicht jedes Krankenhaus sein eigenes Einzugsgebiet versorgt, sondern daß die Patienten der Region auf die unterschiedlichen Krankenhäuser verteilt werden (vgl. Abb.17).

Um das LP-Modell, das auf die Optimierung für nur ein Krankenhaus abgestimmt ist, auf ein derartiges Regionalmodell zu erweitern, müssen alle Variablen, Koeffizienten, Konstanten und Gleichungen modifiziert werden.

---

[157] Die zugehörige Tabelle mit der Anzahl der Betten, Patienten und Pflegetage findet sich im Anhang S.86, Tab. A26

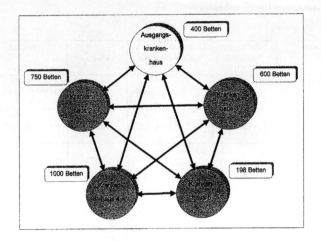

Abb.17: Kooperation zwischen den Krankenhäusern der Region
(Quelle: Eigene Darstellung)

Die mathematische Umformulierung des LP-Modells für die Region soll aber nicht für das gesamte Modell erfolgen, sondern anhand ausgewählter Beispiele demonstriert werden.[158]

Alle Variablen werden um den Index i erweitert, wobei das i für die „Nummer" des Krankenhauses steht.

x_{ij}	Anzahl der Patienten der Fallklasse j in Krankenhaus i	mit	$i = 1,2,..5$
			$j = 1,2,..30$
$x_{i,VBCI}$	Anzahl der verschobenen Betten aus der Chirurgie in die Innere Medizin in Krankenhaus i		

Ebenso wird bei allen Konstanten und Koeffizienten der zusätzliche Index i verwendet (mit Ausnahme des Planungszeitraums PZ, der Fallpauschalen FPP, FPS und der Punktwerte PWP und PWS, da diese für alle Krankenhäuser gleich sind).

$BKAP\_I_i$ Bettenkapazität in der Abteilung Innere Medizin in Krankenhaus i

L_LA1_{ij} Leistungsanzahl an Laboruntersuchung 1 für einen Patienten der Fallklasse j in Krankenhaus i

---

[158] Im Anhang S.86, Abb. A26 ist die Modifikation des Grundmodells (freie Wahl an Patienten) in der mathematischen Formulierung für XPRESS-MP vollständig abgebildet.

Alle Restriktionen werden dementsprechend geändert.

$$PGN_i * Z\_PN_i * VD\_N_i * (x_{i,16} + x_{i,18} + x_{i,19}) \le PP\_N_i * x_{i,PN} \qquad \forall i = 1,2...5$$

Ziel des Regionalmodells ist es, den Überschuß der Krankenhäuser im Verbund zu maximieren.

$$\sum_{j=1}^{30} \sum_{i=1}^{5} [FPP_j * PWP + FPS_j * PWS -$$

$$(L\_LA1_{ij} * S\_LA1_{ij} + L\_LA2_{ij} * S\_LA2_{ij} + ...- \qquad \text{(ZIELF)}$$

$$FK\_O_i - FK\_K_i \Rightarrow MAX$$

Um zu sehen, wie sich in der Optimallösung (Zielfunktionswert) des Regionalmodells die Überschüsse im einzelnen auf die Krankenhäuser verteilen, wird zusätzlich die Variable $x_{i,G}$ definiert. Dieser wird in einer Restriktion der Wert zugeteilt, der sich aus der Berechnung des Überschusses für das jeweilige Krankenhaus ergibt.

$$x_{i,G} = \sum_{j=1}^{30} [FPP_j * PWP + FPS_j * PWS -$$

$$(L\_LA1_{ij} * S\_LA1_{ij} + L\_LA2_{ij} * S\_LA2_{ij} + ...- \qquad \text{(GW)}$$

$$FK\_O_i - FK\_K_i \qquad \forall i = 1,2...5$$

5.4 Modifikationen des LP-Modells der Region

5.4.1 Vorbemerkungen

Mit der Erweiterung der Variablen um den Index i hat sich die Anzahl der Variablen in dem Regionalmodell auf 305 erhöht, von denen 140 ganzzahlig zu lösen sind. Wie bereits in Kapitel 3.4.1 angesprochen, muß der Lösungsprozeß der Regionalmodelle eingeschränkt werden, da der Bedarf an Rechenzeit und Speicherkapazität für derartige Modelle nicht mehr abzuschätzen ist.[159]

XPRESS-MP bietet u.a. die Möglichkeiten, maximale Rechenzeiten für die Optimierung oder eine maximale Anzahl an Lösungen vorzugeben. Bei der Lösung der folgenden Mo-

---

[159] Das Regionalmodell K15 wurde nach einer Rechenzeit von 24 Stunden abgebrochen, da die Speicherkapazität von einem Gigabyte nicht ausreichte.

wird für jedes Modell auf acht Stunden angesetzt und die maximale Anzahl an Lösungen auf zehn begrenzt. Da XPRESS-MP die Zwischenergebnisse speichert, kann verfolgt werden, wie sich die Zielfunktionswerte während des Optimierungsprozesses entwickeln.[160] Aufgrund dieser Vorgehensweise kann es sich bei den berechneten Lösungen nicht um die Optimalwerte, sondern um Suboptimas handeln.[161] Als Beispiel soll die Lösung des Regionalmodells dienen, bei dem die Krankenhäuser ihre Patienten frei wählen können.

Die optimalen Zielfunktionswerte des Regionalmodells (und dessen Modifikationen) werden mit den Werten verglichen, die sich aus der Summe der einzelnen Optimallösungen der Krankenhäuser ergeben. Bei einer freien Wahl der Patienten bedeutet dies, daß diese übereinstimmen müssen.

In der Summe ergeben die einzelnen Optimallösungen der Krankenhäuser 265.790.743 DM (Modelle K10 bis K50). Nach acht Stunden Rechenzeit hat XPRESS-MP für das Regionalmodell einen Zielfunktionswert von 263.592.013 DM berechnet. In diesem Fall handelt es sich bei der Lösung um ein suboptimales Ergebnis.[162]

Diese Problematik ist aber von untergeordneter Bedeutung, wenn von einer Mindestanzahl an Patienten ausgegangen wird. Daher soll diese Beschränkung des Lösungsprozesses bei allen folgenden Modellen Anwendung finden.

5.4.2 Berücksichtigung des Einzugsgebiets

Die Besonderheit des Regionalmodells besteht darin, alle Patienten der Region auf die Krankenhäuser zu verteilen. Dadurch kann für jeden Patienten die günstigste Alternative gewählt werden.

Als erste Variante wird davon ausgegangen, daß die Krankenhäuser durch ihre Kooperation keinen Nachteil haben sollen. Die bisherigen Überschüsse (Modelle K11-K51) werden als Mindestüberschüsse der einzelnen Krankenhäuser angesetzt, indem zusätzliche Restriktionen im Modell formuliert werden. Das Optimum der Krankenhäuser ohne Verbund beträgt 5.521.345 DM.[163] Abbildung 18₂ zeigt, welcher Zielfunktionswert sich aus dem Regionalmodell ergibt.

---

[160] Die Zwischenergebnisse werden in Dateien des Formats *.as* abgespeichert.
[161] Es ist auch nicht auszuschließen, daß es die globalen Optimalwerte sind, da nicht abzusehen ist, ob noch bessere Lösungen gefunden werden.
[162] Vor der Lösung eines (gemischt-)ganzzahligen Modells wird von XPRESS-MP zuerst die nichtganzzahlige Lösung berechnet. Anhand dieser nichtganzzahligen Lösungen wurde kontrolliert, ob die Ergebnisse übereinstimmen: In beiden Fällen betrug der Wert 269.221.946 DM.
[163] „Optimum der Krankenhäuser ohne Verbund" bezeichnet die Summe der einzelnen Krankenhausoptimas.

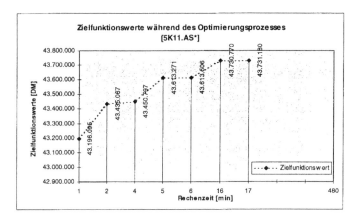

Abb.18a: Zielfunktionswerte während des Optimierungsprozesses 5K11.AS*
(Quelle: Eigene Darstellung)

Im Verbund können die Krankenhäuser einen Gesamtüberschuß von 43.731.180 DM er-

zielen und damit 38.209.835 DM mehr als ohne Verbund.[164] Bei der Betrachtung der ein-

zelnen Überschüsse ($x_{i,G}$) fällt auf, daß auf Krankenhaus 4 genau der Mindestüberschuß

entfällt, der verlangt wurde. Des weiteren ist zu dieser Restriktion ein Schattenpreis von -

0,02 DM angegeben. Damit bedeutet dies eine Verschlechterung des Zielfunktionswertes,

wenn das Krankenhaus 4 nur eine Mark mehr Überschuß erzielen soll. Umgekehrt ergibt

sich eine Verbesserung des Optimums im Verbund, wenn auf das Krankenhaus weniger

entfällt.

In der zweiten Variante wird dies berücksichtigt, indem für die Krankenhäuser kein Min-

destüberschuß mehr vorgegeben wird. Es wird lediglich ausgeschlossen, daß ein Kranken-

haus Verlust machen kann.[165]

Die Lösung dieser Modellvariante ergibt einen Zielfunktionswert von 43.746.034 DM (vgl.

Abb.18b). Dieser liegt 14.854 DM über dem bisherigen Optimum. Aufgrund der Problematik

von Suboptimas kann dieser relativ geringen Verbesserung des Zielfunktionswertes nicht viel

Bedeutung beigemessen werden. Vielmehr ist an dieser Lösung auffällig, daß wiederum

Krankenhaus 4 und zusätzlich Krankenhaus 5 einen „Überschuß" von Null erzielen und zu

den entsprechenden Restriktionen negative Schattenpreise angegeben sind.

---

[164] Auch wenn es sich bei den Regionalmodellen um Suboptimas handeln kann, werden die Zielfunktionswerte als Optimalwerte bezeichnet.
[165] Durch die Nichtnegativitätsbedingung ist diese Forderung bereits formuliert.

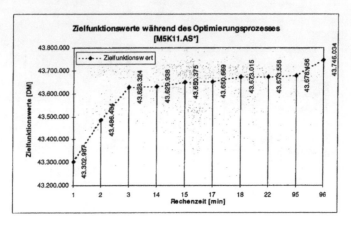

Abb.18b: Zielfunktionswerte während des Optimierungsprozesses M5K11.AS*
(Quelle: Eigene Darstellung)

Daher soll in der nächsten Variante die Möglichkeit bestehen, daß ein Krankenhaus Verlust machen kann, wenn dies im Sinne des Gesamtoptimums ist. Dazu wird die Variable $x_{i,G}$ als freie Variable definiert, die negativ werden kann.[166] Die optimale Lösung zeigt Abbildung 19.[167] Mit einem Zielfunktionswert von 45.727.766 DM liegt das Optimum deutlich über den vorherigen Ergebnissen (vgl. Abb.20).

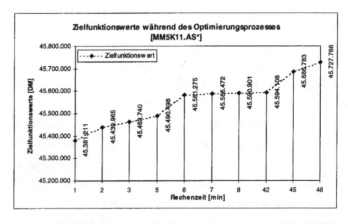

Abb.19: Zielfunktionswerte während des Optimierungsprozesses MM5K11.AS*
(Quelle: Eigene Darstellung)

---

[166] Die mathematische Formulierung für XPRESS-MP befindet sich im Anhang S.98, Abb. A27
[167] Das Lösungsprotokoll befindet sich im Anhang S.99, Abb. A28

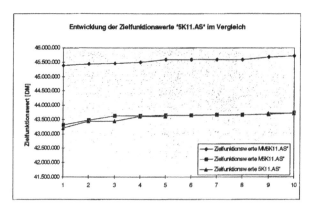

Abb.20: Entwicklung der Zielfunktionswerte *5K11.AS* im Vergleich
(Quelle: Eigene Darstellung)

Eine Betrachtung der Variablen $x_{i,G}$ zeigt, daß in dieser Lösung Krankenhaus 3 einen Verlust von 27.194.266 DM macht. Die Optimierung für Krankenhaus 3 ohne Verbund (vgl. Tab.12, K31) hat dagegen einen Überschuß von 6.739 DM ergeben. Dieser Verlust bedeutet nicht, daß im Krankenhaus 3 zu wenig Patienten aufgenommen wurden. Eine Betrachtung der Bettenkapazitätsrestriktionen zeigt, daß die Abteilungen Innere Medizin, HNO und die Augenheilkunde ausgelastet sind. Im Vergleich zu den anderen Krankenhäusern bestehen auch in der Chirurgie und der Frauenheilkunde die geringsten Freikapazitäten. Für Krankenhaus 2 bedeutet die Optimierung im Verbund, von dem ursprünglichen Verlust von 3.491.073 DM (vgl. Tab.11, K21) auf einen Überschuß von 39.154.939 DM zu kommen. Damit ergibt sich durch die Optimierung im Verbund eine Umstrukturierung. Im Sinne des Gesamtoptimums werden im Krankenhaus 3 Patienten behandelt, deren Erlöse für das Krankenhaus nicht kostendeckend sind. Davon profitieren die anderen Krankenhäuser, indem sie die überschußbringenden Patienten aufnehmen.

Wie Abbildung 19 zeigt, wurden für dieses Problem zehn Lösungen in 46 Minuten gefunden. Daher kann vermutet werden, daß diese Umstrukturierungen nicht in allen Lösungen auftreten. Abbildung 21 zeigt, daß die „Überschüsse" in jeder gefundenen Lösung derartig verteilt sind und sich nur geringe Abweichungen ergeben.

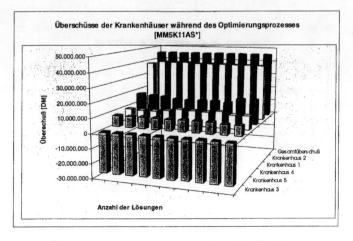

Abb.21: Überschüsse der Krankenhäuser während des Optimierungsprozesses MM5K11.AS*   (Quelle: Eigene Darstellung)

Im Gesamtergebnis bringt die Lösung im Verbund einen viel höheren Zielfunktionswert als in der getrennten Optimierung für alle Krankenhäuser. Ebenso wird durch die Verlustzuweisung das Optimum im Verbund deutlich angehoben. Da es sicherlich nicht im Interesse der Krankenhäuser ist, bei einer Kooperationsbereitschaft Verluste hinnehmen zu müssen, wogegen andere Krankenhäuser ihren Überschuß erhöhen, muß überlegt werden, Ausgleichszahlungen zwischen den Krankenhäusern festzulegen.

Auf die Berechnungen und Ergebnisse der Regionalmodell-Modifikationen in den Kapiteln 5.4.3 bis 5.4.6, die für alle Krankenhäuser einzeln gelöst wurden, wird nicht mehr näher eingegangen. Um die Ergebnisse vergleichen zu können, sind alle Lösungen in Tabellen eingetragen, die sich im Verbund und ohne Verbund ergeben.

Für die Berechnungen der Regionalmodells wird die Möglichkeit beibehalten, einem Krankenhaus Verlust zuzuweisen. Die Ergebnisse dieser Variante sind in den folgenden Tabellen festgehalten. Des weiteren wird zu jeder Modellberechnung auf die Abbildungen im Anhalt verwiesen, wo die Zielfunktionswerte während des Optimierungsprozesses dokumentiert sind, die sich für alle drei Modellvarianten ergeben (Mindestüberschuß, kein Verlust, Verlust).

5.4.3 Möglichkeit der Bettenverschiebung innerhalb einer 5%-Grenze

Berechnung	Gesamt	Krankenhaus				
		1	2	3	4	5
Überschuß im Verbund	56.357.493	18.696.372	44.023.776	-25.593.384	9.950.191	9.280.537
Überschuß ohne Verbund	16.736.655	3.458.917	12.839	2.186.990	8.456.043	2.621.866
Differenz	39.620.838	15.237.455	44.010.937	-27.780.374	1.494.148	6.658.671

Tab.15: Vergleich der Optimalwerte bei der Bettenverschiebung innerhalb einer 5%-Grenze   im Verbund und ohne Verbund (Quelle: Eigene Darstellung)[168]

5.4.4 Berücksichtigung der Kosten

Berechnung	Gesamt	Krankenhaus				
		1	2	3	4	5
Überschuß im Verbund	56.270.863	16.397.212	42.975.581	-26.535.288	14.430.421	9.002.936
Überschuß ohne Verbund	16.735.944	3.458.819	12.659	2.186.846	8.455.796	2.621.824
Differenz	39.534.919	12.938.393	42.962.922	-28.722.134	5.974.625	6.381.112

Tab.16: Vergleich der Optimalwerte bei der Berücksichtigung der Kosten im Verbund und   ohne Verbund (Quelle: Eigene Darstellung)[169]

5.4.5 Berücksichtigung räumlicher Begrenzungen

Berechnung	Gesamt	Krankenhaus				
		1	2	3	4	5
Überschuß im Verbund	55.874.241	20.134.338	38.834.433	-26.430.241	13.706.261	9.629.448
Überschuß ohne Verbund	16.430.166	3.153.041	12.659	2.186.846	8.455.796	2.621.824
Differenz	39.444.075	16.981.297	38.821.774	-28.617.087	5.250.465	7.007.624

Tab.17: Vergleich der Optimalwerte bei der Berücksichtigung räumlicher Begrenzungen im   Verbund und ohne Verbund (Quelle: Eigene Darstellung)[170]

5.4.6 Möglichkeit der Bettenverschiebung innerhalb einer 6%-Grenze

Berechnung	Gesamt	Krankenhaus				
		1	2	3	4	5
Überschuß im Verbund	58.347.832	19.019.000	44.452.896	-26.794.785	11.866.407	9.804.314
Überschuß ohne Verbund	18.388.545	3.274.643	709.460	2.672.919	8.952.308	2.779.215
Differenz	39.959.287	15.744.357	43.743.436	-29.467.704	2.914.099	7.025.099

Tab.18: Vergleich der Optimalwerte bei der Berücksichtigung der Bettenverschiebung
innerhalb einer 6%-Grenze im Verbund und ohne Verbund
(Quelle: Eigene Darstellung)[171]

---

[168] Die mathematische Formulierung für XPRESS-MP und die Darstellungen der Zielfunktionswerte während des Optimierungsprozesses befinden sich im Anhang S.108, Abb. A29 und S.110, Abb. A30
[169] Die mathematische Formulierung für XPRESS-MP und die Darstellungen der Zielfunktionswerte während des Optimierungsprozesses befinden sich im Anhang S.111, Abb. A31 und S.113, Abb. A32
[170] Die mathematische Formulierung für XPRESS-MP und die Darstellungen der Zielfunktionswerte während des Optimierungsprozesses befinden sich im Anhang S.114, Abb. A33 und S.115, Abb. A34
[171] Die mathematische Formulierung für XPRESS-MP und die Darstellungen der Zielfunktionswerte während des Optimierungsprozesses befinden sich im Anhang S.117, Abb. A35 und S.118, Abb. A36

5.4.7 Möglichkeit der Abteilungsschließung

Im Regionalmodell können einzelne Abteilungen der Krankenhäuser geschlossen werden, da durch die Kooperation die Mindestanzahl der Patienten auf die Krankenhäuser verteilt werden kann.[172] Für die einzelnen Krankenhäuser ist eine Abteilungsschließung nur möglich, wenn die Region nicht berücksichtigt wird.

Die Modellberechnungen für die einzelnen Krankenhäuser können daher nicht als Vergleich herangezogen werden. Damit ist keine Berechnung des Regionalmodells möglich, in dem der Überschuß eines Krankenhauses mindestens dem Überschuß ohne Verbund entsprechen muß. Ein Vergleich zwischen „kein Verlust" und „Verlust" ist möglich.[173]

Als Optimallösung für das Regionalmodell („Verlustfall") ergibt sich ein Zielfunktionswert von 57.317.412 DM. Dabei wird in keinem der Krankenhäuser eine Abteilung geschlossen.

5.4.8 Weitere Modifikationen des LP-Modells der Region

Im folgenden wird das Regionalmodell um einige Möglichkeiten erweitert, die in den einzelnen Krankenhausmodellen nicht untersucht werden konnten.

5.4.8.1 Verteilung der ambulanten Patienten

Bisher waren die ambulanten Patienten immer an die stationär behandelten Patienten gekoppelt, indem in Abhängigkeit von den stationären Patienten eine Mindestanzahl ambulanter Fälle behandelt werden mußte.

Im Folgenden bleibt diese Beziehung zu den stationären Patienten bestehen, um eine Mindestanzahl ambulanter Patienten der Region vorzugeben. Diese Patienten können jedoch unabhängig von einem bestimmten Krankenhaus auf die Krankenhäuser der Region verteilt werden.

In der Realität ist die Anzahl ambulanter Patienten schwer zu beeinflussen, da die Patienten behandelt werden müssen, die in das Krankenhaus kommen. Dennoch kann durch eine derartige Modifikation untersucht werden, inwiefern sich durch eine Regulierung des Einweisungsverhaltens der Ärzte (Überweisung zu einer ambulanten Behandlung) Änderungen des Gesamtoptimums ergeben. Des weiteren ist diese interessant, wenn davon ausgegangen wird, daß mit der Behandlung ambulanter Patienten Investitionen verbunden sind.

---

[172] Die mathematische Formulierung für XPRESS-MP befindet sich im Anhang S.119, Abb. A37
[173] Die Darstellungen der Zielfunktionswerte während des Optimierungsprozesses befinden sich im Anhang S.122, Abb. A38

5.4.8.1.1 Mathematische Formulierung

Die Restriktionen R31-R35 entfallen und werden ersetzt:

$$\sum_{i=1}^{5} x_{i,26} \geq \sum_{i=1}^{5} P\_AMB_{i,26} * x_{i,6} \qquad \text{(R26)}$$

$$\sum_{i=1}^{5} x_{i,27} \geq \sum_{i=1}^{5} P\_AMB_{i,27} * x_{i,9} \qquad \text{(R27)}$$

$$\sum_{i=1}^{5} x_{i,28} \geq \sum_{i=1}^{5} P\_AMB_{i,28} * x_{i,16} \qquad \text{(R28)}$$

$$\sum_{i=1}^{5} x_{i,29} \geq \sum_{i=1}^{5} P\_AMB_{i,29} * x_{i,20} \qquad \text{(R29)}$$

$$\sum_{i=1}^{5} x_{i,30} \geq \sum_{i=1}^{5} P\_AMB_{i,30} * x_{i,11} \qquad \text{(R30)}[174]$$

5.4.8.1.2 Lösung und Interpretation

Als Zielfunktionswert ergibt sich für dieses Modell ein Überschuß von 59.097.369 DM. Dabei wurde in Krankenhaus 3 verwirklicht, daß die Anzahl der ambulanten Patienten der Fallklasse 29 nicht dem Prozentsatz entspricht. Krankenhaus 4 hat dagegen mehr Patienten von dieser Fallklasse aufgenommen.

5.4.8.2 Schließung eines Krankenhauses

In der nächsten Modifikation kann ein Krankenhaus der Region geschlossen werden. Da die Bettenausstattung der Krankenhäuser mit einer durchschnittlichen Bettenauslastung von 77,3% kalkuliert wurde (vgl.Tab.4), kann in dieser Form keine Krankenhausschließung erfolgen, da insgesamt nicht genug Freikapazitäten vorhanden sind. Um ein Krankenhaus schließen zu können, dürfen die Betten höchstens zu 80% mit den Patienten der Region ausgelastet sein. Daher wird die Patientenanzahl in der Region neu berechnet, so daß die Betten der Krankenhäuser in allen Abteilungen zu 70% ausgelastet sind. Die Abhängigkeit der ambulanten Patienten zu den im Krankenhaus behandelten stationären Patienten wird in diesem Modell wieder hergestellt.

---

[174] Die mathematische Formulierung für XPRESS-MP und die Darstellungen der Zielfunktionswerte während des Optimierungsprozesses befinden sich im Anhang S.123, Abb. A39 und S.124, Abb. A40

5.4.8.2.1 Mathematische Formulierung

<u>Variablen</u>

$$SK_i = \begin{cases} 1 & \textit{falls Krankenhaus i nicht geschlossen wird} \\ 0 & \textit{falls Krankenhaus i geschlossen wird} \end{cases} \qquad \forall i = 1,2...5$$

<u>Restriktion</u>

$$6 * SK_i \geq SDI_i + SDC_i + SDH_i + SDF_i + SDA_i \qquad \forall i = 1,2...5 \qquad (S)$$

Bisher waren in dem Modell nur die Fixkosten für die Abteilungen geschaltet. Jetzt sind zusätzlich die Fixkosten für das Personal und die Funktionsabteilungen zu schalten.

$$\sum_{j=1}^{31} \sum_{i=1}^{5} [FPP_j * PWP + FPS_j * PWS -$$

$$(L\_LA1_{ij} * S\_LA1_{ij} + L\_LA2_{ij} * S\_LA2_{ij} + ...) -$$

$$SDI_i * FK\_I_i - SDC_i * FK\_C_i - SDH_i * FK\_H_i -$$

$$SDF_i * FK\_F_i - SDA_i * FK\_A_i - SK_i * FK\_IN_i -$$

$$SK_i * FK\_PER_i - SK_i * FK\_L_i - SK_i * FK\_R_i - SK_i * FK\_E_i - SK_i * FK\_KD_i -$$

$$SK_i * FK\_AN_i - SK_i * FK\_P_i - SK_i * FK\_O_i - SDF_i * FK\_K_i \Rightarrow MAX$$

$$(ZIELF)^{175}$$

5.4.8.2.2 Lösung und Interpretation

Der optimale Zielfunktionswert dieses Modells beträgt 86.661.552 DM. Dieser Wert darf aber nicht mit den vorangegangenen Lösungen verglichen werden, da ein neues Einzugsgebiet definiert wurde. Trotz des Wegfalls eines gesamten Fixkostenblocks bei einer Krankenhausschließung wird kein Krankenhaus geschlossen.

5.4.8.3 Investitionsplanung

Im weiteren wird angenommen, daß in der Region eine neue Fallklasse behandelt werden muß. In Verbindung mit der Behandlung dieser Fallklasse steht eine Investition, wie z.B. die Anschaffung eines speziellen Untersuchungsgerätes. In dem Regionalmodell wird entschieden, welches Krankenhaus die Investition vornimmt. Für die neue Fallklasse wird nicht vor-

---

[175] Die mathematische Formulierung für XPRESS-MP und die Darstellungen der Zielfunktionswerte während des Optimierungsprozesses befinden sich im Anhang S.125, Abb. A41 und S.127, Abb. A42

gegeben, wie viele Patienten in der Region auftreten, da keine Erfahrungswerte vorliegen. Die Fallklasse ist ein Behandlungsfall für die Abteilung Chirurgie. Als Daten (Verweildauer, Untersuchungskosten und -zeiten) könnten beispielsweise Werte angesetzt werden, die sich aus Krankenhäusern einer anderen Region ergeben. Im Modell stehen fiktive Behandlungszeiten und -kosten.

5.4.8.3.1 Mathematische Formulierung

Variablen

$$INV_i = \begin{cases} 1 & \textit{falls die Investition in Krankenhaus i vorgenommen wird} \\ 0 & \textit{falls die Investition nicht in Krankenhaus i vorgenommen wird} \end{cases} \qquad \forall i = 1,2...5$$

$M \gg 0$

Koeffizienten

$INVK_i$ Investitionskosten in Krankenhaus i, falls die Investition vorgenommen wird (als Investitionskosten wird die Abschreibungssumme für ein Jahr angesetzt) [DM]

Restriktionen

Für dieses Modell müssen die Restriktionen modifiziert werden, die mit der Behandlung des Patienten in der Chirurgie im Zusammenhang stehen (Ärztliches Personal, Pflegedienst, Bettenrestriktion, usw.). Alle anderen Restriktionen werden lediglich dahingehend verändert, daß die Summationen bis zur Fallklasse 31 gehen. Zusätzlich müssen folgende Restriktionen aufgestellt werden:

$$M * INV_i \geq x_{i,31} \qquad \forall i = 1,2...5 \qquad \text{(IE)}$$

$$\sum_{i=1}^{5} INV_i = 1 \qquad \text{(IZ)}$$

Da die Investition in einem Krankenhaus der Region vorgenommen werden muß, ist die Modifikation der Zielfunktion nicht entscheidungsrelevant. Um aber einen vergleichbaren Zielfunktionswert zu erhalten, wird sie um die Investitionskosten erweitert.

$$\sum_{j=1}^{31}\sum_{i=1}^{5} \; [FPP_j * PWP + FPS_j * PWS -$$

$$(L\_LA1_{ij} * S\_LA1_{ij} + L\_LA2_{ij} * S\_LA2_{ij} + \ldots\ldots) -$$

$$SDI_i * FK\_I_i - SDC_i * FK\_C_i - SDH_i * FK\_H_i -$$

$$SDF_i * FK\_F_i - SDA_i * FK\_A_i - SK_i * FK\_IN_i -$$

$$SK_i * FK\_PER_i - SK_i * FK\_L_i - SK_i * FK\_R_i - SK_i * FK\_E_i - SK_i * FK\_KD_i -$$

$$SK_i * FK\_AN_i - SK_i * FK\_P_i - SK_i * FK\_O_i - SDF_i * FK\_K_i -$$

$$INVK_i * INV_i \;\Rightarrow\; MAX$$

$$(ZIELF)^{176}$$

5.4.8.3.2 Lösung und Interpretation

Der optimale Wert des Modells beträgt 87.198.755 DM. Dabei wird die Investition im Krankenhaus 1 vorgenommen. Obwohl keine Mindestanzahl an Patienten vorgegeben war, behandelt das Krankenhaus vier dieser Patienten.

5.4.8.4 Berücksichtigung des Budgets

Alle bisherigen Modellberechnungen haben gezeigt, daß die Krankenhäuser die Freikapazitäten nutzen und Patienten außerhalb der Region aufnehmen. In der Realität sind diese Patienten aber nicht in uneingeschränktem Ausmaß vorhanden. Insofern wäre eine Korrektur der Modelle notwendig, indem eine Höchstgrenze für die Patienten vorgegeben wird.

Die Einschränkung auf eine bestimmte Patientenzahl kann auch auf anderem Wege erfolgen. Mit Hilfe des Budgets, das einem Krankenhaus einberaumt wird, reguliert sich Patientenaufnahme von selbst. Das dem Krankenhaus zur Verfügung stehende Budget kann in dem LP-Modell limitierend eingesetzt werden. D.h. daß nur bis zur der Budgetgrenze Patienten aufgenommen werden.

Interessant ist die Berücksichtigung des Budgets in Hinblick auf die Entlohnung von ambulanten Patienten, da im Budget die Entgelte für ambulante Behandlungen nicht inbegriffen sind.

---

[176] Die mathematische Formulierung für XPRESS-MP und die Darstellungen der Zielfunktionswerte während des Optimierungsprozesses befinden sich im Anhang S.128, Abb. A43 und S.131, Abb. A44

5.4.8.4.1 Mathematische Formulierung

Konstanten[177]

BUD$_i$ Budgethöchstgrenze in Krankenhaus i [DM]

Restriktion

$$\sum_{j=1}^{25} (FPP_j * PWP + FPS_j * PWS) * x_{ij}$$
$$+ (FPP_j * PWP + FPS_j * PWS) * x_{i,31} \le BUD_i \quad \forall i = 1,2...5 \qquad (BG)^{178}$$

5.4.8.4.2 Lösung und Interpretation

In allen bisherigen Modellen wurden von den ambulanten Patienten nur so viele aufgenommen, wie durch die stationären Patienten bedingt war. Die Lösung dieses Modells ergibt eine Zunahme von ambulanten Patienten der Fallklasse 29 in Krankenhaus 4. Dabei werden 221 Patienten mehr behandelt als erforderlich. Die Budgetgrenze ist bis auf die des Krankenhauses 2 erreicht. Die deutliche Zunahme der ambulanten Patienten in Krankenhaus 4 kann auf die Begrenzung des Budgets zurückgeführt werden.

5.5 Zusammenfassung der Ergebnisse

In allen Regionalmodellen hat sich gezeigt, daß durch die Kooperation zwischen den Krankenhäusern ein deutlich höherer Gesamtüberschuß erzielt werden kann, als bei einer Optimierung der Krankenhäuser ohne Verbund. Obgleich kein Modell auf sein globales Optimum berechnet wurde ist ebenso eindeutig, daß durch die Verlustzuweisung an einzelne Krankenhäuser die Gesamtergebnisse besser ausfallen. Wie bereits erwähnt müssen in einem solchen Fall die verlusttragenden Krankenhäuser mit Ausgleichszahlungen der profitierenden Krankenhäuser entschädigt werden. In jedem Fall ist aber die Optimierung im Verbund der Optimierung ohne Verbund vorzuziehen. Denn wie es sich herausgestellt hat, übersteigt das Optimum des Regionalmodells den bisherigen Überschuß der Krankenhäuser um ein Vielfaches, womit die Ausgleichszahlungen an die verlierenden Krankenhäuser gesichert sind.

---

[177] Die Budgetgrenze in diesem Modell wird „großzügig" bemessen. Da keine reelen Vergleichsdaten vorliegen, wird wiederum von der Mindestanzahl der Patienten (in einem Krankenhaus) ausgegangen. Auf die Mindestsumme des Budgets wird ein Zuschlag von 50% vorgenommen.
[178] Die mathematische Formulierung für XPRESS-MP und die Darstellungen der Zielfunktionswerte während des Optimierungsprozesses befinden sich im Anhang S.132, Abb. A45 und S.135, Abb. A46

6 Abschließende Bemerkungen

In dieser Arbeit wurde versucht, mit möglichst realitätsnahen Daten zu arbeiten. Dennoch steht keines der Krankenhäuser repräsentativ für ein Krankenhaus in der Realität. Der Einsatz der Linearen Programmierung zur Bestimmung des optimalen Fallklassen-Programms erfordert einen erheblichen Erfassungsaufwand für ein Krankenhaus. Zumindest bestehen zum derzeitigen Zeitpunkt noch große Defizite, was die Erhebung von Zeiten und Kosten im Krankenhaus anbelangt. Des weiteren ist zu hinterfragen, inwieweit die Entwicklung des optimalen Fallklassen-Programms von Kosten oder Erlösen abhängig sein soll.

Für die Patienten spielen die Kosten eher eine untergeordnete Rolle. Vielmehr ist es in ihrem Interesse, in einem Krankenhaus qualitativ gut behandelt zu werden. Einem LP-Modell mit dem Ziel der Qualitätssicherung könnten z.B. Infektionsraten in unterschiedlichen Krankenhäusern dienen, um ein optimales Fallklassen-Programm zu ermitteln. Dieses Fallklassen-Programm verfolgt dann neben den Interessen des Krankenhauses ebenso die Interessen der Patienten.

Wie aus dieser Arbeit deutlich wurde, bestehen in der Linearen Programmierung viele Möglichkeiten, verschiedene Umstände zu beachten. Daher liegt es letztlich an der Datenerhebung und an der Komplexität des abzubildenden Sachverhalts, die optimale Lösung in die Realität umsetzen zu können.

Literaturverzeichnis

Arnold, M./ Paffrath, D. (Hrsg.) [1996]: Krankenhaus-Report `96, Schwerpunkt: Sektor-übergreifende Versorgung, Stuttgart et al., 1996

Arnold, M./ Paffrath, D. (Hrsg.) [1997]: Krankenhaus-Report `97, Schwerpunkt: Managed Care, Stuttgart et al., 1997

Bayerischer Kommunaler Prüfungsverband (Hrsg.) [1984]: Die Personalbemessung im Krankenhaus, Anhaltszahlen und Erfahrungswerte, München, 1984.

Bayerischer Kommunaler Prüfungsverband (Hrsg.) [1997]: Personaleinsatz und Personalkosten im Krankenhaus, Entwurf: Stand Oktober 1997, München, 1997.

Bayerisches Landesamt für Statistik und Datenverarbeitung (Hrsg.) [1997a]: Krankenhausstatistik 1996, München, 1997.

Bayerisches Landesamt für Statistik und Datenverarbeitung (Hrsg.) [1997b]: Verzeichnis der Krankenhäuser und Vorsorge- oder Rehabilitationseinrichtungen in Bayern 1996, München, 1997.

Bayerisches Staatsministerium für Arbeit und Sozialordnung, Familie, Frauen und Gesundheit (Hrsg.) [1996]: Bericht über das bayerische Gesundheitswesen 1994, München, 1996.

Behörde für Arbeit, Gesundheit und Soziales (Hrsg.) [1996]: Krankenhausplan 2000 der Freien und Hansestadt Hamburg, Hamburg, 1996.

**Breinlinger-O`Reilly, J. [1997]:** Krankenhäuser auf neuen Wegen, in: Breinlinger-O`Reilly, J./ Maess, T./ Trill, R. (Hrsg.): Das Krankenhaus Handbuch, Wegweiser für die tägliche Praxis, Neuwied/Kriftel/Berlin, 1997, S.XXIII-XXXI.

Breinlinger-O`Reilly, J./ Maess, T./ Trill, R. (Hrsg.) [1997]: Das Krankenhaus Handbuch, Wegweiser für die tägliche Praxis, Neuwied/Kriftel/Berlin, 1997.

Bundesministerium für Gesundheit (Hrsg.) [1995]: Kalkulation von Fallpauschalen und Sonderentgelten für die Bundespflegesatzverordnung 1995, Bonn, 1995.

Bundesministerium für Gesundheit (Hrsg.) [1997a]: Daten des Gesundheitswesens, Schriftenreihe des Bundesministeriums für Gesundheit, Band 91, Bonn, 1997.

Bundesministerium für Gesundheit [1997b]: Gemeinsame Presseerklärung von Bundesminister Horst Seehofer und den Spitzenverbänden der gesetzlichen Krankenkassen zum Ergebnis des Gesprächs im Bundesministerium für Gesundheit am 12.09.1997, http://www.bmgesundheit.de/presse/leit/presse97/73.htm (12.11.1997)

Dahlgaard, K. [1997]: Personalmanagement, in: Breinlinger-O`Reilly, J./ Maess, T./ Trill, R. (Hrsg.): Das Krankenhaus Handbuch, Wegweiser für die tägliche Praxis, Neuwied/Kriftel/Berlin, 1997, S.277-340

Deutsche Krankenhausgesellschaft (Hrsg.) [1996]: Zahlen, Daten, Fakten `96, Düsseldorf, 1996

Eppmann, C. [1997]: Organisation Krankenhauslabor, in: Breinlinger-O`Reilly, J./ Maess, T./ Trill, R. (Hrsg.): Das Krankenhaus Handbuch, Wegweiser für die tägliche Praxis, Neuwied/Kriftel/Berlin, 1997, S.77-92.

Friedrich-Alexander Universität Erlangen-Nürnberg [online a]: Basispflegesatz, http://www.cip.informatik.uni-erlangen.de/user/tsherma/prototyp1/basispfl.htm (12.11.1997)

Friedrich-Alexander Universität Erlangen-Nürnberg [online b]: Abteilungspflegesatz, http://www.cip.informatik.uni-erlangen.de/user/tsherma/prototyp1/abteilun.htm (12.11.1997)

Friedrich-Alexander Universität Erlangen-Nürnberg [online c]: Sonderentgelt, http://www.cip.informatik.uni-erlangen.de/user/tsherma/prototyp1/sonderen.htm (12.11.1997)

Friedrich-Alexander Universität Erlangen-Nürnberg [online d]: Fallpauschale, http://www.cip.informatik.uni-erlangen.de/user/tsherma/prototyp1/fallpaus.htm (12.11.1997)

Gerste, B. / Monka, M. [1996]: Die Pflege-Personalregelung 1993-1995, Vom Notstands- zum Leistungsindikator für den stationären Bereich, in: Arnold, M./ Paffrath, D. (Hrsg.): Krankenhaus-Report `96, Schwerpunkt: Sektorübergreifende Versorgung, Stuttgart et al., 1996, S.155-171.

Gerste, B. [1997]: Verlagerungspotentiale im Krankenhaus, Eine statistische Annäherung, in: Arnold, M./ Paffrath, D. (Hrsg.): Krankenhaus-Report `97, Schwerpunkt: Managed Care, Stuttgart et al., 1997, S.223-234.

Glasmacher, C. J. A. [1996]: Statische Preisentscheidungen im Rahmen eines wettbewerbs- orientierten Krankenhausfinanzierungssystems, Eine Untersuchung vor dem Hintergrund des Gesundheitsstrukturgesetzes 1993 und der Bundespflegesatzverordnung 1995, Frankfurt et al., 1996.

Gräb, C. [1996]: Krankenhausdiagnosestatistik 1993, in: Arnold, M./ Paffrath, D. (Hrsg.): Krankenhaus-Report `96, Schwerpunkt: Sektorübergreifende Versorgung, Stuttgart et al., 1996, S.241-254.

Gräb, C. [1997]: Statistische Krankenhausdaten, Grund- und Kostendaten der Krankenhäuser 1995, in: Arnold, M./ Paffrath, D. (Hrsg.): Krankenhaus-Report `97, Schwerpunkt: Managed Care, Stuttgart et al., 1997, S.175-192.

Kempcke, H. [1995]: Krankenhaus und Politik, Sprengkommando: Roßkur fürs Klinikmana- gement-Das Gesundheitsstrukturgesetz wird nachjustiert, http://www.sonntagsblat.de/1995/ds- 48/493.htm (12.11.1997)

Kieselbach, K. [1997]: Kritik an „Notopfer" wächst, DGB will in Karlsruhe klagen - Seehofer verteidigt Sonderbeitrag für Krankenhäuser, http://www.welt.de/archiv/1997/12/08/1208wi01.htm (17.4.1998)

Littger, K. [1992]: Optimierung, Eine Einführung in rechnergestützte Methoden und Anwendungen, Berlin et al., 1992.

Meyer, M. [1996a]: Das optimale Fallklassen-Programm eines Krankenhauses, Arbeitsbericht Nr. 96-1, Nürnberg, 1996.

Meyer, M. [1996b]: Operations research - Systemforschung, Eine Einführung in die praktische Bedeutung, Stuttgart, 1996.

Meyer, M./ Hansen, K. [1996]: Planungsverfahren des Operations Research, München, 1996.

o.V. [1997]: Krankenhaus-Notopfer hilft nur wenig, http://www.ksk-tuebingen.de/wir/mi/not51.html (17.4.1998)

o.V. [online]: Entgeltkatalog Ambulantes Operieren, http://www.krankenhaus-online.com/index3.htm (14.2.1998)

Reister, M. [1996]: Statistische Krankenhausdaten, Ergebnisse aus der Erhebung der Grund- und Kostendaten für die Jahre 1991 bis 1994, in: Arnold, M./ Paffrath, D. (Hrsg.): Krankenhaus-Report ˋ96, Schwerpunkt: Sektorübergreifende Versorgung, Stuttgart et al., 1996, S.221-240.

Reister, M. [1997]: Diagnosedaten der Krankenhauspatienten 1995, Ergebnisse der Krankenhausdiagnosestatistik 1995, einschließlich neuer Ergebnisse aus der Auswertung der 10%-Stichprobe, in: Arnold, M./ Paffrath, D. (Hrsg.): Krankenhaus-Report ˋ97, Schwerpunkt: Managed Care, Stuttgart et al., 1997, S.193-208.

Statistisches Bundesamt (Hrsg.) [1997a]: Gesundheitswesen, Kostennachweis der Krankenhäuser 1995, Fachserie 12, Reihe 6.3, Wiesbaden, 1997.

Statistisches Bundesamt [1997b]: Ausgaben für Gesundheit, http://www.statistik-bund.de/basis/d/gesutab4.htm (12.11.1997)

Amt für Stadtforschung und Statistik Nürnberg (Hrsg.) [1997]: Statistisches Jahrbuch der Stadt Nürnberg 1997, Nürnberg, 1997.

Tecklenburg, A. [1997]:Behandlung, Pflege und Therapie, Organisation des Ärztlichen Dienstes, in: Breinlinger-O'Reilly, J./ Maess, T./ Trill, R. (Hrsg.): Das Krankenhaus Handbuch, Wegweiser für die tägliche Praxis, Neuwied/Kriftel/Berlin, 1997, S.53-76.

VdK Bayern [online]: Sozialpolitik, Auf dem Weg zur Dritten Stufe der Gesundheitsreform, http://www.vdk.de/sozialpolitik/reform.html (17.4.1998)

Wöhe, G. [1996]: Einführung in die Allgemeine Betriebswirtschaftslehre, München, 1996.

Eidesstattliche Erklärung

Ich versichere, daß ich die Arbeit ohne fremde Hilfe und ohne Benutzung anderer als der angegebenen Quellen angefertigt habe und daß die Arbeit in gleicher oder ähnlicher Form noch keiner anderen Prüfungsbehörde vorgelegen hat. Alle Ausführungen, die wörtlich oder sinngemäß übernommen wurden, sind als solche gekennzeichnet.

Nürnberg, den 10.05.1998

Christine Koch

Anhang

zur

Freien wissenschaftlichen Arbeit

zur Erlangung des akademischen Grades

`Diplom-Kauffrau`

Ermittlung des Leistungsangebots von Krankenhäusern einer Region mittels Linearer Programmierung

an der

Wirtschafts- und Sozialwissenschaftlichen Fakultät der

Friedrich-Alexander-Universität

· Erlangen-Nürnberg

Lehrstuhl für Betriebswirtschaftslehre, insbesondere

Operations Research

Prüfer:	Prof. Dr. Manfred Meyer
Betreuerin:	Dipl.-Kffr. Anja Harfner
Verfasser:	Christine Koch
Bearbeitungszeit:	10.11.1997 bis 11.05.1998

Inhaltsverzeichnis   Seite

Abkürzungsverzeichnis

Abb.	Abbildung
BKPV	Bayerischer Kommunaler Prüfungsverband
d. VD.	durchschnittliche Verweildauer
d.	durchschnittlich
d.h.	das heißt
DKG	Deutsche Krankenhausgesellschaft
EBM	Einheitlicher Bewertungsmaßstab
f.	folgende
ff.	fortfolgende
FP	Fallpauschale
Fr.u.G.	Frauenheilkunde und Geburtshilfe
gem.	gemäß
GOÄ	Gebührenordnung für Ärzte
h	Stunden
ha	Hektar
HNO	Hals - Nasen - Ohren
ICD	International codification of diseases
ICPM	International codification of procedures in medicine
KH	Krankenhaus
St.	Sankt
Nr.	Nummer
KHR	Krankenhaus-Report
LP	Lineare Programmierung
min.	Minuten
MPSX	Mathematical programming System Extended
PPR	Pflege-Personal-Regelung
PT	Pflegetage
S.	Seite
SE	Sonderentgelt
Tab.	Tabelle
usw.	und so weiter

VD   Verweildauer

VdK   Verband deutscher Kriegsopfer

vgl.   vergleiche

VK   Vollkraft

z.B.   zum Beispiel

Abbildungsverzeichnis   Seite

Tabellenverzeichnis   Seite

Tabelle A1: Durchschnittsverweildauer bei Einbezug von zehn Krankheitsfällen

In der folgenden Tabelle ist die Auswirkung auf die bisher ermittelte Durchschnittsverweildauer von acht Tagen dargestellt, die sich bei dem Einbezug weiterer fünf Krankheitsfälle ergibt, die zwar einem geringeren prozentualen Anteil am Behandlungsgeschehen tragen, aber höhere Verweildauern besitzen.

ICD9	Anteil am Behandlungsgeschehen		Φ VD des Falles	Φ VD auf Station
	relativ	absolut	des Falles	auf Station
550	4,60%	14,65%	9	1,3
850	4,40%	14,01%	5	0,7
574	3,50%	11,15%	11	1,2
540	3,00%	9,55%	8	0,8
454	2,90%	9,24%	8	0,7
...	2,80%	8,92%	9	0,8
...	2,70%	8,60%	10	0,9
...	2,60%	8,28%	10	0,8
...	2,50%	7,96%	9	0,7
...	2,40%	7,64%	11	0,8
		31,40%		8,8

Tabelle A2: Ausgewählte Fallpauschalen zu den häufigsten ICD9-Diagnosen

Eine Fallpauschale kann von Krankenhaus erst dann abgerechnet werden, wenn im Fallpauschalenkatalog der ICD9 (Diagnoseschlüssel)- und der ICPM (Operationsschlüssel)-Code zusammenpassen.

Um die entsprechenden ICPM-Codes für die ausgewählten Hauptdiagnosen und damit die in dieser Arbeit verwendeten Fallpauschalen bestimmen zu können, wird auf ein in Internet abrufbares Verzeichnis der Universität München zurückgegriffen, in dem nach unterschiedlichen Kriterien nach Fallpauschalen und Sonderentgelten gesucht werden kann.[1] Abbildung A1, A2 und A3 zeigen, wie die ICD- und Fallpauschalen-Suche in diesem Verzeichnis verläuft. Die in der folgenden Tabelle aufgeführten Fallpauschalen werden im Modell verwendet. Zu den ICD9-Diagnosen 436, 850, 388, 473, 365, 361, 362 und 378 existieren keine entsprechenden Fallpauschalen. Daher wird für diese Fallklassen im

---

[1] Das Verzeichnis beruht auf den Fallpauschalen und Sonderentgelten, die im Bundesgesetzblatt Jahrgang 1995, Teil I am 18. Dezember 1995 veröffentlicht wurden. Berücksichtigt sind die Anlagen 1.1 und 2.1 der Zweiten und Dritten Verordnung zur Änderung der Bundespflegesatzverordnung.

	ICD9-Diagnose	Fallpauschale
Innere Medizin	414	9.01
	428	9.02
	427	9.02
	250	3.01
	436	
Chirurgie	550	12.07
	850	
	574	12.01
	540	12.05
	454	10.01
HNO	474	7.01
	470	5.01
	388	
	473	
	478	5.01
FR. u. G.	650	16.041
	174	18.01
	644	16.061
	669	16.051
	218	15.02
Augen-	366	3.01
heikunde	365	
	361	
	362	
	378	

Modell nicht in Betracht gezogen, daß sie operiert werden können. Ferner ist an dieser Stelle noch auf zwei Dinge zu hinzuweisen: Zwar handelt es sich bei den ICD9-Diagnosen um die häufigsten Behandlungsfälle in Deutschland. Damit verbunden ist aber nicht, daß auch die auf diesem Wege erhaltenen Fallpauschalen (und Operationsarten) die häufigsten sein müssen. Zum zweiten wird im Modell davon ausgegangen, daß im Bereich der Inneren Medizin operiert wird. Dies ist aber in der Realität nur in ausgewählten Spezialkliniken der Fall. Diese Abweichung von der Realität erfolgt aus dem Grund der Datenerhebung.

Abbildung A1
Fallpauschalensuche
im FP/SE-Verzeichnis der Universität
München I

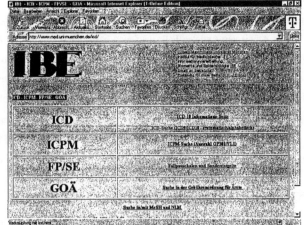

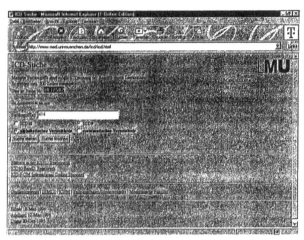

Abbildung A2

Fallpauschalensuche

im FP/SE-Verzeich-

nis der Universität

München II

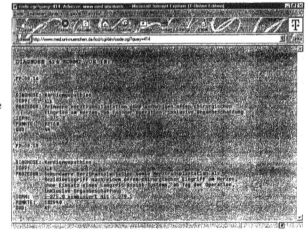

Abbildung A3

Fallpauschalensuche

im FP/SE-Verzeich-

nis der Universität

München III

Dokumentation der Daten Verweildauern, Intensivbehandlungen und der dazugehörigen Sachkosten

Die Häufigkeit der Intensivbehandlung H_IB_j wurde ausgehend von der Häufigkeit der Intensivbehandlung im gesamten Bereich einer Abteilung bestimmt. Die absoluten Häufigkeiten wurden dem Krankenhausplan 2000 der Freien und Hansestadt Hamburg entnommen und anschließend frei auf die einzelnen Fallklassen verteilt.[2] Wenn keine Patientenakten zu intensiv-behandelten Patienten vorlagen, wurde deren Häufigkeit der Intensivbehandlung auf Null gesetzt. $(H\_OIB_j = 1 - H\_IB_j)$

Die durchschnittlichen Verweildauern VD_I_j, VD_MIN_j und VD_OIN_j ergeben sich aus der Einsicht in Patientenakten.

Die Sachkosten auf der Normalstation S_N_j und Intensivstation S_I_j basieren auf keiner festen Grundlage, da von den Krankenhäusern selbst noch zu wenig Informationen über die tatsächlichen Kosten vorliegen: Großteils wurden hier ausgehend von den Fallpauschalen die Kosten für den Bereich einer Intensivbehandlung durch die im Modell verwendeten Intensivbehandlungshäufigkeiten dividiert und anschließend auf die anfallenden Tage verteilt. Im Bereich der Normalstation wurden Kosten angesetzt, die innerhalb einer Abteilung durchschnittlich wieder die Werte ergeben, die aus krankenhausindividuellen Daten hervorgehen.

Ebenso berechnen sich die Lebensmittelkosten S_LM aus dem Durchschnitt der krankenhausindividuellen Daten.

Tabelle A3: Arbeitszeiten und Personalkosten des mit Hilfe des Modells geplanten Personals

Dokumentation der Daten:

Durchschnittlich ergeben die angesetzten Jahresistarbeitszeiten einer Personalgruppe die von dem BKPV veröffentlichten Zahlen.[3] Die Angaben über die Ausfallquote erfolgen nur der Vollständigkeit halber (Rückrechnung auf die Jahressollarbeitszeit) und basieren auf keiner konkreten Grundlage. Ebenso konnten für den als „Abschlag von der Jahresistar-

---

[2] vgl. Behörde für Arbeit, Gesundheit und Soziales [1996], S.27 ff.Laut telefonischer Auskunft vom Statistischen Bundesamt liegen keine Statistiken über Häufigkeiten von intensiv-behandelten Patienten einer bestimmten Fallklasse vor.

[3] vgl. Bayerischer Kommunaler Prüfungsverband [1997], S.29 ff.

beitszeit" bezeichneten Prozentsatz keine reellen Daten gewonnen werden. Dieser wird daher im Modell für alle Personalgruppen mit 30% angesetzt. Die Kosten PK_xx für die Personalgruppen stammen aus den Veröffentlichungen des Statistischen Bundesamtes.[4]

Personalplanung											
Personal-gruppe	Abteilung	Jahres-sollarbeits-zeit [h/Jahr]	Ausfall-quote [%]	Jahresistarbeitszeit [h/Jahr]	[min/Jahr]	davon [%] für: Patien-ten	sonstige Arbeiten	Zeit für Patienten [min/Jahr]		Kosten [DM/Jahr]	
Medizinisch-technischer Dienst											
	Radiologie										
	Röntgen	1.950	20%	1560	93.600	70%	30%	65.520	MTD_RO	68.970	PK_MR
	Strahlentherapie	1.848	15%	1571	94.248	70%	30%	65.974	MTD_ST	68.970	PK_MS
	Ultraschall	1.870	15%	1590	95.370	70%	30%	66.759	MTD_UL	68.970	PK_MU
	Labor	1.988	20%	1590	95.424	70%	30%	66.797	MTD_LA	68.970	PK_ML
	Kreislauf-diagnostik	1.755	10%	1580	94.770	70%	30%	66.339	MTD_KD	68.970	PK_MK
	Physikalische Therapie	1.975	20%	1580	94.800	70%	30%	66.360	MTD_PH	68.970	PK_MP
Funktions-dienst											
	Endoskopie	1.900	20%	1520	91.200	70%	30%	63.840	FD_E	77.180	PK_FE
	Anästhesie	1.875	20%	1500	90.000	70%	30%	63.000	FD_A	77.180	PK_FA
	Operationsdienst	1.913	20%	1530,4	91.824	70%	30%	64.277	FD_O	77.180	PK_FO
	Hebammen	1.900	20%	1520	91.200	70%	30%	63.840	FD_H	77.180	PK_FH
Pflege-personal											
	Innere Medizin	1.835	15%	1560	93.585	70%	30%	65.510	PP_I	72.870	PK_PI
	Chirurgie	1.733	10%	1560	93.582	70%	30%	65.507	PP_C	72.870	PK_PC
	HNO	1.711	10%	1540	92.394	70%	30%	64.676	PP_H	72.870	PK_PH
	Fr. u. G.	1.800	15%	1530	91.800	70%	30%	64.260	PP_F	72.870	PK_PF
	Augenheilkunde	1.859	15%	1580	94.809	70%	30%	66.366	PP_A	72.870	PK_PA
	Intensivstation	1.963	20%	1570	94.224	70%	30%	65.957	PP_IN	72.870	PK_PIN
	Neugeborenen-pflege	1.835	15%	1560	93.585	70%	30%	65.510	PP_N	72.870	PK_PN
Ärztlicher Dienst											
	Innere Medizin	1.988	20%	1590	95.424	70%	30%	66.797	AD_I	147.120	PK_AI
	Chirurgie	2.025	20%	1620	97.200	70%	30%	68.040	AD_C	147.120	PK_AC
	HNO	1.894	15%	1610	96.594	70%	30%	67.616	AD_H	147.120	PK_AH
	Fr. u. G.	2.050	20%	1640	98.400	70%	30%	68.880	AD_F	147.120	PK_AF
	Augenheilkunde	2.000	20%	1600	96.000	70%	30%	67.200	AD_A	147.120	PK_AA
	Anästhesie	1.918	15%	1630	97.818	70%	30%	68.473	AD_AN	147.120	PK_AAN

---

[4] vgl. Statistisches Bundesamt [1997a], S.72 ff.

Tabelle A4: Anzahl, Zeitwerte und Kosten der Untersuchungen in der Radiologie

Dokumentation der Daten:

Die Anzahlen der Untersuchungen L_RO_j, L_ST_j, L_UL1_j und L_UL2_j ergeben sich aus Patientenakten und die zugehörigen Zeitwerte aus mündlichen Aussagen des jeweiligen Personals.

Ähnlich den Sachkosten auf der Intensiv- oder Normalstation liegen in den Krankenhäusern noch nicht genügend Daten über die Sachkosten S_RO_j, S_ST_j, S_UL1_j und S_UL2_j vor, so daß hier die Bewertung nach der GOÄ[5] erfolgt. Dazu wird aus der GOÄ die jeweilige Untersuchungsart ausgewählt und die vorgegebene Punktzahl mit dem derzeit gültigen Punktwert von 0,114 DM/Punkt bewertet.[6]

Diese Vorgehensweise impliziert, daß die Kosten für die Untersuchungen zu hoch angesetzt sind, da in diesen kalkulierten Werten bereits Personalkosten mit einbezogen sind. Andererseits wird dies dadurch relativiert, daß die im Modell abgehandelten Untersuchungen und dazugehörigen Kosten keineswegs alle Untersuchungen am Patienten abdecken.

Untersuchungen Radiologie

	ICD 9	Röntgen Anzahl	Röntgen Zeitbedarf [min]	Röntgen Sachkosten [DM]	Strahlentherapie Anzahl	Strahlentherapie Zeitbedarf [min]	Strahlentherapie Sachk. [DM]	Ultraschall Anzahl	Ultraschall Zeitbedarf [min]	Ultraschall Sachkosten [DM]	Ultraschall Anzahl	Ultraschall Zeitbedarf [min]	Ultraschall Sachk. [DM]
		L_RO(j)	Z_RO(j)	S_RO(j)	L_ST(j)	Z_ST(j)	S_ST(j)	L_UL1(j)	Z_UL1(j)	S_UL1(j)	L_UL2(j)	Z_UL2(j)	S_UL2(j)
Innere Medizin	414	2	84	313,50	0	0	35,00	2	25	22,80	2	7	22,80
	428	1	84	313,50	0	0	35,00	0	25	22,80	0	7	22,80
	427	0	84	313,50	0	0	35,00	1	25	22,80	2	7	22,80
	250	0	84	313,50	0	0	35,00	0	25	22,80	0	7	22,80
	436	0	84	313,50	0	0	35,00	1	25	22,80	1	7	22,80
Chirurgie	550	1	10	35,00	0	0	35,00	0	20	22,80	0	7	22,80
	850	1	10	35,00	0	0	35,00	0	20	22,80	0	7	22,80
	574	1	10	35,00	0	0	35,00	2	25	22,80	1	7	22,80
	540	0	10	35,00	0	0	35,00	1	20	22,80	1	7	22,80
	454	1	10	35,00	0	0	35,00	0	20	22,80	0	7	22,80
HNO	474	0	10	35,00	0	0	35,00	0	20	22,80	0	7	22,80
	470	1	10	35,00	0	0	35,00	0	20	22,80	0	7	22,80
	386	0	10	35,00	0	0	35,00	0	20	22,80	0	7	22,80
	473	1	10	35,00	0	0	35,00	0	20	22,80	0	7	22,80
	478	0	10	35,00	0	0	35,00	0	50	22,80	0	7	22,80
FR. u. G.	660	0	10	35,00	0	0	35,00	3	10	22,80	1	7	22,80
	174	2	10	35,00	3	30	35,00	1	10	22,80	2	7	22,80
	644	0	10	35,00	0	0	35,00	0	20	22,80	0	7	22,80
	669	0	10	35,00	0	0	35,00	0	20	22,80	0	7	22,80
	218	0	10	35,00	0	0	35,00	3	10	22,80	2	7	22,80
Augenheilkunde	366	0	10	35,00	0	0	35,00	0	20	22,80	0	7	22,80
	365	0	10	35,00	0	0	35,00	0	20	22,80	0	7	22,80
	361	0	10	35,00	0	0	35,00	0	20	22,80	0	7	22,80
	362	0	10	35,00	0	0	35,00	0	20	22,80	0	7	22,80
	378	0	10	35,00	0	0	35,00	0	20	22,80	0	7	22,80
Ambulanz EBM-Nr.	2620	1	10	35,00	0	0	35,00	0	20	22,80	0	7	22,80
	2700	0	10	35,00	0	0	35,00	1	20	22,80	1	7	22,80
	1150	0	10	35,00	0	0	35,00	0	20	22,80	0	7	22,80
	1352	0	10	35,00	0	0	35,00	0	20	22,80	0	7	22,80
	1477	0	10	35,00	0	0	35,00	0	20	22,80	0	7	22,80
Innere Medizin	Angiokardiographie			entfällt				Sonographie			Thorax		
Chirurgie	Durchleuchtung			entfällt				Sonographie			Durchleuchtung		
HNO	Durchleuchtung			entfällt				Sonographie			Durchleuchtung		
FR. u. G.	Durchleuchtung			Bestrahlung				Sonographie			Durchleuchtung		
Augenheilkunde	Durchleuchtung			entfällt				Sonographie			Durchleuchtung		
Ambulanz	Durchleuchtung			entfällt				Sonographie			Durchleuchtung		

(1) errechnet aus Punktwert GOÄ*Berechnungssatz (0,114 DM)

[5] Gebührenordnung für Ärzte 1997
[6] Schon bei der Zuordnung der Untersuchungen zu einer bestimmten Kennziffer ergaben sich von Seiten der Krankenhäuser Schwierigkeiten. Daher sind teilweise mit den GOÄ-Ziffern „Oberbegriffe" für Untersuchungen erfaßt.

Tabelle A5: Anzahl, Zeitwerte und Kosten der Untersuchungen im Labor

Dokumentation der Daten:

Bei der Erhebung der Daten im Labor wurde ebenso wie für die Radiologie vorgegangen. Die Anzahl der Untersuchungen L_LA1_j - L_LA5_j ergibt sich aus Patientenakten, die zugehörigen Zeitwerte aus mündlichen Aussagen des Personals und die zugehörigen Kosten stammen aus der GOÄ. Damit sind hier wiederum die Kosten für die Untersuchungen zu hoch angesetzt. Durch die beschränkte Anzahl an Untersuchungen gleicht sich dies jedoch wieder aus. Die durchschnittlichen variablen Sachkosten einer Laboruntersuchung sollten zwischen 0,90DM und 1,20 DM liegen. Zusätzlich bestehen Erfahrungswerte über die Anzahl an Labor-leistungen aus den unterschiedlichen Abteilungen: Chirurgie 30-40, Frauenheilkunde/Geburtshilfe 30-40, HNO 5-15, Innere Medizin: 65-75.[7] Damit entsprechen die im Modell verwendeten Kosten der Laboruntersuchungen wieder dem Durchschnitt.

Untersuchungen Labor

ICD 9	U1 An-zahl	U1 Zeit-bedarf [min]	U1 Sach-kosten [DM][1]	U2 An-zahl	U2 Zeit-bedarf [min]	U2 Sach-kosten [DM][1]	U3 An-zahl	U3 Zeit-bedarf [min]	U3 Sach-kosten [DM][1]	U4 An-zahl	U4 Zeit-bedarf [min]	U4 Sach-kosten [DM][1]	U5 An-zahl	U5 Zeit-bedarf [min]	U5 Sach-kosten [DM][1]
	L LA1()	Z LA1()	S LA1()	L LA2()	Z LA2()	S LA2()	L LA3()	Z LA3()	S LA3()	L LA4()	Z LA4()	S LA4()	L LA5()	Z LA5()	S LA5()
Innere Medizin 414	2	15	5,70	0	15	10,94	1	15	10,94	2	20	9,12	1	20	18,24
428	3	15	5,70	1	15	10,94	2	15	10,94	3	20	9,12	3	20	18,24
427	2	15	5,70	1	15	10,94	1	15	10,94	1	20	9,12	1	20	18,24
250	2	15	5,70	1	15	10,94	1	15	10,94	2	20	9,12	10	20	18,24
436	3	15	5,70	1	15	10,94	2	15	10,94	3	20	9,12	1	20	18,24
Chirurgie 550	1	15	5,70	1	15	10,94	1	15	10,94	1	20	9,12	1	20	18,24
850	0	15	5,70	1	15	10,94	0	15	10,94	1	20	9,12	0	20	18,24
574	1	15	5,70	1	15	10,94	1	15	10,94	2	20	9,12	0	20	18,24
540	1	15	5,70	1	15	10,94	1	15	10,94	1	20	9,12	0	20	18,24
454	1	15	5,70	0	15	10,94	0	15	10,94	1	20	9,12	0	20	18,24
HNO 474	1	15	5,70	0	15	10,94	0	15	10,94	2	20	9,12	0	20	18,24
470	1	15	5,70	0	15	10,94	0	15	10,94	1	20	9,12	0	20	18,24
388	1	15	5,70	0	15	10,94	0	15	10,94	1	20	9,12	0	20	18,24
473	1	15	5,70	0	15	10,94	0	15	10,94	1	20	9,12	0	20	18,24
476	1	15	5,70	0	15	10,94	0	15	10,94	1	20	9,12	0	20	18,24
FR. u. G. 650	1	15	5,70	0	15	10,94	0	15	10,94	1	20	9,12	0	20	18,24
174	1	15	5,70	0	15	10,94	0	15	10,94	2	20	9,12	0	20	18,24
644	1	15	5,70	0	15	10,94	0	15	10,94	1	20	9,12	0	20	18,24
669	1	15	5,70	0	15	10,94	0	15	10,94	1	20	9,12	0	20	18,24
218	1	15	5,70	0	15	10,94	0	15	10,94	1	20	9,12	0	20	18,24
Augenheilkunde 366	1	15	5,70	0	15	10,94	0	15	10,94	1	20	9,12	0	20	18,24
365	1	15	5,70	0	15	10,94	0	15	10,94	1	20	9,12	0	20	18,24
361	1	15	5,70	0	15	10,94	0	15	10,94	1	20	9,12	0	20	18,24
362	1	15	5,70	0	15	10,94	0	15	10,94	2	20	9,12	0	20	18,24
378	1	15	5,70	0	15	10,94	0	15	10,94	1	20	9,12	0	20	18,24
Ambulanz EBM-Nr. 2620	1	15	5,70	1	15	10,94	1	15	10,94	1	20	9,12	0	20	18,24
2700	1	15	5,70	1	15	10,94	1	15	10,94	1	20	9,12	0	20	18,24
1150	1	15	5,70	0	15	10,94	0	15	10,94	1	20	9,12	0	20	18,24
1352	1	15	5,70	0	15	10,94	0	15	10,94	1	20	9,12	0	20	18,24
1477	1	15	5,70	0	15	10,94				1	20	9,12	0	20	18,24
	Gerinnungsstatus Plasma GOÄ-Ziff. 3605			Enzyme GOÄ-Ziff. 3513			Substrate im Serum GOÄ-Ziff. 3018,3020			Elektrolyten im Serum GOÄ-Ziff. 3619			Blutzucker GOÄ-Ziff. 3556		

1) Errechnet aus Punktwert GOÄ *Berechnungssatz (0,114 DM)

---

[7] vgl. Eppmann, C. [1997], S.82f.

Tabelle A6: Anzahl , Zeitwerte und Kosten der Untersuchungen in der Funktions- und Kreislaufdiagnostik

Untersuchungen Funktions- und Kreislaufdiagnostik

		EKG			Belastungs-EKG			Langzeit-EKG	
ICD 9	An-zahl	Zeit-bedarf [min]	Sach-kosten [DM]¹⁾	An-zahl	Zeit-bedarf [min]	Sach-kosten [DM]	An-zahl	Zeit-bedarf [min]	Sach-kosten [DM]
	L	Z	S	L	Z	S	L	Z	S
	EKG ( )	EKG ( )	EKG ( )	BEKG ( )	BEKG ( )	BEKG ( )	LEKG ( )	LEKG ( )	LEKG ( )
Innere Medizin 414	1	10	28,84	0	30	28,84	1	30	45,60
428	2	10	28,84	0	30	28,84	0	30	45,60
427	2	10	28,84	0	30	28,84	1	30	45,60
250	2	10	28,84	1	30	28,84	1	30	45,60
436	1	10	28,84	0	30	28,84	2	30	45,60
Chirurgie 550	1	10	28,84	0	30	28,84	0	30	45,60
850	1	10	28,84	0	30	28,84	0	30	45,60
574	2	10	28,84	1	30	28,84	1	30	45,60
540	1	10	28,84	0	30	29,84	0	30	45,60
454	1	10	28,84	0	30	28,84	0	30	45,60
HNO 474	2	10	28,84	1	30	28,84	0	30	45,60
470	2	10	28,84	0	30	28,84	0	30	45,60
388	1	10	28,84	0	30	28,84	0	30	45,60
473	1	10	28,84	0	30	28,84	1	30	45,60
478	2	10	28,84	0	30	28,84	0	30	45,60
FR. u. G. 650	0	10	28,84	0	30	28,84	0	30	45,60
174	1	10	28,84	0	30	28,84	1	30	45,60
644	0	10	28,84	0	30	28,84	0	30	45,60
669	0	10	28,84	0	30	28,84	0	30	45,60
218	1	10	28,84	0	30	28,84	1	30	45,60
Augenheilkunde 366	1	10	28,84	0	30	28,84	0	30	45,60
365	1	10	28,84	0	30	28,84	0	30	45,60
361	1	10	28,84	0	30	28,84	0	30	45,60
362	1	10	28,84	0	30	28,84	0	30	45,60
378	1	10	28,84	0	30	28,84	0	30	45,60
Ambulanz 2620	1	10	28,84	0	30	28,84	1	30	45,60
EBM-Nr. 2700	1	10	28,84	0	30	28,84	0	30	45,60
1150	1	10	28,84	0	30	28,84	0	30	45,60
1352	1	10	28,84	0	30	28,84	0	30	45,60
1477	1	10	28,84	0	30	28,84	0	30	45,60

1) Ermittelt nach Punktwert GOA

Dokumentation der Daten:

vgl. Datenerhebung Labor

und Radiologie

Tabelle A7: Anzahl, Zeitwerte und Kosten in der Physikalischen Therapie

Physikalische Therapie

		1			2			3	
ICD 9	An-zahl	Zeit-bedarf [min]	Sach-kosten [DM]	An-zahl	Zeit-bedarf [min]	Sach-kosten [DM]	An-zahl	Zeit-bedarf [min]	Sach-kosten [DM]
	L	Z	S	L	Z	S	L	Z	S
	PH1 ( )	PH1 ( )	PH1 ( )	PH2 ( )	PH2 ( )	PH2 ( )	PH3 ( )	PH3 ( )	PH3 ( )
Innere Medizin 414	2	20	7,41	1	40	8,66	3	20	9,12
428	0	0	7,41	0	0	8,66	2	20	9,12
427	1	30	7,41	2	20	8,66	2	10	9,12
250	0	0	7,41	0	0	8,66	0	0	9,12
436	3	20	7,41	2	15	8,66	2	20	9,12
Chirurgie 550	0	0	7,41	0	0	8,66	0	0	9,12
850	0	0	7,41	0	0	8,66	0	0	9,12
574	0	0	7,41	0	0	8,66	0	0	9,12
540	0	0	7,41	0	0	8,66	0	0	9,12
454	0	0	7,41	0	0	8,66	0	0	9,12
HNO 474	0	0	7,41	0	0	8,66	0	0	9,12
470	0	0	7,41	0	0	8,66	0	0	9,12
388	0	0	7,41	0	0	8,66	0	0	9,12
473	0	0	7,41	0	0	8,66	0	0	9,12
478	0	0	7,41	0	0	8,66	0	0	9,12
FR. u. G. 650	0	0	7,41	0	0	8,66	4	20	9,12
174	0	0	7,41	0	0	8,66	0	0	9,12
644	0	0	7,41	0	0	8,66	0	0	9,12
669	0	0	7,41	0	0	8,66	3	25	9,12
218	0	0	7,41	0	0	8,66	0	0	9,12
Augenheilkunde 366	0	0	7,41	0	0	8,66	0	0	9,12
365	0	0	7,41	0	0	8,66	0	0	9,12
361	0	0	7,41	0	0	8,66	0	0	9,12
362	0	0	7,41	0	0	8,66	0	0	9,12
378	0	0	7,41	0	0	8,66	0	0	9,12
Ambulanz 2620	0	0	7,41	0	0	8,66	0	0	9,12
EBM-Nr. 2700	0	0	7,41	0	0	8,66	0	0	9,12
1150	0	0	7,41	0	0	8,66	0	0	9,12
1352	0	0	7,41	0	0	8,66	0	0	9,12
1477	0	0	7,41	0	0	8,66	0	0	9,12
	Massagen			Bäder			Gymnastik		

1) errechnet aus Punktwert GOA * Berechnungssatz (0,114 DM)

Dokumentation der Daten:

vgl. Datenerhebung Labor

und Radiologie

Tabelle A8: Pflegebedarf der Patienten nach der Einstufung gemäß PPR

Dokumentation der Daten:

Alle aufgeführten Einstufungen der Patienten in die Pflegestufen A1/S1 bis A3/S3 wurden Patientenakten entnommen. Mit Z_P_N$_j$ und Z_P_IN$_j$ wurde der gesamte Pflegebedarf während des Aufenthalts des Patienten zusammengefaßt.

Pflegebedarf für Patienten auf der Normalstation, die nicht auf der Intensivstation behandelt wurden

	ICD 9	A1/S1	A1/S2	A1/S3	A2/S1	A2/S2	A2/S3	A3/S1	A3/S2	A3/S3	VD_OIN (j) Übereinstimmung mit vd1.xls	A1/S1	A1/S2	A1/S3	A2/S1	A2/S2	A2/S3	A3/S1	A3/S2	A3/S3	Z_P_N (j) [min/Patient]
Innere Medizin	414	1	0	0	4	0	0	4	0	0	9	52	62	88	98	108	134	179	189	215	1.160
	428	17	0	0	0	0	0	0	0	0	17	52	62	88	98	108	134	179	189	215	884
	427	8	0	0	3	0	0	0	0	0	11	52	62	88	98	108	134	179	189	215	710
	250	3	0	0	3	0	2	4	0	2	14	52	62	88	98	108	134	179	189	215	1.864
	436	0	0	0	10	0	0	10	0	0	20	52	62	88	98	108	134	179	189	215	2.770
Chirurgie	550	3	1	2	3	0	0	0	0	0	9	52	62	88	98	108	134	179	189	215	688
	850	1	0	0	2	2	0	0	0	0	5	52	62	88	98	108	134	179	189	215	464
	574	0	0	0	2	4	0	3	2	0	11	52	62	88	98	108	134	179	189	215	1.543
	540	3	2	1	0	1	1	0	0	0	8	52	62	88	98	108	134	179	189	215	610
	454	3	2	1	1	0	0	1	0	0	8	52	62	88	98	108	134	179	189	215	645
HNO	474	1	3	2	1	2	0	0	0	0	9	52	62	88	98	108	134	179	189	215	728
	470	2	0	1	4	1	0	0	0	0	8	52	62	88	98	108	134	179	189	215	692
	388	2	0	0	3	1	0	0	0	0	9	52	62	88	98	108	134	179	189	215	722
	473	0	0	3	1	0	0	0	0	0	4	52	62	88	98	108	134	179	189	215	362
	478	2	3	1	0	0	0	0	0	0	6	52	62	88	98	108	134	179	189	215	378
FR. u. G.	650	2	2	4	0	0	0	0	0	0	9	52	62	88	98	108	134	179	189	215	580
	174	1	1	2	2	0	2	2	0	0	10	52	62	88	98	108	134	179	189	215	1.112
	644	1	0	1	1	3	0	0	0	1	7	52	62	88	98	108	134	179	189	215	777
	669	3	2	3	2	0	0	0	0	0	10	52	62	88	98	108	134	179	189	215	740
	218	4	3	3	0	2	1	0	0	0	13	52	62	88	98	108	134	179	189	215	1.105
Augenheilkunde	366	2	2	3	0	0	0	1	0	0	8	52	62	88	98	108	134	179	189	215	671
	365	3	2	1	1	0	0	1	1	0	9	52	62	88	98	108	134	179	189	215	834
	361	4	2	2	0	0	1	0	0	0	9	52	62	88	98	108	134	179	189	215	642
	362	0	3	3	2	0	0	0	0	0	8	52	62	88	98	108	134	179	189	215	646
	378	0	2	2	1	0	0	0	0	0	5	52	62	88	98	108	134	179	189	215	398

Pflegebedarf für Patienten auf der Normalstation, die auf der Intensivstation behandelt wurden

	ICD 9	A1/S1	A1/S2	A1/S3	A2/S1	A2/S2	A2/S3	A3/S1	A3/S2	A3/S3	VD_MIN (j) Übereinstimmung mit vd1.xls	A1/S1	A1/S2	A1/S3	A2/S1	A2/S2	A2/S3	A3/S1	A3/S2	A3/S3	Z_P_IN (j) [min]
Innere Medizin	414	2	0	0	7	0	0	0	0	0	9	52	62	88	98	108	134	179	189	215	790
	428	0	0	1	3	0	0	7	2	7	20	52	62	88	98	108	134	179	189	215	3.518
	427	0	0	2	0	0	0	7	0	6	15	52	62	88	98	108	134	179	189	215	2.719
	250	0	0	0	0	0	0	0	0	0	0	52	62	88	98	108	134	179	189	215	0
	436	0	0	5	4	0	0	2	0	0	19	52	62	88	98	108	134	179	189	215	2.100
Chirurgie	550	1	1	3	0	0	0	0	0	0	5	52	62	88	98	108	134	179	189	215	378
	850	1	0	0	0	1	1	0	0	0	4	52	62	88	98	108	134	179	189	215	427
	574	1	0	0	4	2	0	0	0	1	8	52	62	88	98	108	134	179	189	215	875
	540	2	0	0	2	1	0	1	0	0	6	52	62	88	98	108	134	179	189	215	597
	454	3	2	1	0	0	0	0	0	0	6	52	62	88	98	108	134	179	189	215	368
HNO	474	2	0	0	0	0	0	0	0	0	6	52	62	88	98	108	134	179	189	215	682
	470	0	2	3	0	1	0	0	0	0	6	52	62	88	98	108	134	179	189	215	522
	388	0	2	2	1	2	0	0	0	0	8	52	62	88	98	108	134	179	189	215	614
	473	1	0	2	2	0	0	0	0	0	5	52	62	88	98	108	134	179	189	215	424
	478	1	0	0	0	0	0	0	0	0	3	52	62	88	98	108	134	179	189	215	326
FR. u. G.	650	2	2	2	0	0	0	0	0	0	6	52	62	88	98	108	134	179	189	215	404
	174	1	1	0	1	1	0	1	1	1	6	52	62	88	98	108	134	179	189	215	877
	644	0	0	1	2	0	0	2	1	0	6	52	62	88	98	108	134	179	189	215	831
	669	3	2	2	1	1	0	0	0	0	9	52	62	88	98	108	134	179	189	215	662
	218	2	2	3	1	0	0	0	0	1	10	52	62	88	98	108	134	179	189	215	913
Augenheilkunde	366	0	0	0	0	0	0	0	0	0	0	52	62	88	98	108	134	179	189	215	0
	365	2	3	1	2	0	0	0	0	0	8	52	62	88	98	108	134	179	189	215	574
	361	0	0	0	0	0	0	0	0	0	0	52	62	88	98	108	134	179	189	215	0
	362	0	0	0	0	0	0	0	0	0	0	52	62	88	98	108	134	179	189	215	0
	378	0	0	0	0	0	0	0	0	0	0	52	62	88	98	108	134	179	189	215	0

Tabelle A9: Pflegefallwert, Pflegegrundwert, Pflegebedarf auf der Intensivstation

und für Neugeborene

Dokumentation der Daten:

Der Pflegefallwert PFW und der Pflegegrundwert PGW stammen aus einem Berechnungs-beispiel zur Ermittlung des Pflegepersonalbedarfs aus dem Krankenhaus Handbuch.[8] Die prozentualen Anteile der Intensivpflegetage für Intensivbehandlung PS1, Intensivüberwa-chung PS2 und Intensivbeatmung PS3 wurden aufgrund mangelnder Daten frei gewählt. Als zugehörige Minutenwerte Z_PS1, Z_PS2 und Z_PS3 werden die Durschnittswerte des BKPV verwendet.[9]

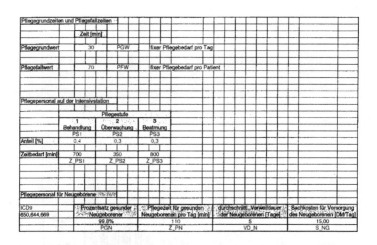

Die durchschnittliche Verweildauer der Neugeborenen auf der Station VD_N ergibt sich aus dem Mittelwert von krankenhausindividuellen Daten. Aufgrund dieser Verweildauer wird der Prozentsatz gesunder Neugeborener aus einer Veröffentlichung des Statistischen Bundesamtes ermittelt, nach der die Säuglingssterblichkeit von Neugeborenen innerhalb von sieben Tagen bei 0,2382% liegt.[10] Die Pflegezeit Z_PN ist der Mittelwert aus den von dem BKPV 1984 veröffentlichten Zeiten für Säuglings- und Neugeborenenpflege.[11] Die Kosten für die Neugeborenenpflege S_NG basieren auf keiner offiziellen Statistik.

---

[8] vgl. Dahlgaard, K. [1997], S.299
[9] vgl. Bayerischer Kommunaler Prüfungsverband [1997], S.68
[10] vgl. Bundesministerium für Gesundheit [1997a], S.162
[11] vgl. Bayerischer Kommunaler Prüfungsverband [1984], S.26

Tabelle A10: Anhaltszahlen für die Pflegedienstleitung, das Personalwesen und den Ärztlichen Dienst im Zentrallabor

Dokumentation der Daten:

Die Anhaltszahlen für das Personalwesen AHZ_PW und den ärztlichen Dienst im Zentrallabor AHZ_AZ konnten der Veröffentlichung des BKPV entnommen werden.[12] Für die Pflegedienstleitung wird im Rahmen der PPR für 80 Pflegepersonen eine Vollkraft angesetzt.[13] Da im Modell nicht berücksichtigt wird, daß auch diese Person im Pflegebereich tätig ist, wird diese Anhaltszahl für die Pflegedienstleitung AHZ_PD auf 100 Personen pro Vollkraft erhöht. Die Personalkosten ergeben sich aus der Veröffentlichung des Statistischen Bundesamtes.[14]

Personal		Anhaltszahl BKPV		Kosten pro Vollkraft	
Pflegedienstleitung	100	AHZ_PD		72.870	PK_PD
Personalwesen	133	AHZ_PW		69.340	PK_PW
Ärztlicher Dienst Zentrallabor	10	AHZ_AZ		147.120	PK_AZ

Tabelle A11: Operationshäufigkeiten, Operations- und Anästhesiezeiten mit den zugehörigen Sachkosten

[12] vgl. Bayerischer Kommunaler Prüfungsverband [1997], S.57/156
[13] gem. §8 PPR
[14] vgl. Statistisches Bundesamt [1997a], S.72 ff.

Dokumentation der Daten:

Die Operationshäufigkeiten OPH_O_j und OPH_E_j der ICD9-Diagnosen stammen vom Bayerischen Landesamt für Statistik und Datenverarbeitung.[15] Dabei sei an dieser Stelle nochmals darauf hingewiesen, daß es sich bei den Häufigkeiten zwar um Diagnosegruppen handelt, die im Zusammenhang mit der Hauptdiagnose operiert wurden, damit aber nicht verbunden ist, daß genau die im Modell verwendeten Operationsarten durchgeführt wurden. Die Operationszeiten OPZ_O_j / OPZ_E_j und die Anästhesiezeiten ANZ_O_j / ANZ_E_j wurden auf drei verschiedenen Grundlagen erhoben: Soweit Nachkalkulationen der entsprechenden Fallpauschalen vorlagen, wurden diese Zeiten verwendet. Im anderen Fall basieren die angegebenen Zeiten auf mündlichen Aussagen oder wurden ausgehend von den angegebenen Kosten des ärztlichen Operations- und Anästhesiedienstes in der Fallpauschale rückgerechnet.[16] Auf diesen drei Wegen mußte auch für die Sachkosten S_OE_j, S_OO_j, S_AO_j und S_AE_j vorgegangen werden.

Tabelle A12: Zeitbedarf und Gleichzeitigkeitsfaktoren des Ärztlichen Dienstes

Ärztlicher Dienst		Normal		bei Operationen		Intensivstation	Zeitbedarf des ärztlichen Dienstes für die Behandlung eines Patienten in der Ambulanz [min]					Sach
		Fallzeit [min/Fall]	Grundzeit [min/Tag]	Gleichzeitig endoskopisch Skalenfaktor	Gleichzeitig offen-chirurgisch Skalenfaktor	Zeitbedarf pro Tag [min]	Innere Medizin	Chirurgie	HNO	Fr. u. G.	Augenheilkunde	[DM]
	ICD9	Z_ADF(i)	Z_ADG(i)	GZ_E(i)	GZ_O(i)	Z_ADI(i)	AD_A_I(i)	AD_A_C(i)	AD_A_H(i)	AD_A_F(i)	AD_A_A(i)	S_AMB(i)
Innere Medizin	414	90	12	0	2	10	0	0	0	0	0	0,00
	428	90	12	0	2	10	0	0	0	0	0	0,00
	427	75	12	0	2	10	0	0	0	0	0	0,00
	250	60	12	0	1	10	0	0	0	0	0	0,00
	436	60	12	0	0	10	0	0	0	0	0	0,00
Chirurgie	550	80	11	0	1	10	0	0	0	0	0	0,00
	850	30	11	0	0	10	0	0	0	0	0	0,00
	574	50	11	0	1	10	0	0	0	0	0	0,00
	540	60	11	0	1	10	0	0	0	0	0	0,00
	454	70	11	0	1	10	0	0	0	0	0	0,00
HNO	474	70	11	0	1	10	0	0	0	0	0	0,00
	470	60	11	0	1	10	0	0	0	0	0	0,00
	388	50	11	0	0	10	0	0	0	0	0	0,00
	473	30	11	0	1	10	0	0	0	0	0	0,00
	478	75	11	0	1	10	0	0	0	0	0	0,00
FR. u. G.	650	70	11	0	0,175	10	0	0	0	0	0	0,00
	174	80	11	0	1	10	0	0	0	0	0	0,00
	644	70	11	0	0,17	10	0	0	0	0	0	0,00
	609	50	11	0	0,25	10	0	0	0	0	0	0,00
	218	30	11	0	1	10	0	0	0	0	0	0,00
Augenheilkunde	366	75	11	0	1	10	0	0	0	0	0	0,00
	365	30	11	0	1	10	0	0	0	0	0	0,00
	361	80	11	0	1	10	0	0	0	0	0	0,00
	362	70	11	0	1	10	0	0	0	0	0	0,00
	378	50	11	0	1	10	0	0	0	0	0	0,00
Ambulanz EBM-Nr.	2620	0	0	0	1	0	115	0	0	0	0	0,00
	2700	0	0	0	1	0	95	0	0	0	0	0,00
	1150	0	0	1	0	0	0	0	50	0	0	15,00
	1352	0	0	0	1	0	0	0	60	0	120	10,00
	1477	0	0	0	1	0	0	0	60	0	0	12,00

---

[15] vgl. Bayerisches Landesamt für Statistik und Datenverarbeitung [1997a], Tab.3.1 und Tab.3.5

[16] vgl. Bundesministerium für Gesundheit [1995], Kapitel III S.63 ff.

Tabelle A13: Anzahl, Zeitwerte und Kosten der Untersuchungen in der Endoskopie

Untersuchungen Endoskopie	ICD 9	Endoskopie					
		Untersuchung 1			Untersuchung 2		
		An-zahl	Zeit-bedarf [min]	Sach-kosten [DM][1]	An-zahl	Zeit-bedarf [min]	Sach-kosten [DM]
		L	Z	S	L	Z	S
		E1(i)	E1(i)	E1(i)	E2(i)	E2(i)	E2(i)
Innere Medizin	414	0	53	91,20	0	0	136,80
	428	1	53	91,20	0	0	136,80
	427	1	53	91,20	1	88	136,80
	250	0	53	91,20	1	88	136,80
	436	0	53	91,20	0	0	136,80
Chirurgie	550	0	53	91,20	0	108	171,00
	850	0	53	91,20	0	108	171,00
	574	1	53	91,20	1	108	171,00
	540	0	53	91,20	0	108	171,00
	454	0	53	91,20	0	108	171,00
HNO	474	0	40	20,52	0	0	0,00
	470	0	40	20,52	0	0	0,00
	388	0	40	20,52	0	0	0,00
	473	1	40	20,52	0	0	0,00
	478	0	40	20,52	0	0	0,00
FR. u. G.	650	0	40	20,52	0	0	0,00
	174	0	40	20,52	0	0	0,00
	644	0	40	20,52	0	0	0,00
	669	0	40	20,52	0	0	0,00
	218	1	40	20,52	0	0	0,00
Augenheilkunde	366	0	0	20,52	0	0	0,00
	365	0	0	20,52	0	0	0,00
	361	0	0	20,52	0	0	0,00
	362	0	0	20,52	0	0	0,00
	378	0	0	20,52	0	0	0,00
Ambulanz	2620	0	0	20,52	0	0	0,00
EBM-Nr.	2700	0	0	20,52	0	0	0,00
	1150	0	0	20,52	0	0	0,00
	1352	0	0	20,52	0	0	0,00
	1477	0	0	20,52	0	0	0,00
Innere Medizin		Gastroskopie			Koloskopie		
Chirurgie		Gastroskopie			ERCP		
HNO		Endosonographie					
Augenheilkunde		Endosonographie					
Fr. u. G.							
Ambulanz							

1) Ermittelt nach Punktwert GOÄ*Berechnungssatz (0,114 DM/Punkt)

Dokumentation der Daten:

vgl. Datenerhebung Labor und

Radiologie

Tabelle A14: Gleichzeitigkeitsfaktoren des Funktionsdienstes in der Anästhesie, im Operationsdienst und Zeitbedarf in der Ambulanz

Funktionsdienst	ICD 9	Anästhesie		Operationen				Ambulanz
		endoskopische OP Gleichzeitigkeits-faktor	offen-chirurgische OP Gleichzeitigkeits-faktor	endoskopisch Gleichzeitigkeits-faktor	offen-chirurgisch Gleichzeitigkeits-faktor	Gleichzeitigkeits-faktor der Hebammen	Zeitbedarf für die Aufnahme-untersuchung eines ambulanten Patienten [min]
		GZ FAE(i)	GZ FAO(i)	GZ FOE(i)	GZ FOO(i)	GZ PH(i)	Z FDA(i)
Innere Medizin	414	0	1,2	0	3,1	0	0
	428	0	2	0	3,1	0	0
	427	0	2	0	3,1	0	0
	250	0	2	0	2,2	0	0
	436	0	0	0	0	0	0
Chirurgie	550	0	1	0	2,2	0	0
	850	0	1	0	2,2	0	0
	574	0	1	0	2,2	0	0
	540	0	1	0	2,3	0	0
	454	0	1	0	2,2	0	0
HNO	474	0	1	0	2,3	0	0
	470	0	1	0	2,3	0	0
	388	0	0	0	0	0	0
	473	0	1	0	2,3	0	0
	478	0	0	0	0	0	0
FR. u. G.	650	0	0	0	0	1	0
	174	0	1	0	2,2	0	0
	644	0	1	0	0,34	1	0
	699	0	1	0	0,5	1	0
	218	0	1	0	2,3	0	0
Augenheilkunde	366	0	1	0	2,2	0	0
	365	0	0	0	0	0	0
	361	0	0	0	0	0	0
	362	0	0	0	0	0	0
	378	0	0	0	0	0	0
Ambulanz	2620	0	1	0	2,2	0	10
EBM-Nr.	2700	0	1	0	2,3	0	25
	1150	1	0	2	0	0	20
	1352	0	1	0	2,2	0	15
	1477	0	1	0	2,5	0	20

Tabelle A15: Raum- und Gerätekapazitäten im Ausgangskrankenhaus

Geräte- und Raumkapazitäten								
	Mindestanzahl		Kapazität pro		Mindestkapazität		Kapazität im Modell	
	Proben	Minuten	Gerät *	Raum **	Geräte	Räume	Geräte/Räume	in Minuten
Röntgen		426.914		105.000		4,07	6	630.000 GK_RO
Laborgerät 1	17.064		87.500		0,20		1	87.500 GK_LA1
Laborgerät 2	10.983		35.000		0,31		1	35.000 GK_LA2
Laborgerät 3	18.668		175.000		0,11		1	175.000 GK_LA3
Laborgerät 4	10.185		140.000		0,07		1	140.000 GK_LA4
Ultraschall 1		260.890		105.000		2,48	4	420.000 GK_UL1
Ultraschall 2		79.926		105.000		0,76	2	210.000 GK_UL2
Operationssaal		556.960		75.000		7,43	9	675.000 KAP_O
Kreißsaal		1.549.920		525.600		2,95	4	2.102.400 KAP_K
Neugeborenenstation		12.410 KAP_N						
* 250 AT x 7 h/Tag x [verfügbare Kapazität/h]								
* 250 AT x [verfügbare h/Tag] x 60 min								

Dokumentation der Daten:

Für die Berechnung der Kapazitäten wird von den anfallenden Mindestuntersuchungen und -zeiten ausgegangen (bei Berücksichtigung des Einzugsgebiets).

Die Leistungen der Laborgeräte GK_LA1 bis GK_LA4 ergeben sich aus Aussagen des MTD im Labor. Im Modell soll die Untersuchung einer Probe vom Personal abhängig sein, d.h. daß nur in Anwesenheit des Personals Laboruntersuchungen durchgeführt werden können. Daher werden 250 Arbeitstage im Planungszeitraum mit der täglichen Arbeitszeit von 7 Stunden und der Leistung des Laborgerätes (Proben/Stunde) multipliziert. Damit ist berechnet, wie viele Proben an einem Laborgerät im Jahr durchgeführt werden können.[18]

Ähnlich wird für die Röntgen- und Ultraschallgeräte GK_RO, GK_UL1 und GK_UL2 verfahren: Dazu wird einerseits angenommen, daß mit einer Untersuchung die Belegung eines Raumes verbunden ist, in dem die Geräte stehen. Außerdem muß bei der Untersuchung immer Personal anwesend sein.[19]

Die Abweichungen zu den Kapazitäten im Operations- und Kreißsaal (KAP_O und KAP_K) ergeben sich aus der unterschiedlichen Arbeitszeit in diesen Räumen: Für den Operationssaal wird die tägliche Arbeitszeit auf 5 Stunden/Tag beschränkt. Im Kreißsaal hingegen werden 24 Stunden zur Nutzung einberaumt.[20]

---

[18] Hier erfolgt eine Abweichung von der Realität: Gerade im Labor können Untersuchungen ohne Personal durchgeführt werden und die Auswertungen z.B. über Nacht stattfinden.
[19] Berechnung der Kapazität pro Raum: 250 Arbeitstage x 7 Stunden/Tag x 60 Minuten
[20] Die Anzahl von neun Operationssälen ist bei 400 Betten reell. Als grobe Anhaltszahl beläuft sich die Anzahl der Operationssäle auf 2% der Belegbetten (Telefonische Auskunft BKPV).

Damit läßt sich berechnen, wie viele Geräte oder Räume im Krankenhaus mindestens vorhanden sein müssen. Da aber nicht alle Geräte/Räume voll ausgelastet sein sollen, wird deren errechnete Anzahl und damit die zur Verfügung stehende Kapazität erhöht. Die Kapazität der Neugeborenenstation KAP_N ist in Pflegetagen berechnet. Dazu wird die Anzahl der Patientinnen mit der durchschnittlichen Verweildauer der Neugeborenen auf der Station multipliziert. Ausgehend von einer Bettenauslastung von 80% ergibt sich die als KAP_N ausgewiesene Kapazität.

Tabelle A16: Berechnung der fiktiven Fallpauschalen

ICD 9	Abteilungs-pflegesatz Normalstation [DM]	Basis-pflege-satz [DM]	VD auf Normal-station ohne IB [KHRf97]	FP ohne IB [DM]	Häufigkeit Intensiv-behandlung	VD auf Intensiv-station	Abteilungs-pflegesatz für intensiv station [DM]	Kosten für intensiv behandelten Patienten [DM]	Zuschlag auf die FP [DM]	FP mit IB [DM]	Aufteilung in Personal- [DM] 0,62	Sachkosten [DM] 0,38
Innere Medizin 436	291,38	147,75	19,7	8.651	10,3%	2	1608,27	3218,8	330,57076	8938,89	5542,105	3396,774
Chirurgie 850	368,83	147,75	4,2	2.169	0,7%	1	1608,27	1609,4	11,2058	2179,558	1351,326	828,232
HNO 388	392,89	147,75	8,2	4.433	1,5%	1	1608,27	1609,4	24,48288	4464,189	2767,797	1696,392
473	392,89	147,75	4	2.163	0,9%	1	1608,27	1609,4	14,16272	2179,883	1351,527	828,354
Augen-heilkunde 365	286,96	147,75	9,4	4.086	1,0%	1	1608,27	1609,4	16,094	3927,058	2434,776	1492,282
361	286,96	147,75	8,9	3.869	0,0%	0	1608,27	0	0	3702,904	2295,819	1407,115
362	286,96	147,75	8	3.478	0,0%	0	1608,27	0	0	3328,48	2063,658	1264,822
378	286,96	147,75	5,1	2.217	0,0%	0	1608,27	0	0	2121,906	1315,582	806,3243

Dokumentation der Daten:

Das Verhältnis des Personalkostenanteils zum Sachkostenanteil (62:38) ergibt sich aus Mittelwert der Aufteilungen in den offiziellen Fallpauschalen.

Abbildung A4: Abteilungs- und Basispflegesätze im Jahr 1996

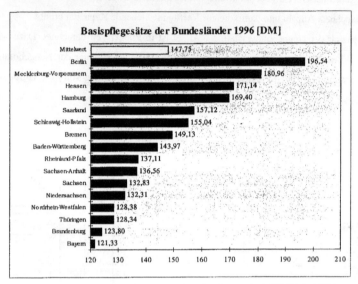

Quelle: Daten vom Bundesministerium für Gesundheit [1997a], S.272

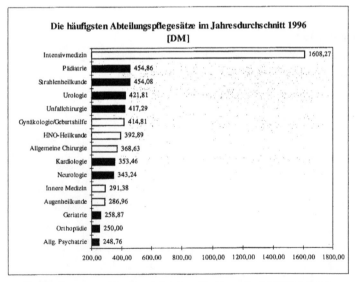

Quelle: Daten vom Bundesministerium für Gesundheit [1997a], S.271

Tabelle A17: Modifikationen der im Modell verwendeten Fallpauschalen

Fallpauschalen	ICD	FP	Fallpauschale Katalog mit Operation Punkte Personal	Punkte Sachmittel	Punkt-wert mit OP	davon OP-Bereich Punkte Personal	Punkte Sachmittel	Fallpauschale ohne Operation Punkte Personal	Punkte Sachmittel	Operations-häufigkeit	Zuschlag auf Fallpauschale ohne OP Punkte Personal	Punkte Sachmittel	Fallpauschale mit/ohne Operation Personal FPP (i)	Sachmittel FPS (i)	Punktwert mit/ohne Operation
Innere Medizin	414	9.01	11.890	10.580	22.470	4.050	6.740	7.840	3.840	19,3%	782	1301	8.622	5.141	13.762
	428	9.02	13.720	12.060	25.780	4.460	6.980	9.260	5.080	4,0%	178	279	9.438	5.359	14.798
	427	9.02	13.720	12.060	25.780	4.460	6.980	9.260	5.080	13,9%	620	970	9.880	6.050	15.930
	250	3.01	1.640	1.340	2.980	450	940	1.190	400	7,6%	34	71	1.224	471	1.696
	436	1)	5.542	3.397	8.939	0	0	5.542	3.397	0,0%	0	0	5.542	3.397	8.939
Chirurgie	550	12.07	2.520	1.010	3.530	950	260	1.570	750	75,8%	720	197	2.290	947	3.237
	850	1)	1.351	828	2.180	0	0	1.351	828	0,0%	0	0	1.351	828	2.180
	574	12.01	4.290	2.050	6.340	1.270	430	3.020	1.620	59,9%	761	258	3.781	1.878	5.658
	540	12.05	2.230	1.610	3.840	780	240	1.450	1.370	69,9%	545	168	1.995	1.538	3.533
	454	10.01	2.470	1.030	3.500	1.220	410	1.250	620	75,1%	916	308	2.166	928	3.094
HNO	474	7.01	1.720	830	2.550	480	220	1.240	610	77,0%	370	169	1.610	779	2.389
	470	5.01	2.040	1.030	3.070	830	390	1.210	640	75,6%	627	295	1.837	935	2.772
	388	1)	2.768	1.696	4.464	0	0	2.768	1.696	0,0%	0	0	2.768	1.696	4.464
	473	1)	1.352	828	2.180	0	0	1.352	828	0,0%	0	0	1.352	828	2.180
	478	5.01	1.350	630	1.980	330	190	1.020	440	50,9%	168	97	1.188	537	1.725
FR. u. G.	650	16.041	1.980	610	2.590	0	0	1.980	610	100,0%	0	0	1.980	610	2.590
	174	18.01	5.270	2.480	7.750	1.670	510	3.600	1.970	29,6%	494	151	4.094	2.121	6.215
	644	16.061	2.430	850	3.280	0	0	2.430	850	100,0%	0	0	2.430	850	3.280
	669	16.051	3.830	1.400	5.230	0	0	3.830	1.400	100,0%	0	0	3.830	1.400	5.230
	218	15.02	3.920	1.800	5.720	1.280	480	2.640	1.320	74,2%	950	356	3.590	1.676	5.266
Augen-heilkunde	366	3.01	1.640	1.340	2.980	450	940	1.190	400	71,9%	324	676	1.514	1.078	2.589
	365	1)	2.435	1.492	3.927	0	0	2.435	1.492	0,0%	0	0	2.435	1.492	3.927
	361	1)	2.296	1.407	3.703	0	0	2.296	1.407	0,0%	0	0	2.296	1.407	3.703
	362	1)	2.064	1.265	3.328	0	0	2.064	1.265	0,0%	0	0	2.064	1.265	3.328
	378	1)	1.316	806	2.122	0	0	1.316	806	0,0%	0	0	1.316	806	2.122
Ambulanz	2620	EBM	121	70	191	121	70	0	0	100,0%	121	70	121	70	191
EBM-Nr.	2700	EBM	135	78	213	135	78	0	0	100,0%	135	78	135	78	213
	1150	EBM	135	78	213	135	78	0	0	100,0%	135	78	135	78	213
	1352	EBM	294	170	464	294	170	0	0	100,0%	294	170	294	170	464
	1477	EBM	83	48	131	83	48	0	0	100,0%	83	48	83	48	131

1) Keine Fallpauschalen lt. Katalog

Punktwert 1996 (Mittelwert)	Personalkosten	PWP	1,02248
	Sachkosten	PWS	1,08014

Tabelle A18: Verteilung der Fixkosten auf die bettenführenden Abteilungen

Innere Medizin	I	8.709.506,19	400	21.773,77	158	3.440.254,95	FK_I
Chirurgie	C	8.709.506,19	400	21.773,77	85	1.850.770,07	FK_C
HNO	H	8.709.506,19	400	21.773,77	19	413.701,54	FK_H
Fr. u. G.	F	8.709.506,19	400	21.773,77	124	2.699.946,92	FK_F
Augenheilkunde	A	8.709.506,19	400	21.773,77	14	304.832,72	FK_A
Intensivstation	IN	8.709.506,19	400	21.773,77	16	348.380,25	FK_IN
						8.709.506,19	

Tabelle A19: Ermittlung des eingestellten Personals und dessen Kosten

Krankenhaus 1: 400 Betten	Anhalts- zahl DKG	Mittelwert				Betten			Anzahl Pflege- tage	Anzahl der Patienten	Benötigtes Personal [VK]	Kosten pro Vollkraft	Kosten pro Jahr [DM]
		aufgest. Betten je VK	belegte Betten je Vollkraft	Patien- ten je VK	P.T. je VK	Normalstation aufgestellt	belegt	Intensiv- station					
Pflegepersonal													
Nachtdienst	25						323				30,00	72.870	2.186.100
Ärztlicher Dienst													
Ärztlicher Leiter											1,00	147.120	147.120
Intensivstation bei überwiegender													
Behandlung	2							16					
Überwachung	3							16			7,00	147.120	1.029.840
Medizinisch- technischer Dienst													
Apotheke	90-130		110				323				2,94	68.970	202.521
Zentralarchiv	6.000-7.900			6.950						12.564	1,81	68.970	124.682
Schreibdienste	1.100			2.300						12.564	5,46	68.970	376.756
Sekretariat	3.100-4.650			3.720						12.564	3,38	68.970	232.941
Funktionsdienst													
Hygienefachkraft	600	600				400					0,67	77.180	51.453
Zentralsterilisation	2.325-2.900			2.612						12.564	4,81	77.180	371.244
Wirtschafts- und Versorgungsdienst													
Küche													
Speisenherstellung	12.400				12.400				117.999		9,52	55.190	525.191
Speisenverteilung	23.250				23.250				117.999		5,08	55.190	280.102
Zentr. Geschirrsp.	23.250				23.250				117.999		5,08	55.190	280.102
Topfspüle	93.000				93.000				117.999		1,27	55.190	70.025
Reinigung	1		285				323,3				1,13	55.190	62.607
Zentrallager	100-130		115				323,3				2,81	55.190	155.156
Näherei	180	180				400					2,22	55.190	122.644
Wäscherei	13.285				13.285				117.999		8,88	55.190	490.204
Verwaltungsdienst													
Verwaltungsleitung	1-2	200				400					2,00	69.340	138.680
Sekretariat	120-140		130				323,3				2,49	69.340	172.443
Rechnungswesen													
Finanzbuchhaltung	150-180		165				323,3				1,96	69.340	136.864
Anl.buchhaltung	2.000	2.000				400					0,20	69.340	13.868
Debitorenbuchh.	12.560			12.560						12.564	1,00	69.340	69.362
Kosten-Leistungsr.	350-550		450				323,3				0,72	69.340	49.817
Organisation	250-350		300				323,3				1,08	69.340	74.725
Wirtschafts- abteilung													
Einkauf	250-300		275				323,3				1,18	69.340	81.519
Rechnungs- abteilung	10.330			10.330						12.564	1,22	69.340	84.336
Patienten- aufnahme	6.500			6500						12.564	1,93	69.340	134.029
Pforte/Telefon- zentrale	400-650		525				400				0,76	69.340	52.830
Technischer Dienst	25-45		30				323,3				0,62	72.530	44.665
Gesamtkosten Personal											107,20		7.613.706
											AZ_PER		FK_PER

Dokumentation der Daten:

Bei der Ermittlung des Personals wird von der Mindestbelegung der Betten ausgegangen, wenn die Region versorgt wird. Alle Anhaltszahlen beruhen auf der Veröffentlichung des

BKPV[20] und die Personalkosten stammen vom Statistischen Bundesamt.[21] In der zweiten Spalte der Tabelle ist die jeweilige Anhaltszahl gegeben, deren Mittelwert in einer der nächsten vier Spalten eingetragen ist. Aufgrund der Zuordnung von Betten pro Vollkraft oder Patienten pro Vollkraft ist die Herleitung der Daten ersichtlich, so daß hier keine einzelnen Erläuterungen notwendig sind.

Tabelle A20: Systematik der Modellbezeichnungen

Das Grundmodell für das Ausgangskrankenhaus und das Regionalmodell werden im Laufe der Arbeit mehrfach modifiziert. Um einen Überblick über die entwickelten Modelle zu erhalten, soll an dieser Stelle die Systematik der Programmbezeichnungen erläutert werden.

In dem Namen für das Grundmodell <K10> steht z.B. „K" für Krankenhaus Nummer „1" in der Grundform „0". Die folgende Tabelle gibt alle verwendeten Dateibezeichnungen und deren Inhalt wieder.

	Krankenhaus Nummer					Regionalmodell 5 Krankenhäuser		
Inhalt des Programms	1	2	3	4	5	1)	2)	3)
Freie Wahl an Patienten	K10	K20	K30	K40	K50	5K10	M5K10	MM5K10
Berücksichtigung Einzugsgebiet	K11	K21	K31	K41	K51	5K11	M5K11	MM5K11
Bettenverschiebung +/- 5%	K12	K22	K32	K42	K52	5K12	M5K12	MM5K12
Berücksichtigung der anfallenden Kosten	K13	K23	K33	K43	K53	5K13	M5K13	MM5K13
Berücksichtigung räumlicher Begrenzungen	K14	K24	K34	K44	K54	5K14	M5K14	MM5K14
Bettenverschiebung +/- 6%	K15	K25	K35	K45	K55	5K15	M5K15	MM5K15
Abteilungsschließung	K16	K26	K36	K46	K56	5K16	M5K16	MM5K16
Verteilung der ambulanten Fälle						5K17	M5K17	MM5K17
Schließung eines Krankenhauses		Nur für Regionalmodell				5K18	M5K18	MM5K18
Investitionsentscheidung		berechnet				5K19	M5K19	MM5K19
Berücksichtigung des Budgets						5K20	M5K20	MM5K20

1) Der Überschuß der einzelnen Krankenhäuser im Regionalmodell entspricht mindestens dem Überschuß, der bei der gesonderten einzelnen Optimierung des entsprechenden Krankenhauses erreicht wurde
2) Der „Überschuß" der einzelnen Krankenhäuser ist mindestens 0 DM (kein Verlust)
3) Der „Überschuß" der einzelnen Krankenhäuser darf kleiner als 0 DM sein (Verlust)

---

[20] vgl. Bayerischer Kommunaler Prüfungsverband [1997], S.29 ff.
[21] vgl. Statistisches Bundesamt [1997a], S.72 ff.

Abbildung A5: Programmierung des Problems K10 in XPRESS-MP (Format *.mod)

In XPRESS-MP wird zur Programmierung eines Problems mit unterschiedlichen Keywords gearbeitet. Variables dient der Variablendefinition. Im Bereich Tables werden die Koeffizienten oder Konstanten als Tabellen definiert, wobei die Anzahl der Einträge dieser Tabellen in den Klammern angegeben ist. Durch Connect Excel/ Diskdata -c und Disconnect wird XPRESS-MP angewiesen, die zu den Tabellen gehörigen Einträge aus Excel zu importieren. Im Bereich Constraints können anschließend die Restriktionen und die Zielfunktion formuliert werden, wobei die zu optimierende Restriktion (Zielfunktion) durch $ am Ende gekennzeichnet wird. Unter Bounds stehen letztlich die Variablen, die ganzzahlig gelöst werden sollen. Mit Generate wird die Programmierung abgeschlossen.

```
                                                       !K10.MOD

!Modell mit Krankenhaus 1
!400   Betten
!OHNE Bettenverschiebung innerhalb der 5%-Grenze
!OHNE Beschränkung der Bettenkapazität bei Bettenverschiebung
!OHNE Bettenverschiebung ohne Grenze
!OHNE Abteilungsschließungsmöglichkeiten
!OHNE Regionalversorgungssicherung
!MIT  Ganzzahligkeit


VARIABLES
x     (30)        !Anzahl der Patienten in Krankenhaus 1 von Fallklasse j
AA
AAN
AC
AF
AH
AI
AZ
FA
FE
FO
FAM
FH
ML
MK
MP
MR
MRA
MS
MU
PA
PC
PD
PF
PH
PI
PIN
PN
```

```
PP
PTI
PW
TABLES
H_IB      (30)
VD_MIN    (30)
H_OIB     (30)
VD_OIN    (30)
VD_I      (30)
BKAP_I    (1)
PZ        (1)
BKAP_C    (1)
BKAP_H    (1)
BKAP_F    (1)
BKAP_A    (1)
BKAP_IN   (1)
L_RO      (30)
Z_RO      (30)
MTD_RO    (1)
L_ST      (30)
Z_ST      (30)
MTD_ST    (1)
L_UL1     (30)
Z_UL1     (30)
L_UL2     (30)
Z_UL2     (30)
MTD_UL    (1)
L_LA1     (30)
Z_LA1     (30)
L_LA2     (30)
Z_LA2     (30)
L_LA3     (30)
Z_LA3     (30)
L_LA4     (30)
Z_LA4     (30)
L_LA5     (30)
Z_LA5     (30)
MTD_LA    (1)
L_EKG     (30)
Z_EKG     (30)
L_BEKG    (30)
Z_BEKG    (30)
L_LEKG    (30)
Z_LEKG    (30)
MTD_KD    (1)
L_PH1     (30)
Z_PH1     (30)
L_PH2     (30)
Z_PH2     (30)
L_PH3     (30)
Z_PH3     (30)
MTD_PH    (1)
Z_P_N     (25)
PFW       (1)
Z_P_IN    (25)
PGW       (1)
PP_I      (1)
PP_C      (1)
PP_H      (1)
PP_F      (1)
PP_A      (1)
PS1       (1)
Z_PS1     (1)
PS2       (1)
```

```
Z_PS2    (1)
PS3      (1)
Z_PS3    (1)
PP_IN    (1)
PGN      (1)
Z_PN     (1)
VD_N     (1)
PP_N     (1)
AHZ_PD   (1)
Z_ADF    (30)
Z_ADG    (30)
OPH_E    (30)
OPZ_E    (30)
GZ_E     (30)
OPH_O    (30)
OPZ_O    (30)
GZ_O     (30)
Z_ADI    (30)
AD_A_I   (30)
AD_I     (1)
AD_A_C   (30)
AD_C     (1)
AD_A_H   (30)
AD_H     (1)
AD_A_F   (30)
AD_F     (1)
AD_A_A   (30)
AD_A     (1)
ANZ_E    (30)
ANZ_O    (30)
AD_AN    (1)
AHZ_AZ   (1)
GZ_FOE   (30)
L_E1     (30)
Z_E1     (30)
L_E2     (30)
Z_E2     (30)
FD_E     (1)
GZ_FOO   (30)
FD_O     (1)
GZ_FAE   (30)
GZ_FAO   (30)
FD_A     (1)
Z_FDA    (30)
FD_AM    (1)
GZ_FH    (30)
FD_H     (1)
AZ_PER   (1)
AHZ_PW   (1)
GK_LA1   (1)
GK_LA2   (1)
GK_LA3   (1)
GK_LA4   (1)
GK_UL1   (1)
GK_UL2   (1)
GK_RO    (1)
KAP_O    (1)
KAP_N    (1)
KAP_K    (1)
FPP      (30)
PWP      (1)
FPS      (30)
PWS      (1)
PK_MR    (1)
```

PK_MS	(1)
PK_MU	(1)
PK_ML	(1)
PK_MK	(1)
PK_MP	(1)
PK_FE	(1)
PK_FA	(1)
PK_FO	(1)
PK_FAM	(1)
PK_FH	(1)
PK_AI	(1)
PK_AC	(1)
PK_AH	(1)
PK_AF	(1)
PK_AA	(1)
PK_PI	(1)
PK_PC	(1)
PK_PH	(1)
PK_PF	(1)
PK_PA	(1)
PK_PIN	(1)
PK_PN	(1)
PK_AAN	(1)
PK_PD	(1)
PK_PW	(1)
PK_AZ	(1)
S_LA1	(30)
S_LA2	(30)
S_LA3	(30)
S_LA4	(30)
S_LA5	(30)
S_RO	(30)
S_ST	(30)
S_UL1	(30)
S_UL2	(30)
S_EKG	(30)
S_BEKG	(30)
S_LEKG	(30)
S_PH1	(30)
S_PH2	(30)
S_PH3	(30)
S_E1	(30)
S_E2	(30)
S_OE	(30)
S_AE	(30)
S_OO	(30)
S_AO	(30)
S_I	(30)
S_N	(30)
S_LM	(1)
S_AMB	(30)
S_NG	(1)
FK_PER	(1)
FK_L	(1)
FK_R	(1)
FK_E	(1)
FK_KD	(1)
FK_AN	(1)
FK_P	(1)
FK_O	(1)
FK_K	(1)
FK_I	(1)
FK_C	(1)
FK_H	(1)

```
FK_F      (1)
FK_A      (1)
FK_IN     (1)


!Tables aus dem Bereich  Assign
UNTK (30)  !Untersuchungskosten in Krankenhaus 1 für Patient j
OPANK(30)
VERP1(30)
VERP2(30)
VERPN(1)


CONNECT EXCEL
DISKDATA -C
! Daten für Krankenhaus 1
H_IB      =       kh_1.xls (H_IB)
VD_MIN    =       kh_1.xls (VD_MIN)
H_OIB     =       kh_1.xls (H_OIB)
VD_OIN    =       kh_1.xls (VD_OIN)
VD_I      =       kh_1.xls (VD_I)
BKAP_I    =       kh_1.xls (BKAP_I)
PZ        =       kh_1.xls (PZ)
BKAP_C    =       kh_1.xls (BKAP_C)
BKAP_H    =       kh_1.xls (BKAP_H)
BKAP_F    =       kh_1.xls (BKAP_F)
BKAP_A    =       kh_1.xls (BKAP_A)
BKAP_IN   =       kh_1.xls (BKAP_IN)
L_RO      =       kh_1.xls (L_RO)
Z_RO      =       kh_1.xls (Z_RO)
MTD_RO    =       kh_1.xls (MTD_RO)
L_ST      =       kh_1.xls (L_ST)
Z_ST      =       kh_1.xls (Z_ST)
MTD_ST    =       kh_1.xls (MTD_ST)
L_UL1     =       kh_1.xls (L_UL1)
Z_UL1     =       kh_1.xls (Z_UL1)
L_UL2     =       kh_1.xls (L_UL2)
Z_UL2     =       kh_1.xls (Z_UL2)
MTD_UL    =       kh_1.xls (MTD_UL)
L_LA1     =       kh_1.xls (L_LA1)
Z_LA1     =       kh_1.xls (Z_LA1)
L_LA2     =       kh_1.xls (L_LA2)
Z_LA2     =       kh_1.xls (Z_LA2)
L_LA3     =       kh_1.xls (L_LA3)
Z_LA3     =       kh_1.xls (Z_LA3)
L_LA4     =       kh_1.xls (L_LA4)
Z_LA4     =       kh_1.xls (Z_LA4)
L_LA5     =       kh_1.xls (L_LA5)
Z_LA5     =       kh_1.xls (Z_LA5)
MTD_LA    =       kh_1.xls (MTD_LA)
L_EKG     =       kh_1.xls (L_EKG)
Z_EKG     =       kh_1.xls (Z_EKG)
L_BEKG    =       kh_1.xls (L_BEKG)
Z_BEKG    =       kh_1.xls (Z_BEKG)
L_LEKG    =       kh_1.xls (L_LEKG)
Z_LEKG    =       kh_1.xls (Z_LEKG)
MTD_KD    =       kh_1.xls (MTD_KD)
L_PH1     =       kh_1.xls (L_PH1)
Z_PH1     =       kh_1.xls (Z_PH1)
L_PH2     =       kh_1.xls (L_PH2)
Z_PH2     =       kh_1.xls (Z_PH2)
L_PH3     =       kh_1.xls (L_PH3)
Z_PH3     =       kh_1.xls (Z_PH3)
MTD_PH    =       kh_1.xls (MTD_PH)
Z_P_N     =       kh_1.xls (Z_P_N)
PFW       =       kh_1.xls (PFW)
```

```
Z_P_IN   =    kh_1.xls (Z_P_IN)
PGW      =    kh_1.xls (PGW)
PP_I     =    kh_1.xls (PP_I)
PP_C     =    kh_1.xls (PP_C)
PP_H     =    kh_1.xls (PP_H)
PP_F     =    kh_1.xls (PP_F)
PP_A     =    kh_1.xls (PP_A)
PS1      =    kh_1.xls (PS1)
Z_PS1    =    kh_1.xls (Z_PS1)
PS2      =    kh_1.xls (PS2)
Z_PS2    =    kh_1.xls (Z_PS2)
PS3      =    kh_1.xls (PS3)
Z_PS3    =    kh_1.xls (Z_PS3)
PP_IN    =    kh_1.xls (PP_IN)
PGN      =    kh_1.xls (PGN)
Z_PN     =    kh_1.xls (Z_PN)
VD_N     =    kh_1.xls (VD_N)
PP_N     =    kh_1.xls (PP_N)
AHZ_PD   =    kh_1.xls (AHZ_PD)
Z_ADF    =    kh_1.xls (Z_ADF)
Z_ADG    =    kh_1.xls (Z_ADG)
OPH_E    =    kh_1.xls (OPH_E)
OPZ_E    =    kh_1.xls (OPZ_E)
GZ_E     =    kh_1.xls (GZ_E)
OPH_O    =    kh_1.xls (OPH_O)
OPZ_O    =    kh_1.xls (OPZ_O)
GZ_O     =    kh_1.xls (GZ_O)
Z_ADI    =    kh_1.xls (Z_ADI)
AD_A_I   =    kh_1.xls (AD_A_I)
AD_I     =    kh_1.xls (AD_I)
AD_A_C   =    kh_1.xls (AD_A_C)
AD_C     =    kh_1.xls (AD_C)
AD_A_H   =    kh_1.xls (AD_A_H)
AD_H     =    kh_1.xls (AD_H)
AD_A_F   =    kh_1.xls (AD_A_F)
AD_F     =    kh_1.xls (AD_F)
AD_A_A   =    kh_1.xls (AD_A_A)
AD_A     =    kh_1.xls (AD_A)
ANZ_E    =    kh_1.xls (ANZ_E)
ANZ_O    =    kh_1.xls (ANZ_O)
AD_AN    =    kh_1.xls (AD_AN)
AHZ_AZ   =    kh_1.xls (AHZ_AZ)
GZ_FOE   =    kh_1.xls (GZ_FOE)
L_E1     =    kh_1.xls (L_E1)
Z_E1     =    kh_1.xls (Z_E1)
L_E2     =    kh_1.xls (L_E2)
Z_E2     =    kh_1.xls (Z_E2)
FD_E     =    kh_1.xls (FD_E)
GZ_FOO   =    kh_1.xls (GZ_FOO)
FD_O     =    kh_1.xls (FD_O)
GZ_FAE   =    kh_1.xls (GZ_FAE)
GZ_FAO   =    kh_1.xls (GZ_FAO)
FD_A     =    kh_1.xls (FD_A)
Z_FDA    =    kh_1.xls (Z_FDA)
FD_AM    =    kh_1.xls (FD_AM)
GZ_FH    =    kh_1.xls (GZ_FH)
FD_H     =    kh_1.xls (FD_H)
AZ_PER   =    kh_1.xls (AZ_PER)
AHZ_PW   =    kh_1.xls (AHZ_PW)
GK_LA1   =    kh_1.xls (GK_LA1)
GK_LA2   =    kh_1.xls (GK_LA2)
GK_LA3   =    kh_1.xls (GK_LA3)
GK_LA4   =    kh_1.xls (GK_LA4)
GK_UL1   =    kh_1.xls (GK_UL1)
```

```
GK_UL2  =    kh_1.xls (GK_UL2)
GK_RO   =    kh_1.xls (GK_RO)
KAP_O   =    kh_1.xls (KAP_O)
KAP_N   =    kh_1.xls (KAP_N)
KAP_K   =    kh_1.xls (KAP_K)
FPP     =    kh_1.xls (FPP)
PWP     =    kh_1.xls (PWP)
FPS     =    kh_1.xls (FPS)
PWS     =    kh_1.xls (PWS)
PK_MR   =    kh_1.xls (PK_MR)
PK_MS   =    kh_1.xls (PK_MS)
PK_MU   =    kh_1.xls (PK_MU)
PK_ML   =    kh_1.xls (PK_ML)
PK_MK   =    kh_1.xls (PK_MK)
PK_MP   =    kh_1.xls (PK_MP)
PK_FE   =    kh_1.xls (PK_FE)
PK_FA   =    kh_1.xls (PK_FA)
PK_FO   =    kh_1.xls (PK_FO)
PK_FAM  =    kh_1.xls (PK_FAM)
PK_FH   =    kh_1.xls (PK_FH)
PK_AI   =    kh_1.xls (PK_AI)
PK_AC   =    kh_1.xls (PK_AC)
PK_AH   =    kh_1.xls (PK_AH)
PK_AF   =    kh_1.xls (PK_AH)
PK_AA   =    kh_1.xls (PK_AA)
PK_PI   =    kh_1.xls (PK_PI)
PK_PC   =    kh_1.xls (PK_PC)
PK_PH   =    kh_1.xls (PK_PH)
PK_PF   =    kh_1.xls (PK_PF)
PK_PA   =    kh_1.xls (PK_PA)
PK_PIN  =    kh_1.xls (PK_PIN)
PK_PN   =    kh_1.xls (PK_PN)
PK_AAN  =    kh_1.xls (PK_AAN)
PK_PD   =    kh_1.xls (PK_PD)
PK_PW   =    kh_1.xls (PK_PW)
PK_AZ   =    kh_1.xls (PK_AZ)
S_LA1   =    kh_1.xls (S_LA1)
S_LA2   =    kh_1.xls (S_LA2)
S_LA3   =    kh_1.xls (S_LA3)
S_LA4   =    kh_1.xls (S_LA4)
S_LA5   =    kh_1.xls (S_LA5)
S_RO    =    kh_1.xls (S_RO)
S_ST    =    kh_1.xls (S_ST)
S_UL1   =    kh_1.xls (S_UL1)
S_UL2   =    kh_1.xls (S_UL2)
S_EKG   =    kh_1.xls (S_EKG)
S_BEKG  =    kh_1.xls (S_BEKG)
S_LEKG  =    kh_1.xls (S_LEKG)
S_PH1   =    kh_1.xls (S_PH1)
S_PH2   =    kh_1.xls (S_PH2)
S_PH3   =    kh_1.xls (S_PH3)
S_E1    =    kh_1.xls (S_E1)
S_E2    =    kh_1.xls (S_E2)
S_OE    =    kh_1.xls (S_OE)
S_AE    =    kh_1.xls (S_AE)
S_OO    =    kh_1.xls (S_OO)
S_AO    =    kh_1.xls (S_AO)
S_I     =    kh_1.xls (S_I)
S_N     =    kh_1.xls (S_N)
S_LM    =    kh_1.xls (S_LM)
S_AMB   =    kh_1.xls (S_AMB)
S_NG    =    kh_1.xls (S_NG)
FK_PER  =    kh_1.xls (FK_PER)
FK_L    =    kh_1.xls (FK_L)
```

```
FK_R     =      kh_1.xls (FK_R)
FK_E     =      kh_1.xls (FK_E)
FK_KD    =      kh_1.xls (FK_KD)
FK_AN    =      kh_1.xls (FK_AN)
FK_P     =      kh_1.xls (FK_P)
FK_O     =      kh_1.xls (FK_O)
FK_K     =      kh_1.xls (FK_K)
FK_I     =      kh_1.xls (FK_I)
FK_C     =      kh_1.xls (FK_C)
FK_H     =      kh_1.xls (FK_H)
FK_F     =      kh_1.xls (FK_F)
FK_A     =      kh_1.xls (FK_A)
FK_IN    =      kh_1.xls (FK_IN)


DISCONNECT


ASSIGN
!Bereich ASSIGN für Verkürzung der Zielfunktion

!Untersuchungskosten Labor, Röntgen, Strahlentherapie, Ultraschall,
!EKG, Physikalische Therapie, Endoskopie in Krankenhaus 1 für Patient j
UNTK(j=1:30)=        (L_LA1(j)*S_LA1(j)+L_LA2(j)*S_LA2(j)+              &
                      L_LA3(j)*S_LA3(j)+L_LA4(j)*S_LA4(j)+              &
                      L_LA5(j)*S_LA5(j)+L_RO(j)*S_RO(j)+                &
                      L_ST(j)*S_ST(j)+L_UL1(j)*S_UL1(j)+                &
                      L_UL2(j)*S_UL2(j)+L_EKG(j)*S_EKG(j)+              &
                      L_BEKG(j)*S_BEKG(j)+L_LEKG(j)*S_LEKG(j)+          &
                      L_PH1(j)*S_PH1(j)+L_PH2(j)*S_PH2(j)+              &
                      L_PH3(j)*S_PH3(j)+L_E1(j)*S_E1(j)+                &
                      L_E2(j)*S_E2(j))

!Operations- und Anästhesiekosten in Krankenhaus 1 für Patient j
OPANK(j=1:30)=       (OPH_E(j)*(S_OE(j)+S_AE(j))+        &
                      OPH_O(j)*(S_OO(j)+S_AO(j)))

!Kosten für Medizinische Verpflegung der Patienten
!in Krankenhaus 1 für Patient j
VERP1(j=1:30)=       H_IB (j)* VD_I  (j)*S_I(j)+             &
                     H_IB (j)* VD_MIN(j)*S_N(j)+             &
                     H_OIB(j)* VD_OIN(j)*S_N(j)+             &
                     S_AMB(j)

!Kosten für Verpflegung der Patienten (Lebensmittel)
!in Krankenhaus 1 für Patient j
VERP2(j=1:30)=       (H_OIB(j)*VD_OIN(j)+               &
                      H_IB(j)*VD_MIN(j))*S_LM(1)

!Kosten für die Verpflegung der Neugeborenen
VERPN(1)=            PGN(1)*VD_N(1)*S_NG(1)


CONSTRAINTS

!Verweildauern/Bettenkapazität

GL1:   SUM(j=1 :5 ) (H_IB(j)*VD_MIN(j)+H_OIB(j)*VD_OIN(j))&
                     *x(j)< BKAP_I(1)*PZ(1)
GL2:   SUM(j=6 :10) (H_IB(j)*VD_MIN(j)+H_OIB(j)*VD_OIN(j))&
                     *x(j)< BKAP_C(1)*PZ(1)
GL3:   SUM(j=11:15) (H_IB(j)*VD_MIN(j)+H_OIB(j)*VD_OIN(j))&
                     *x(j)< BKAP_H(1)*PZ(1)
GL4:   SUM(j=16:20) (H_IB(j)*VD_MIN(j)+H_OIB(j)*VD_OIN(j))&
                     *x(j)< BKAP_F(1)*PZ(1)
```

```
GL5:    SUM(j=21:25) (H_IB(j)*VD_MIN(j)+H_OIB(j)*VD_OIN(j))&
                     *x(j)< BKAP_A(1)*PZ(1)
GL6:    SUM(j=1 :25) H_IB(j)*VD_I(j)*x(j)< BKAP_IN(1)*PZ(1)

!Untersuchungen Radiologie

GL7:    SUM(j=1:30) L_RO(j)*Z_RO(j)*x(j)< MTD_RO(1)*MR
GL8:    SUM(j=1:30) L_ST(j)*Z_ST(j)*x(j)< MTD_ST(1)*MS
GL9:    SUM(j=1:30) (L_UL1(j)*Z_UL1(j)+L_UL2(j)*Z_UL2(j))&
                    *x(j)< MTD_UL(1)*MU

!Gesamt benötigte Zeit des Med.-techn. Dienstes in der Radiologie

GL10:   MR+MS+MU=MRA

!Untersuchungen Labor

GL11:   SUM(j=1:30) (L_LA1(j)*Z_LA1(j)+L_LA2(j)*Z_LA2(j) &
                    +L_LA3(j)*Z_LA3(j)+L_LA4(j)*Z_LA4(j) &
                    +L_LA5(j)*Z_LA5(j))*x(j)< MTD_LA(1)*ML

!Untersuchungen Kreislaufdiagnostik

GL12:   SUM(j=1:30) (L_EKG(j)*Z_EKG(j)+L_BEKG(j)*Z_BEKG(j)+ &
                    L_LEKG(j)*Z_LEKG(j))*x(j)< MTD_KD(1)*MK

!Physikalische Therapie

GL13:   SUM(j=1:30) (L_PH1(j)*Z_PH1(j)+L_PH2(j)*Z_PH2(j)+ &
                    L_PH3(j)*Z_PH3(j))*x(j)< MTD_PH(1)*MP

!Pflegebedarf Innere Medizin

GL14:   SUM(j=1 :5 )     (H_OIB(j)*(Z_P_N(j)+PFW(1)) + &
                         H_IB(j)*(Z_P_IN(j)+PFW(1)) + &
                         PGW(1)*(H_OIB(j)*VD_OIN(j) + &
                         H_IB(j)*VD_MIN(j)))          &
                         *x(j)< PP_I(1)*PI

!Pflegebedarf Chirurgie

GL15:   SUM(j=6 :10)     (H_OIB(j)*(Z_P_N(j)+PFW(1)) + &
                         H_IB(j)*(Z_P_IN(j)+PFW(1)) + &
                         PGW(1)*(H_OIB(j)*VD_OIN(j) + &
                         H_IB(j)*VD_MIN(j)))          &
                         *x(j)< PP_C(1)*PC

!Pflegebedarf HNO

GL16:   SUM(j=11:15)     (H_OIB(j)*(Z_P_N(j)+PFW(1)) + &
                         H_IB(j)*(Z_P_IN(j)+PFW(1)) + &
                         PGW(1)*(H_OIB(j)*VD_OIN(j) + &
                         H_IB(j)*VD_MIN(j)))          &
                         *x(j)< PP_H(1)*PH

!Pflegebedarf Frauenheilkunde und Geburtshilfe

GL17:   SUM(j=16:20)     (H_OIB(j)*(Z_P_N(j)+PFW(1)) + &
                         H_IB(j)*(Z_P_IN(j)+PFW(1)) + &
                         PGW(1)*(H_OIB(j)*VD_OIN(j) + &
                         H_IB(j)*VD_MIN(j)))          &
                         *x(j)< PP_F(1)*PF
```

```
!Pflegebedarf Augenheilkunde

GL18:    SUM(j=21:25)          (H_OIB(j)*(Z_P_N(j)+PFW(1)) + &
                                H_IB(j)*(Z_P_IN(j)+PFW(1)) + &
                                PGW(1)*(H_OIB(j)*VD_OIN(j) + &
                                H_IB(j)*VD_MIN(j)))          &
                                *x(j)< PP_A(1)*PA

!Pflegebedarf Intensivstation

GL19:    SUM(j=1 :25) H_IB(j)*VD_I(j)*x(j)=PTI

GL20:    PTI*(PS1(1)*Z_PS1(1)+PS2(1)*Z_PS2(1)+PS3(1)*Z_PS3(1)) &
         < PP_IN(1)*PIN

!Pflegebedarf für Neugeborene

GL21:    PGN(1)*Z_PN(1)*VD_N(1)*x(16)+PGN(1)*Z_PN(1)*VD_N(1)*x(18)&
         +PGN(1)*Z_PN(1)*VD_N(1)*x(19)< PP_N(1)*PN

!Pflegedienstleitung

GL22:    PI+PC+PH+PF+PA+PIN+PN=PP

GL23:    PD*AHZ_PD(1)=PP

!Ärztlicher Dienst Normalstation, Operationen und Ambulanz

!Innere Medizin
GL24:    SUM(j=1 :5 )  &
         (Z_ADF(j)+Z_ADG(j)*(H_IB(j)*VD_MIN(j)+H_OIB(j) &
         *VD_OIN(j))+OPH_E(j)*OPZ_E(j)*GZ_E(j)+OPH_O(j) &
         *OPZ_O(j)*GZ_O(j)+H_IB(j)*VD_I(j)*Z_ADI(j))*x(j)&
         +SUM(j=26:30)AD_A_I(j)*x(j)< AD_I(1)*AI

!Chirurgie
GL25:    SUM(j=6 :10)  &
         (Z_ADF(j)+Z_ADG(j)*(H_IB(j)*VD_MIN(j)+H_OIB(j) &
         *VD_OIN(j))+OPH_E(j)*OPZ_E(j)*GZ_E(j)+OPH_O(j) &
         *OPZ_O(j)*GZ_O(j)+H_IB(j)*VD_I(j)*Z_ADI(j))*x(j)&
         +SUM(j=26:30)AD_A_C(j)*x(j)< AD_C(1)*AC

!HNO
GL26:    SUM(j=11:15)  &
         (Z_ADF(j)+Z_ADG(j)*(H_IB(j)*VD_MIN(j)+H_OIB(j) &
         *VD_OIN(j))+OPH_E(j)*OPZ_E(j)*GZ_E(j)+OPH_O(j) &
         *OPZ_O(j)*GZ_O(j)+H_IB(j)*VD_I(j)*Z_ADI(j))*x(j)&
         +SUM(j=26:30)AD_A_H(j)*x(j)< AD_H(1)*AH

!Frauenheilkunde und Geburtshilfe
GL27:    SUM(j=16:20)  &
         (Z_ADF(j)+Z_ADG(j)*(H_IB(j)*VD_MIN(j)+H_OIB(j) &
         *VD_OIN(j))+OPH_E(j)*OPZ_E(j)*GZ_E(j)+OPH_O(j) &
         *OPZ_O(j)*GZ_O(j)+H_IB(j)*VD_I(j)*Z_ADI(j))*x(j)&
         +SUM(j=26:30)AD_A_F(j)*x(j)< AD_F(1)*AF

!Augenheilkunde
GL28:    SUM(j=21:25)  &
         (Z_ADF(j)+Z_ADG(j)*(H_IB(j)*VD_MIN(j)+H_OIB(j) &
         *VD_OIN(j))+OPH_E(j)*OPZ_E(j)*GZ_E(j)+OPH_O(j) &
         *OPZ_O(j)*GZ_O(j)+H_IB(j)*VD_I(j)*Z_ADI(j))*x(j)&
         +SUM(j=26:30)AD_A_A(j)*x(j)< AD_A(1)*AA
```

```
!Ärztlicher Dienst Anästhesie

GL29:     SUM(j=1 :30) (OPH_E(j)*ANZ_E(j)+OPH_O(j) &
                       *ANZ_O(j))*x(j)< AD_AN(1)*AAN

!Ärztlicher Dienst Zentrallabor

GL30:     AZ*AHZ_AZ(1)=ML

!Funktionsdienst

!in der Endoskopie
GL31:     SUM(j=1 :30)&
               (OPH_E(j)*OPZ_E(j)*GZ_FOE(j)+L_E1(j)*Z_E1(j)+      &
               L_E2(j)*Z_E2(j))*x(j)< FD_E(1)*FE

!im Operationsdienst
GL32:     SUM(j=1 :30)&
               OPH_O(j)*OPZ_O(j)*GZ_FOO(j)*x(j)< FD_O(1)*FO

!in der Anästhesie
GL33:     SUM(j=1 :30)&
               (OPH_E(j)*ANZ_E(j)*GZ_FAE(j)+         &
               OPH_O(j)*ANZ_O(j)*GZ_FAO(j))*x(j)< FD_A(1)*FA

!in der Ambulanz
GL34:     SUM(j=26:30) Z_FDA(j)*x(j)<FD_AM(1)*FAM


!Hebammen
GL35:     OPZ_O(16)*GZ_FH(16)*x(16)+OPZ_O(18)*GZ_FH(18)*x(18)+ &
          OPZ_O(19)*GZ_FH(19)*x(19)<FD_H(1)*FH


!Personalwesen
GL36:     PW*AHZ_PW(1)-AZ_PER(1)= &
               PP+PD+MRA+AA+AAN+AC+AF+AH+AI+AZ+ &
               FA+FE+FO+FAM+FH+MK+ML+MP


!Geräterestriktionen

!Röntgenabteilung
GL37:     SUM(j=1:30)  L_RO(j)*Z_RO(j)*x(j)<GK_RO(1)

!Laborgerät1
GL38:     SUM(j=1:30)  L_LA1(j)*x(j)<GK_LA1(1)

!Laborgerät2
GL39:     SUM(j=1:30)  (L_LA2(j)+L_LA3(j))*x(j)<GK_LA2(1)

!Laborgerät3
GL40:     SUM(j=1:30)  L_LA4(j)*x(j)<GK_LA3(1)

!Laborgerät4
GL41:     SUM(j=1:30)  L_LA5(j)*x(j)<GK_LA4(1)

!Ultraschallgerät1-Sonographie
GL42:     SUM(j=1:30)  L_UL1(j)*Z_UL1(j)*x(j)<GK_UL1(1)

!Ultraschallgerät2-Aufnahmen und Durchleuchtung
GL43:     SUM(j=1:30)  L_UL2(j)*Z_UL2(j)*x(j)<GK_UL2(1)
```

```
!Raum- und Bettenrestriktion Operationssaal und Neugeborene
!Operationssaal
GL44:    SUM(j=1:30)  (OPH_O(j)*OPZ_O(j)+OPH_E(j)*OPZ_E(j))*x(j)   &
                -(OPH_O(16)*OPZ_O(16)+OPH_E(16)*OPZ_E(16))*x(16) &
                -(OPH_O(18)*OPZ_O(18)+OPH_E(18)*OPZ_E(18))*x(18) &
                -(OPH_O(19)*OPZ_O(19)+OPH_E(19)*OPZ_E(19))*x(19)<KAP_O(1)

!Neugeborene
GL45:    PGN(1)*VD_N(1)*x(16)+PGN(1)*VD_N(1)*x(18)   &
         +PGN(1)*VD_N(1)*x(19)<KAP_N(1)

!Kreißsaal
GL46:    OPZ_O(16)*x(16)+OPZ_O(18)*x(18)+OPZ_O(19)*x(19)<KAP_K(1)

!Zielfunktion:Maximierung des Überschusses

ZIELF:   SUM(j=1:30)                                        &
         (FPP(j)*PWP(1)+FPS(j)*PWS(1)                       &
         -UNTK(j)-OPANK(j)-VERP1(j)-VERP2(j)) *x(j)         &
         -VERPN(1)*x(16) -VERPN(1)*x(18) -VERPN(1)*x(19)    &
-PK_MR(1)*MR-PK_MS(1)*MS-PK_MU(1)*MU-PK_ML(1)*ML-PK_MK(1)*MK   &
-PK_MP(1)*MP-PK_FE(1)*FE-PK_FA(1)*FA-PK_FO(1)*FO-PK_FAM(1)*FAM &
-PK_AI(1)*AI-PK_AC(1)*AC-PK_AH(1)*AH-PK_AF(1)*AF-PK_AA(1)*AA   &
-PK_PI(1)*PI-PK_PC(1)*PC-PK_PH(1)*PH-PK_PF(1)*PF-PK_PA(1)*PA   &
-PK_PIN(1)*PIN-PK_PN(1)*PN- PK_FH(1)*FH                        &
-PK_AAN(1)*AAN-PK_PD(1)*PD-PK_PW(1)*PW-PK_AZ(1)*AZ            &
-FK_PER(1)-FK_L(1)-FK_R(1)-FK_E(1)-FK_KD(1)           &
-FK_AN(1)-FK_P(1)-FK_O(1)-FK_K(1)                     &
-FK_I(1)-FK_C(1)-FK_H(1)                              &
-FK_F(1)-FK_A(1)-FK_IN(1)  $

BOUNDS
x (j=26:30)              .UI. 10000
AA                       .UI. 10000
AAN                      .UI. 10000
AC                       .UI. 10000
AF                       .UI. 10000
AH                       .UI. 10000
AI                       .UI. 10000
!AZ                      .UI. 10000
FA                       .UI. 10000
FE                       .UI. 10000
FO                       .UI. 10000
FAM                      .UI. 10000
FH                       .UI. 10000
ML                       .UI. 10000
MK                       .UI. 10000
MP                       .UI. 10000
!MR                      .UI. 10000
MRA                      .UI. 10000
!MS                      .UI. 10000
!MU                      .UI. 10000
PA                       .UI. 10000
PC                       .UI. 10000
!PD                      .UI. 10000
PF                       .UI. 10000
PH                       .UI. 10000
PI                       .UI. 10000
PIN                      .UI. 10000
PN                       .UI. 10000
!PP                      .UI. 10000
PTI                      .UI. 100000
!PW                      .UI. 10000
Generate
```

Abbildung A6: Generierte Datei des Problems K10 von XPRESS-MP (Format *.mat)

In der generierten *.mat-Datei eines Programms werden alle Informationen und Daten des Modells erfaßt und umstrukturiert.

♦ Im ersten Bereich Rows sind die Restriktionen mit Namen aufgeführt, wobei Angaben gemacht werden, ob es sich hierbei um eine Nebenbedingung mit der Relation „Lower than" (≤) / „Equal to" (=) / „Grater than"(≥) zur RHS oder die Zielfunktion „N" handelt.

♦ Im zweiten Bereich Columns ist jeder Koeffizient aufgezählt, der den Variablen in der betreffenden Restriktion zugeordnet wird. So ist beispielsweise der zu x_1 gehörige Koeffizient in der Gleichung 1 (GL1) gleich 9.

♦ Der dritte Bereich RHS zeigt die Werte der rechten Seite zu den entsprechenden Nebenbedingungen.

♦ Im vierten und letzten Bereich Bounds werden die Binär- und ganzzahligen Variablen mit ihren festgesetzten Obergrenzen aufgeführt.

Mit der Datei des Formats *.mat hat man nach erfolgreichem Einlesen eine sehr gute Möglichkeit der Kontrolle zur Verfügung.

```
NAME        K10
ROWS
   L   GL1
   L   GL2
   L   GL3
   L   GL4
   L   GL5
   L   GL6
   L   GL7
   L   GL8
   L   GL9
   E   GL10
   L   GL11
   L   GL12
   L   GL13
   L   GL14
   L   GL15
   L   GL16
   L   GL17
   L   GL18
   E   GL19
   L   GL20
   L   GL21
   E   GL22
   E   GL23
   L   GL24
   L   GL25
   L   GL26
   L   GL27
```

```
L   GL28
L   GL29
E   GL30
L   GL31
L   GL32
L   GL33
L   GL34
L   GL35
E   GL36
L   GL37
L   GL38
L   GL39
L   GL40
L   GL41
L   GL42
L   GL43
L   GL44
L   GL45
L   GL46
N   ZIELF
COLUMNS
    x    01    GL1        9.000000     GL6          1.200597
    x    01    GL7      168.000000     GL9         64.000000
    x    01    GL11     105.000000     GL12        40.000000
    x    01    GL13     140.000000     GL14      1388.944749
    x    01    GL19       1.200597     GL24       325.884520
    x    01    GL29      57.939273     GL32       179.611747
    x    01    GL33      69.527128     GL37       168.000000
    x    01    GL38       2.000000     GL39         1.000000
    x    01    GL40       2.000000     GL41         1.000000
    x    01    GL42      50.000000     GL43        14.000000
    x    01    GL44      57.939273     ZIELF     9237.774387
    x    02    GL1       17.151771     GL6           .505902
    x    02    GL7       84.000000     GL11       210.000000
    x    02    GL12      20.000000     GL13        40.000000
    x    02    GL14    1601.807757     GL19          .505902
    x    02    GL24     333.258010     GL29        16.188870
    x    02    GL31      53.000000     GL32        50.185497
    x    02    GL33      32.377740     GL37        84.000000
    x    02    GL38       3.000000     GL39         3.000000
    x    02    GL40       3.000000     GL41         3.000000
    x    02    GL44      16.188870     ZIELF    10632.00132
    x    03    GL1       11.276382     GL6           .552764
    x    03    GL9       39.000000     GL11       100.000000
    x    03    GL12      50.000000     GL13        90.000000
    x    03    GL14    1257.104271     GL19          .552764
    x    03    GL24     327.402010     GL29        55.778894
    x    03    GL31     141.000000     GL32       172.914573
    x    03    GL33     111.557789     GL38         2.000000
    x    03    GL39       2.000000     GL40         1.000000
    x    03    GL41       1.000000     GL42        25.000000
    x    03    GL43      14.000000     GL44        55.778894
    x    03    ZIELF  12692.68453
    x    04    GL1       14.000000     GL9         32.000000
    x    04    GL11     300.000000     GL12        80.000000
    x    04    GL14    2354.000000     GL24       235.590133
    x    04    GL29       2.277040     GL31        88.000000
    x    04    GL32      16.698292     GL33         2.277040
    x    04    GL38       2.000000     GL39         2.000000
    x    04    GL40       2.000000     GL41        10.000000
    x    04    GL42      25.000000     GL43         7.000000
    x    04    GL44       7.590133     ZIELF      446.467062
    x    05    GL1       19.897281     GL6           .205438
    x    05    GL9       32.000000     GL11       170.000000
```

x	05	GL12	70.000000	GL13	130.000000
x	05	GL14	3368.096677	GL19	.205438
x	05	GL24	300.821752	GL38	3.000000
x	05	GL39	3.000000	GL40	3.000000
x	05	GL41	1.000000	GL42	25.000000
x	05	GL43	7.000000	ZIELF	7735.549494
x	06	GL2	8.507599	GL6	.054711
x	06	GL7	10.000000	GL11	65.000000
x	06	GL12	10.000000	GL15	996.267477
x	06	GL19	.054711	GL25	282.641337
x	06	GL29	77.507599	GL32	238.723404
x	06	GL33	77.507599	GL37	10.000000
x	06	GL38	1.000000	GL39	2.000000
x	06	GL40	1.000000	GL44	108.510638
x	06	ZIELF	2645.655698		
x	07	GL2	4.992952	GL6	.007048
x	07	GL7	10.000000	GL11	20.000000
x	07	GL12	10.000000	GL15	683.527753
x	07	GL19	.007048	GL25	84.992952
x	07	GL37	10.000000	GL40	1.000000
x	07	ZIELF	1690.603859		
x	08	GL2	10.730769	GL6	.269231
x	08	GL7	10.000000	GL9	57.000000
x	08	GL11	85.000000	GL12	80.000000
x	08	GL15	1874.974359	GL19	.269231
x	08	GL25	284.405983	GL29	77.777778
x	08	GL31	161.000000	GL32	250.085470
x	08	GL33	77.777778	GL37	10.000000
x	08	GL38	1.000000	GL39	2.000000
x	08	GL40	2.000000	GL42	50.000000
x	08	GL43	7.000000	GL44	113.675214
x	08	ZIELF	4037.125253		
x	09	GL2	7.840708	GL6	.159292
x	09	GL9	27.000000	GL11	65.000000
x	09	GL12	10.000000	GL15	914.185841
x	09	GL19	.159292	GL25	224.743363
x	09	GL29	55.929204	GL32	176.876106
x	09	GL33	55.929204	GL38	1.000000
x	09	GL39	2.000000	GL40	1.000000
x	09	GL42	20.000000	GL43	7.000000
x	09	GL44	76.902655	ZIELF	3010.990579
x	10	GL2	7.900000	GL6	.050000
x	10	GL7	10.000000	GL11	35.000000
x	10	GL12	10.000000	GL15	938.150000
x	10	GL19	.050000	GL25	292.400000
x	10	GL29	97.500000	GL32	297.000000
x	10	GL33	97.500000	GL37	10.000000
x	10	GL38	1.000000	GL40	1.000000
x	10	GL44	135.000000	ZIELF	2471.219333
x	11	GL3	8.980198	GL6	.019802
x	11	GL11	55.000000	GL12	50.000000
x	11	GL16	1066.495050	GL19	.019802
x	11	GL26	215.118812	GL29	38.448845
x	11	GL32	115.346535	GL33	38.448845
x	11	GL38	1.000000	GL40	2.000000
x	11	GL44	46.138614	ZIELF	1754.827828
x	12	GL3	7.981132	GL6	.009434
x	12	GL7	10.000000	GL11	35.000000
x	12	GL12	20.000000	GL16	999.830189
x	12	GL19	.009434	GL26	235.811321
x	12	GL29	33.962264	GL32	156.226415
x	12	GL33	33.962264	GL37	10.000000
x	12	GL38	1.000000	GL40	1.000000
x	12	GL44	67.924528	ZIELF	2365.733307

```
x    13   GL3         7.984848   GL6          .015152
x    13   GL11       35.000000   GL12       10.000000
x    13   GL16     1029.909091   GL19         .015152
x    13   GL26      137.984848   GL38        1.000000
x    13   GL40        1.000000   ZIELF    4191.364462
x    14   GL3         4.008850   GL6          .008850
x    14   GL7        10.000000   GL9         17.000000
x    14   GL11       35.000000   GL12        40.000000
x    14   GL16      552.814159   GL19         .008850
x    14   GL26       74.185841   GL31        53.000000
x    14   GL37       10.000000   GL38         1.000000
x    14   GL40        1.000000   GL42        10.000000
x    14   GL43        7.000000   ZIELF     1868.074768
x    15   GL3         5.980769   GL6          .019231
x    15   GL11       35.000000   GL12        20.000000
x    15   GL16      626.423077   GL19         .019231
x    15   GL26      185.980769   GL29        22.500000
x    15   GL32      103.500000   GL33        22.500000
x    15   GL38        1.000000   GL40         1.000000
x    15   GL44       45.000000   ZIELF     1404.570582
x    16   GL4         7.979695   GL6          .010152
x    16   GL9        37.000000   GL11        35.000000
x    16   GL13       80.000000   GL17       887.604061
x    16   GL19         .010152   GL21       329.340000
x    16   GL27      241.878173   GL35       480.000000
x    16   GL38        1.000000   GL40         1.000000
x    16   GL42       30.000000   GL43         7.000000
x    16   GL44         .000000   GL45         2.994000
x    16   GL46      480.000000   ZIELF     2056.816257
x    17   GL4         9.957447   GL6          .053191
x    17   GL7        20.000000   GL8         90.000000
x    17   GL9        24.000000   GL11        55.000000
x    17   GL12       40.000000   GL17      1478.223404
x    17   GL19         .053191   GL27       258.085106
x    17   GL29       53.234043   GL32       149.646809
x    17   GL33       53.234043   GL37        20.000000
x    17   GL38        1.000000   GL40         2.000000
x    17   GL42       10.000000   GL43        14.000000
x    17   GL44       68.021277   ZIELF     5145.194899
x    18   GL4         6.979839   GL6          .020161
x    18   GL11       35.000000   GL17      1057.483871
x    18   GL19         .020161   GL21       329.340000
x    18   GL27      223.479839   GL29       200.000000
x    18   GL32      153.000000   GL33       200.000000
x    18   GL35      450.000000   GL38         1.000000
x    18   GL40        1.000000   GL44         .000000
x    18   GL45        2.994000   GL46       450.000000
x    18   ZIELF    2466.612174
x    19   GL4         9.984375   GL6          .015625
x    19   GL11       35.000000   GL12        30.000000
x    19   GL13       75.000000   GL17      1108.312500
x    19   GL19         .015625   GL21       329.340000
x    19   GL27      309.984375   GL29       120.000000
x    19   GL32      300.000000   GL33       120.000000
x    19   GL35      600.000000   GL38         1.000000
x    19   GL40        1.000000   GL44         .000000
x    19   GL45        2.994000   GL46       600.000000
x    19   ZIELF    4541.833150
x    20   GL4        12.885593   GL6          .114407
x    20   GL9        44.000000   GL11        35.000000
x    20   GL12       40.000000   GL17      1554.245763
x    20   GL19         .114407   GL27       321.190678
x    20   GL29       96.398305   GL31        53.000000
x    20   GL32      341.101695   GL33        96.398305
```

x	20	GL38	1.000000	GL40	1.000000
x	20	GL42	30.000000	GL43	14.000000
x	20	GL44	148.305085	ZIELF	4100.800860
x	21	GL5	8.000000	GL11	35.000000
x	21	GL12	10.000000	GL18	981.000000
x	21	GL28	235.000000	GL29	21.600000
x	21	GL32	158.400000	GL33	21.600000
x	21	GL38	1.000000	GL40	1.000000
x	21	GL44	72.000000	ZIELF	1589.194024
x	22	GL5	8.855000	GL6	.010000
x	22	GL11	35.000000	GL12	10.000000
x	22	GL18	1153.490000	GL19	.010000
x	22	GL28	127.505000	GL38	1.000000
x	22	GL40	1.000000	ZIELF	3588.263246
x	23	GL5	9.000000	GL11	35.000000
x	23	GL12	10.000000	GL18	982.000000
x	23	GL28	179.000000	GL38	1.000000
x	23	GL40	1.000000	ZIELF	3355.650203
x	24	GL5	8.000000	GL11	55.000000
x	24	GL12	10.000000	GL18	956.000000
x	24	GL28	158.000000	GL38	1.000000
x	24	GL40	2.000000	ZIELF	3007.453890
x	25	GL5	5.000000	GL11	35.000000
x	25	GL12	10.000000	GL18	618.000000
x	25	GL28	105.000000	GL38	1.000000
x	25	GL40	1.000000	ZIELF	1912.439105
x	26	GL7	10.000000	GL11	65.000000
x	26	GL12	40.000000	GL25	115.000000
x	26	GL29	15.000000	GL32	220.000000
x	26	GL33	15.000000	GL34	10.000000
x	26	GL37	10.000000	GL38	1.000000
x	26	GL39	2.000000	GL40	1.000000
x	26	GL44	100.000000	ZIELF	-1.810120
x	27	GL9	27.000000	GL11	65.000000
x	27	GL12	10.000000	GL25	95.000000
x	27	GL29	15.000000	GL32	184.000000
x	27	GL33	15.000000	GL34	25.000000
x	27	GL38	1.000000	GL39	2.000000
x	27	GL40	1.000000	GL42	20.000000
x	27	GL43	7.000000	GL44	80.000000
x	27	ZIELF	71.145720		
x	28	GL11	35.000000	GL12	10.000000
x	28	GL27	50.000000	GL29	15.000000
x	28	GL31	60.000000	GL33	15.000000
x	28	GL34	20.000000	GL38	1.000000
x	28	GL40	1.000000	GL44	30.000000
x	28	ZIELF	123.625720		
x	29	GL11	35.000000	GL12	10.000000
x	29	GL28	120.000000	GL29	15.000000
x	29	GL32	220.000000	GL33	15.000000
x	29	GL34	15.000000	GL38	1.000000
x	29	GL40	1.000000	GL44	100.000000
x	29	ZIELF	305.572920		
x	30	GL11	35.000000	GL12	10.000000
x	30	GL26	80.000000	GL29	15.000000
x	30	GL32	150.000000	GL33	15.000000
x	30	GL34	20.000000	GL38	1.000000
x	30	GL40	1.000000	GL44	60.000000
x	30	ZIELF	16.052560		
AA		GL28	-67200.00000	GL36	-1.000000
AA		ZIELF	-147120.0000		
AAN		GL29	-68473.00000	GL36	-1.000000
AAN		ZIELF	-147120.0000		
AC		GL25	-68040.00000	GL36	-1.000000

```
    AC      ZIELF      -147120.0000
    AF      GL27       -68880.00000   GL36      -1.000000
    AF      ZIELF      -147120.0000
    AH      GL26       -67616.00000   GL36      -1.000000
    AH      ZIELF      -147120.0000
    AI      GL24       -66797.00000   GL36      -1.000000
    AI      ZIELF      -147120.0000
    AZ      GL30         10.000000    GL36      -1.000000
    AZ      ZIELF      -147120.0000
    FA      GL33       -63000.00000   GL36      -1.000000
    FA      ZIELF      -77180.00000
    FE      GL31       -63840.00000   GL36      -1.000000
    FE      ZIELF      -77180.00000
    FO      GL32       -64277.00000   GL36      -1.000000
    FO      ZIELF      -77180.00000
    FAM     GL34       -63000.00000   GL36      -1.000000
    FAM     ZIELF      -77180.00000
    FH      GL35       -63840.00000   GL36      -1.000000
    FH      ZIELF      -77180.00000
    ML      GL11       -66797.00000   GL30      -1.000000
    ML      GL36          -1.000000   ZIELF   -68970.00000
    MK      GL12       -66339.00000   GL36      -1.000000
    MK      ZIELF      -68970.00000
    MP      GL13       -66360.00000   GL36      -1.000000
    MP      ZIELF      -68970.00000
    MR      GL7        -66520.00000   GL10       1.000000
    MR      ZIELF      -68970.00000
    MRA     GL10          -1.000000   GL36      -1.000000
    MS      GL8        -65974.00000   GL10       1.000000
    MS      ZIELF      -68970.00000
    MU      GL9        -66759.00000   GL10       1.000000
    MU      ZIELF      -68970.00000
    PA      GL18       -66366.00000   GL22       1.000000
    PA      ZIELF      -72870.00000
    PC      GL15       -65507.00000   GL22       1.000000
    PC      ZIELF      -72870.00000
    PD      GL23        100.000000    GL36      -1.000000
    PD      ZIELF      -72870.00000
    PF      GL17       -64260.00000   GL22       1.000000
    PF      ZIELF      -72870.00000
    PH      GL16       -64676.00000   GL22       1.000000
    PH      ZIELF      -72870.00000
    PI      GL14       -65510.00000   GL22       1.000000
    PI      ZIELF      -72870.00000
    PIN     GL20       -65957.00000   GL22       1.000000
    PIN     ZIELF      -72870.00000
    PN      GL21       -65510.00000   GL22       1.000000
    PN      ZIELF      -72870.00000
    PP      GL22          -1.000000   GL23      -1.000000
    PP      GL36          -1.000000
    PTI     GL19          -1.000000   GL20     475.000000
    PW      GL36        133.000000    ZIELF   -69340.00000
RHS
        RHS00001  GL1      57670.00000   GL2     34675.00000
        RHS00001  GL3       6935.00000   GL4     45260.00000
        RHS00001  GL5       5110.000000  GL6      5840.000000
        RHS00001  GL36       107.000000  GL37   630000.0000
        RHS00001  GL38     87500.00000   GL39    35000.00000
        RHS00001  GL40    175000.0000    GL41   140000.0000
        RHS00001  GL42    420000.0000    GL43   210000.0000
        RHS00001  GL44    675000.0000    GL45    12410.00000
        RHS00001  GL46   2102400.000     ZIELF 30228488.99
BOUNDS
 UI BOUND001  x    26    10000.00000
```

```
UI  BOUND001  x    27   10000.00000
UI  BOUND001  x    28   10000.00000
UI  BOUND001  x    29   10000.00000
UI  BOUND001  x    30   10000.00000
UI  BOUND001  AA        10000.00000
UI  BOUND001  AAN       10000.00000
UI  BOUND001  AC        10000.00000
UI  BOUND001  AF        10000.00000
UI  BOUND001  AH        10000.00000
UI  BOUND001  AI        10000.00000
UI  BOUND001  FA        10000.00000
UI  BOUND001  FE        10000.00000
UI  BOUND001  FO        10000.00000
UI  BOUND001  FAM       10000.00000
UI  BOUND001  FH        10000.00000
UI  BOUND001  ML        10000.00000
UI  BOUND001  MK        10000.00000
UI  BOUND001  MP        10000.00000
UI  BOUND001  MRA       10000.00000
UI  BOUND001  PA        10000.00000
UI  BOUND001  PC        10000.00000
UI  BOUND001  PF        10000.00000
UI  BOUND001  PH        10000.00000
UI  BOUND001  PI        10000.00000
UI  BOUND001  PIN       10000.00000
UI  BOUND001  PN        10000.00000
UI  BOUND001  PTI       100000.0000
ENDATA
```

Abbildung A7: Gesamtes Lösungsprotokoll des LP-Problems K10

```
Problem Statistics
Matrix K10
Objective ZIELF
RHS RHS00001
Problem has    47 rows and    60 structural columns


Solution Statistics
Maximisation performed
Optimal solution found after    1 iterations
Objective function value is   34971366.41
```

Rows Section

Number	Row	At	Value	Slack Value	Dual Value	RHS
L	1	GL1	BS	57514.64132	155.358676	.000000	57670.00000
L	2	GL2	BS	34646.79735	28.202651	.000000	34675.00000
L	3	GL3	UL	6935.000000	.000000	531.989239	6935.000000
L	4	GL4	BS	45017.56393	242.436066	.000000	45260.00000
L	5	GL5	BS	4609.645074	500.354926	.000000	5110.000000
L	6	GL6	BS	3152.000000	2688.000000	.000000	5840.000000
L	7	GL7	UL	.000000	.000000	.000000	.000000
L	8	GL8	BS	-52502.05215	52502.05215	.000000	.000000
L	9	GL9	UL	.000000	.000000	.000000	.000000
E	10	GL10	EQ	.000000	.000000	-68970.00000	.000000
L	11	GL11	BS	-50242.03706	50242.03706	.000000	.000000
L	12	GL12	BS	-12522.72039	12522.72039	.000000	.000000
L	13	GL13	BS	-5450.981547	5450.981547	.000000	.000000
L	14	GL14	BS	-8019.954356	8019.954356	.000000	.000000
L	15	GL15	UL	.000000	.000000	2.511792	.000000
L	16	GL16	BS	-10967.38014	10967.38014	.000000	.000000
L	17	GL17	UL	.000000	.000000	2.777213	.000000
L	18	GL18	UL	.000000	.000000	2.720862	.000000
E	19	GL19	EQ	.000000	.000000	-3728.138054	.000000
L	20	GL20	BS	-19811.00000	19811.00000	.000000	.000000
L	21	GL21	BS	.000000	.000000	.000000	.000000
E	22	GL22	EQ	.000000	.000000	1255.266917	.000000
E	23	GL23	EQ	.000000	.000000	-733.913534	.000000
L	24	GL24	UL	.000000	.000000	37.089823	.000000
L	25	GL25	BS	-7335.850410	7335.850410	.000000	.000000
L	26	GL26	BS	-15389.40301	15389.40301	.000000	.000000
L	27	GL27	BS	-4158.634161	4158.634161	.000000	.000000
L	28	GL28	UL	.000000	.000000	3.819909	.000000
L	29	GL29	BS	-13267.85335	13267.85335	.000000	.000000
E	30	GL30	EQ	.000000	.000000	-14764.13534	.000000
L	31	GL31	BS	-46963.14821	46963.14821	.000000	.000000
L	32	GL32	BS	-18868.17992	18868.17992	.000000	.000000
L	33	GL33	UL	.000000	.000000	23.397582	.000000
L	34	GL34	BS	.000000	.000000	.000000	.000000
L	35	GL35	BS	.000000	.000000	.000000	.000000
E	36	GL36	EQ	107.000000	.000000	-521.353383	107.000000
L	37	GL37	BS	157258.1568	472741.8432	.000000	630000.0000
L	38	GL38	BS	16277.91827	71222.08173	.000000	87500.00000
L	39	GL39	BS	10534.72713	24465.27287	.000000	35000.00000
L	40	GL40	BS	22375.62842	152624.3716	.000000	175000.0000
L	41	GL41	BS	5100.535673	134899.4643	.000000	140000.0000
L	42	GL42	BS	176074.4610	243925.5390	.000000	420000.0000
L	43	GL43	BS	135870.6754	74129.32462	.000000	210000.0000
L	44	GL44	BS	604872.4722	70127.52778	.000000	675000.0000
L	45	GL45	BS	.000000	12410.00000	.000000	12410.00000
L	46	GL46	BS	.000000	2102400.000	.000000	2102400.000
N	47	ZIELF	BS	65199855.40	-34971366.41	.000000	30228488.99

```
Columns Section
Number    Column    At      Value        Input Cost      Reduced Cost
C    48   x    01   BS       .416157     9237.774387       .000000
C    49   x    02   LL       .000000    10632.00132     599.967508
C    50   x    03   BS     5100.119516  12692.68453       .000000
C    51   x    04   LL       .000000     446.467062     8344.806422
C    52   x    05   LL       .000000    7735.549494     2655.974715
C    53   x    06   LL       .000000    2645.655698     1466.281583
C    54   x    07   BS     6676.835080  1690.603859       .000000
C    55   x    08   LL       .000000    4037.125253     1488.502606
C    56   x    09   BS      167.035972  3010.990579       .000000
C    57   x    10   LL       .000000    2471.219333     1980.076020
C    58   x    11   LL       .000000    1754.827828     3848.326294
C    59   x    12   LL       .000000    2365.733307     2639.606642
C    60   x    13   BS      868.519977  4191.364462       .000000
C    61   x    14   LL       .000000    1868.074768     231.596270
C    62   x    15   LL       .000000    1404.570582     2231.883944
C    63   x    16   LL       .000000    2056.816257     365.963354
C    64   x    17   BS     4520.994582  5145.194899       .000000
C    65   x    18   LL       .000000    2466.612174     5069.312000
C    66   x    19   LL       .000000    4541.833150     1280.103073
C    67   x    20   LL       .000000    4100.800860     2036.861895
C    68   x    21   LL       .000000    1589.194024     2483.037990
C    69   x    22   BS      503.603356  3588.263246       .000000
C    70   x    23   BS       16.693040  3355.650203       .000000
C    71   x    24   LL       .000000    3007.453890     197.235814
C    72   x    25   LL       .000000    1912.439105     170.144062
C    73   x    26   LL       .000000      -1.810120     352.773854
C    74   x    27   LL       .000000      71.145720     279.818014
C    75   x    28   LL       .000000     123.625720     227.338014
C    76   x    29   LL       .000000     305.572920     503.779877
C    77   x    30   LL       .000000      16.052560     334.911174
C    78   AA        UL      1.000000   -147120.0000   -109056.5219
C    79   AAN       LL      8.000000   -147120.0000    147641.3534
C    80   AC        LL      9.000000   -147120.0000    147641.3534
C    81   AF        LL     17.000000   -147120.0000    147641.3534
C    82   AH        LL      2.000000   -147120.0000    147641.3534
C    83   AI        UL     25.000000   -147120.0000   -2329847.531
C    84   AZ        BS      1.500000   -147120.0000       .000000
C    85   FA        UL     13.000000    -77180.00000  -1396346.328
C    86   FE        LL     12.000000    -77180.00000   77701.35338
C    87   FO        LL     25.000000    -77180.00000   77701.35338
C    88   FAM       LL       .000000    -77180.00000   77701.35338
C    89   FH        LL       .000000    -77180.00000   77701.35338
C    90   ML        LL     15.000000    -68970.00000   84255.48872
C    91   MK        LL      8.000000    -68970.00000   69491.35338
C    92   MP        LL      7.000000    -68970.00000   69491.35338
C    93   MR        BS      2.364073    -68970.00000       .000000
C    94   MRA       LL     14.000000       .000000     69491.35338
C    95   MS        BS      6.963221    -68970.00000       .000000
C    96   MU        BS      4.672705    -68970.00000       .000000
C    97   PA        UL      9.000000    -72870.00000  -106447.4628
C    98   PC        UL     72.000000    -72870.00000   -90414.71408
C    99   PD        BS      3.200000    -72870.00000       .000000
C   100   PF        UL    104.000000    -72870.00000  -104017.1515
C   101   PH        LL     14.000000    -72870.00000   74125.26692
C   102   PI        LL     98.000000    -72870.00000   74125.26692
C   103   PIN       LL     23.000000    -72870.00000   74125.26692
C   104   PN        LL       .000000    -72870.00000   74125.26692
C   105   PP        BS    320.000000       .000000         .000000
C   106   PTI       LL   3152.000000       .000000     3728.138054
C   107   PW        BS      4.418797    -69340.00000       .000000
```

Zusammenhang zwischen ambulant operierten und stationär behandelten Patienten

Bis auf die EBM-Nr.1150 kann jeder ambulanten Fallklasse eine stationäre Fallklasse zugeordnet werden. Ein Vergleich der Tabellen 2 und 3 zeigt die zusammengehörenden Fallklassen: ICD550-EBM2620; ICD540-EBM2700; ICD474-EBM1477; ICD366-EBM1352.

Den ambulanten Behandlungen kommt im Krankenhaus bisher wenig Bedeutung zu, da von den Krankenkassen meist ein Pauschalentgelt für ambulante Patienten entrichtet wird. Des weiteren wird von Seiten der Krankenhäusern oftmals versucht, das ambulante Operieren zu umgehen, und die Patienten zur Behandlung auf die Station aufzunehmen. Aufgrund dessen liegen großteils in den Krankenhäusern keine Statistiken über ihre ambulanten Behandlungsfälle vor.

So basieren die folgenden im Modell eingesetzten prozentualen Anteile auf „Schätzwerten", die von Seiten eines Krankenhauses gegeben wurden.

ICD550-EBM2620:   9% dieser Operationen werden ambulant durchgeführt

ICD540-EBM2700:   5%   -"-

ICD474-EBM1477:   57%   -"-

ICD366-EBM1352:   9%   -"-

Für die Fallklasse 28 (EBM1150) liegen keine direkten Vergleichsfälle vor. Daher wird ein fiktiver Bezug zu der Fallklasse 16 (ICD650) mit 6% hergestellt.

Abbildung A8: Darstellung der relevanten Bereiche der Modellmodifikation K11

```
                                                      !K11.MOD
!Modell mit Krankenhaus 1
!400  Betten
!OHNE Bettenverschiebung innerhalb der 5%-Grenze
!OHNE Beschränkung der Bettenkapazität bei Bettenverschiebung
!OHNE Bettenverschiebung ohne Grenze
!OHNE Abteilungsschließungsmöglichkeiten
!MIT  Regionalversorgungssischerung
!MIT  Ganzzahligkeit


VARIABLES
x   (30)              !Anzahl der Patienten in Krankenhaus 1 von Fallklasse j
...


TABLES
V_EZG   (25)
P_AMB   (30)
...

CONNECT EXCEL
DISKDATA -C
! Daten für Krankenhaus 1
V_EZG   =       kh_1.xls (V_EZG)
P_AMB   =       kh_1.xls (P_AMB)
H_IB    =       kh_1.xls (H_IB)
...
DISCONNECT

ASSIGN

CONSTRAINTS

!Regionalversorgung: Versorgung des Einzugsgebiets von Krankenhaus1
R1(j=1:25):      x(j)  >V_EZG(j)

!Regionalversorgung ambulante Fälle / in Abhängigkeit von stationär
!behandelten Patienten
R26:    x(26)>P_AMB(26)*x(6)
R27:    x(27)>P_AMB(27)*x(9)
R28:    x(28)>P_AMB(28)*x(16)
R29:    x(29)>P_AMB(29)*x(20)
R30:    x(30)>P_AMB(30)*x(11)

!Verweildauern/Bettenkapazität

GL1:    SUM(j=1 :5 ) (H_IB(j)*VD_MIN(j)+H_OIB(j)*VD_OIN(j))&
                     *x(j)< BKAP_I(1)*PZ(1)
...

BOUNDS
x (j=26:30)             .UI. 10000
AA                      .UI. 10000
...

Generate
```

Abbildung A9: Gesamtes Lösungsprotokoll des LP-Problems K11

```
Problem Statistics
Matrix K11
Objective ZIELF
RHS RHS00001
Problem has        77 rows and        60 structural columns


Solution Statistics
Maximisation performed
Optimal solution found after        1 iterations
Objective function value is    1796503.999
```

Rows Section

	Number	Row	At	Value	Slack Value	Dual Value	RHS
G	1	R1	01 LL	2009.000000	.000000	-2717.296301	2009.000000
G	2	R1	02 LL	593.000000	.000000	-7869.411022	593.000000
G	3	R1	03 BS	1370.475015	574.475015	.000000	796.000000
G	4	R1	04 LL	527.000000	.000000	-13662.98873	527.000000
G	5	R1	05 LL	331.000000	.000000	-12810.90517	331.000000
G	6	R1	06 LL	658.000000	.000000	-337.601467	658.000000
G	7	R1	07 BS	2979.553152	1844.553152	.000000	1135.000000
G	8	R1	08 LL	468.000000	.000000	-206.785607	468.000000
G	9	R1	09 BS	686.957619	121.957619	.000000	565.000000
G	10	R1	10 LL	480.000000	.000000	-297.047517	480.000000
G	11	R1	11 LL	303.000000	.000000	-2965.645007	303.000000
G	12	R1	12 LL	106.000000	.000000	-1809.958724	106.000000
G	13	R1	13 BS	326.117664	260.117664	.000000	66.000000
G	14	R1	14 LL	113.000000	.000000	-239.215894	113.000000
G	15	R1	15 LL	52.000000	.000000	-1753.761379	52.000000
G	16	R1	16 LL	2364.000000	.000000	-1988.411448	2364.000000
G	17	R1	17 BS	1676.935958	1206.935958	.000000	470.000000
G	18	R1	18 LL	496.000000	.000000	-1098.853658	496.000000
G	19	R1	19 LL	320.000000	.000000	-526.669495	320.000000
G	20	R1	20 LL	236.000000	.000000	-2666.923279	236.000000
G	21	R1	21 LL	350.000000	.000000	-4979.924485	350.000000
G	22	R1	22 BS	188.627897	148.627897	.000000	40.000000
G	23	R1	23 LL	23.000000	.000000	-1648.061342	23.000000
G	24	R1	24 LL	24.000000	.000000	-1409.230044	24.000000
G	25	R1	25 LL	38.000000	.000000	-1022.698952	38.000000
G	26	R26	BS	.780000	.780000	.000000	.000000
G	27	R27	BS	.652119	.652119	.000000	.000000
G	28	R28	BS	10.160000	10.160000	.000000	.000000
G	29	R29	BS	.480000	.480000	.000000	.000000
G	30	R30	BS	.730000	.730000	.000000	.000000
L	31	GL1	UL	57670.00000	.000000	1007.818271	57670.00000
L	32	GL2	UL	34675.00000	.000000	335.206395	34675.00000
L	33	GL3	UL	6935.000000	.000000	520.355347	6935.000000
L	34	GL4	UL	45260.00000	.000000	503.883322	45260.00000
L	35	GL5	BS	5059.300027	50.699973	.000000	5110.000000
L	36	GL6	BS	4025.000000	1815.000000	.000000	5840.000000
L	37	GL7	UL	.000000	.000000	.000000	.000000
L	38	GL8	BS	-47988.97645	47988.97645	.000000	.000000
L	39	GL9	UL	.000000	.000000	.000000	.000000
E	40	GL10	EQ	.000000	.000000	-68970.00000	.000000
L	41	GL11	BS	-22997.61793	22997.61793	.000000	.000000
L	42	GL12	BS	-28469.24762	28469.24762	.000000	.000000
L	43	GL13	BS	-45487.24869	45487.24869	.000000	.000000
L	44	GL14	BS	-42710.00512	42710.00512	.000000	.000000
L	45	GL15	BS	-3038.800856	3038.800856	.000000	.000000
L	46	GL16	BS	-45420.45310	45420.45310	.000000	.000000
L	47	GL17	BS	-24504.01902	24504.01902	.000000	.000000
L	48	GL18	BS	-33715.60715	33715.60715	.000000	.000000
E	49	GL19	EQ	.000000	.000000	2402.726519	.000000
L	50	GL20	BS	-878.000000	878.000000	.000000	.000000
L	51	GL21	BS	-858.800000	858.800000	.000000	.000000
E	52	GL22	EQ	.000000	.000000	1255.266917	.000000

E	53	GL23	EQ	.000000	.000000	-733.913534	.000000
L	54	GL24	BS	-11582.72495	11582.72495	.000000	.000000
L	55	GL25	BS	-7232.816687	7232.816687	.000000	.000000
L	56	GL26	BS	-47377.70364	47377.70364	.000000	.000000
L	57	GL27	BS	-10685.80430	10685.80430	.000000	.000000
L	58	GL28	UL	.000000	.000000	27.953696	.000000
L	59	GL29	BS	-28715.34601	28715.34601	.000000	.000000
E	60	GL30	EQ	.000000	.000000	-14764.13534	.000000
L	61	GL31	BS	-9033.022941	9033.022941	.000000	.000000
L	62	GL32	BS	-20263.39510	20263.39510	.000000	.000000
L	63	GL33	BS	-53661.76346	53661.76346	.000000	.000000
L	64	GL34	BS	-55899.99999	55899.99999	.000000	.000000
L	65	GL35	BS	-46079.99999	46079.99999	.000000	.000000
E	66	GL36	EQ	107.000000	.000000	-521.353383	107.000000
L	67	GL37	BS	469508.2507	160491.7493	.000000	630000.0000
L	68	GL38	BS	19904.58917	67595.41083	.000000	87500.00000
L	69	GL39	BS	12391.86527	22608.13473	.000000	35000.00000
L	70	GL40	BS	23985.60326	151014.3967	.000000	175000.0000
L	71	GL41	BS	10759.47501	129240.5250	.000000	140000.0000
L	72	GL42	BS	289900.3873	130099.6127	.000000	420000.0000
L	73	GL43	BS	105768.4570	104231.5430	.000000	210000.0000
L	74	GL44	BS	674999.7702	.229837	.000000	675000.0000
L	75	GL45	BS	9520.920000	2889.080000	.000000	12410.00000
L	76	GL46	BS	1549920.000	552480.0000	.000000	2102400.000
N	77	ZIELF	BS	32024992.99	-1796503.999	.000000	30228488.99

Columns Section

	Number	Column	At	Value	Input Cost	Reduced Cost
C	78	x	01	BS	2009.000000	9237.774387	.000000
C	79	x	02	BS	593.000000	10632.00132	.000000
C	80	x	03	BS	1370.475015	12692.68453	.000000
C	81	x	04	BS	527.000000	446.467062	.000000
C	82	x	05	BS	331.000000	7735.549494	.000000
C	83	x	06	BS	658.000000	2645.655698	.000000
C	84	x	07	BS	2979.553152	1690.603859	.000000
C	85	x	08	BS	468.000000	4037.125253	.000000
C	86	x	09	BS	686.957619	3010.990579	.000000
C	87	x	10	BS	480.000000	2471.219333	.000000
C	88	x	11	BS	303.000000	1754.827828	.000000
C	89	x	12	BS	106.000000	2365.733307	.000000
C	90	x	13	BS	326.117664	4191.364462	.000000
C	91	x	14	BS	113.000000	1868.074768	.000000
C	92	x	15	BS	52.000000	1404.570582	.000000
C	93	x	16	BS	2364.000000	2056.816257	.000000
C	94	x	17	BS	1676.935958	5145.194899	.000000
C	95	x	18	BS	496.000000	2466.612174	.000000
C	96	x	19	BS	320.000000	4541.833150	.000000
C	97	x	20	BS	236.000000	4100.800860	.000000
C	98	x	21	BS	350.000000	1589.194024	.000000
C	99	x	22	BS	188.627897	3588.263246	.000000
C	100	x	23	BS	23.000000	3355.650203	.000000
C	101	x	24	BS	24.000000	3007.453890	.000000
C	102	x	25	BS	38.000000	1912.439105	.000000
C	103	x	26	LL	60.000000	-1.810120	1.810120
C	104	x	27	UL	35.000000	71.145720	-71.145720
C	105	x	28	UL	152.000000	123.625720	-123.625720
C	106	x	29	LL	135.000000	305.572920	3048.870574
C	107	x	30	UL	28.000000	16.052560	-16.052560
C	108	AA		UL	2.000000	-147120.0000	-1730847.003
C	109	AAN		LL	10.000000	-147120.0000	147641.3534
C	110	AC		LL	13.000000	-147120.0000	147641.3534
C	111	AF		LL	19.000000	-147120.0000	147641.3534
C	112	AH		LL	3.000000	-147120.0000	147641.3534
C	113	AI		LL	23.000000	-147120.0000	147641.3534
C	114	AZ		BS	1.800000	-147120.0000	.000000
C	115	FA		LL	13.000000	-77180.00000	77701.35338
C	116	FE		LL	6.000000	-77180.00000	77701.35338
C	117	FO		LL	29.000000	-77180.00000	77701.35338
C	118	FAM		LL	1.000000	-77180.00000	77701.35338
C	119	FH		LL	25.000000	-77180.00000	77701.35338

```
C   120   ML    LL     18.000000   -68970.00000   84255.48872
C   121   MK    LL      7.000000   -68970.00000   69491.35338
C   122   MP    LL     11.000000   -68970.00000   69491.35338
C   123   MR    BS      7.058152   -68970.00000        .000000
C   124   MRA   LL     16.000000        .000000   69491.35338
C   125   MS    BS      3.015024   -68970.00000        .000000
C   126   MU    BS      5.926824   -68970.00000        .000000
C   127   PA    LL     10.000000   -72870.00000   74125.26692
C   128   PC    LL     71.000000   -72870.00000   74125.26692
C   129   PD    BS      3.510000   -72870.00000        .000000
C   130   PF    LL     91.000000   -72870.00000   74125.26692
C   131   PH    LL     14.000000   -72870.00000   74125.26692
C   132   PI    LL    120.000000   -72870.00000   74125.26692
C   133   PIN   LL     29.000000   -72870.00000   74125.26692
C   134   PN    LL     16.000000   -72870.00000   74125.26692
C   135   PP    BS    351.000000        .000000        .000000
C   136   PTI   UL   4025.000000        .000000   -2402.726519
C   137   PW    BS      4.957218   -69340.00000        .000000
```

Abbildung A10: Darstellung der relevanten Bereiche der Modellmodifikation K12

```
                                                      !K12.MOD
!Modell mit Krankenhaus 1
!400   Betten
!MIT   Bettenverschiebung innerhalb der +/- 5%-Grenze
!OHNE  Beschränkung der Bettenkapazität bei Bettenverschiebung
!OHNE  Bettenverschiebung ohne Grenze
!OHNE  Abteilungsschließungsmöglichkeiten
!MIT   Regionalversorgungssicherung
!MIT   Ganzzahligkeit

VARIABLES
x   (30)           !Anzahl der Patienten in Krankenhaus 1 von Fallklasse j
AA
...


!Bettenverschiebungsvariablen
VBI        !Verschiebbare Betten aus der Abteilung Innere Medizin
VBC
VBH
VBF
VBA
VBIC       !Verschobene Betten aus Innerer Medizin in Chirurgie
VBIH
VBIF
VBIA
VBCI       !Verschobene Betten aus Chirurgie in die Innere Medizin
VBCH
VBCF
VBCA
VBHI       !Verschobene Betten aus HNO in die Innere Medizin
VBHC
VBHF
VBHA
VBFI       !Verschobene Betten aus Frauenheilkunde in die Innere Medizin
VBFC
VBFH
VBFA
```

```
VBAI            !Verschobene Betten aus Augenheilkunde in Innere Medizin
VBAC
VBAH
VBAF


TABLES
V_EZG   (25)
P_AMB   (30)
H_IB    (30)
...

CONNECT EXCEL
DISKDATA -C
! Daten für Krankenhaus 1
V_EZG   =       kh_1.xls (V_EZG)
P_AMB   =       kh_1.xls (P_AMB)
H_IB    =       kh_1.xls (H_IB)
...
DISCONNECT

ASSIGN


CONSTRAINTS

!Regionalversorgung: Versorgung des Einzugsgebiets von Krankenhaus1
R1(j=1:25):     x(j)  >V_EZG(j)

!Regionalversorgung ambulante Fälle / in Abhängigkeit von stationär
!behandelten Patienten
R26:    x(26)>P_AMB(26)*x(6)
R27:    x(27)>P_AMB(27)*x(9)
R28:    x(28)>P_AMB(28)*x(16)
R29:    x(29)>P_AMB(29)*x(20)
R30:    x(30)>P_AMB(30)*x(11)

!Verweildauern/Bettenkapazität

BK1:    VBI=VBIC+VBIH+VBIF+VBIA
BK2:    VBC=VBCI+VBCH+VBCF+VBCA
BK3:    VBH=VBHI+VBHC+VBHF+VBHA
BK4:    VBF=VBFI+VBFC+VBFH+VBFA
BK5:    VBA=VBAI+VBAC+VBAH+VBAF

BK6:    VBI<0.05*BKAP_I(1)
BK7:    VBC<0.05*BKAP_C(1)
BK8:    VBH<0.05*BKAP_H(1)
BK9:    VBF<0.05*BKAP_F(1)
BK10:   VBA<0.05*BKAP_A(1)

BK11:   VBCI+VBHI+VBFI+VBAI<0.05*BKAP_I(1)
BK12:   VBIC+VBHC+VBFC+VBAC<0.05*BKAP_C(1)
BK13:   VBIH+VBCH+VBFH+VBAH<0.05*BKAP_H(1)
BK14:   VBIF+VBCF+VBHF+VBAF<0.05*BKAP_F(1)
BK15:   VBIA+VBCA+VBHA+VBFA<0.05*BKAP_A(1)


!MODIFIKATION der Bettenkapazitätsrestriktionen !!!
GL1:    SUM(j=1 :5 ) (H_IB(j)*VD_MIN(j)+H_OIB(j)*VD_OIN(j))&
                *x(j)< BKAP_I(1)*PZ(1)-VBI*PZ(1)        &
                +VBCI*PZ(1)+VBHI*PZ(1)+VBFI*PZ(1)+VBAI*PZ(1)
```

```
GL2:    SUM(j=6 :10)  (H_IB(j)*VD_MIN(j)+H_OIB(j)*VD_OIN(j))&
                      *x(j)< BKAP_C(1)*PZ(1)-VBC*PZ(1)        &
                      +VBIC*PZ(1)+VBHC*PZ(1)+VBFC*PZ(1)+VBAC*PZ(1)

GL3:    SUM(j=11:15) (H_IB(j)*VD_MIN(j)+H_OIB(j)*VD_OIN(j))&
                      *x(j)< BKAP_H(1)*PZ(1)-VBH*PZ(1)        &
                      +VBIH*PZ(1)+VBCH*PZ(1)+VBFH*PZ(1)+VBAH*PZ(1)

GL4:    SUM(j=16:20) (H_IB(j)*VD_MIN(j)+H_OIB(j)*VD_OIN(j))&
                      *x(j)< BKAP_F(1)*PZ(1)-VBF*PZ(1)        &
                      +VBIF*PZ(1)+VBCF*PZ(1)+VBHF*PZ(1)+VBAF*PZ(1)

GL5:    SUM(j=21:25) (H_IB(j)*VD_MIN(j)+H_OIB(j)*VD_OIN(j))&
                      *x(j)< BKAP_A(1)*PZ(1)-VBA*PZ(1)        &
                      +VBIA*PZ(1)+VBCA*PZ(1)+VBHA*PZ(1)+VBFA*PZ(1)

...

BOUNDS
x  (j=26:30)              .UI. 10000
AA                        .UI. 10000
...

VBIC    .UI.    400
VBIH    .UI.    400
VBIF    .UI.    400
VBIA    .UI.    400

VBCI    .UI.    400
VBCH    .UI.    400
VBCF    .UI.    400
VBCA    .UI.    400

VBHI    .UI.    400
VBHC    .UI.    400
VBHF    .UI.    400
VBHA    .UI.    400

VBFI    .UI.    400
VBFC    .UI.    400
VBFH    .UI.    400
VBFA    .UI.    400

VBAI    .UI.    400
VBAC    .UI.    400
VBAH    .UI.    400
VBAF    .UI.    400

Generate
```

Abbildung A11: Gesamtes Lösungsprotokoll des LP-Problems K12

```
Problem Statistics
Matrix K12
Objective ZIELF
RHS RHS00001
Problem has      92 rows and       85 structural columns

Solution Statistics
Maximisation performed
Optimal solution found after       1 iterations
Objective function value is   3458917.837


Rows Section
    Number     Row    At      Value      Slack Value    Dual Value        RHS
  G     1   R1    01  BS   2009.017391      .017391       .000000    2009.000000
  G     2   R1    02  LL    593.000000      .000000   -8285.240969    593.000000
  G     3   R1    03  BS   1597.040901   801.040901       .000000     796.000000
  G     4   R1    04  LL    527.000000      .000000  -15500.82161     527.000000
  G     5   R1    05  LL    331.000000      .000000  -14508.00657     331.000000
  G     6   R1    06  LL    658.000000      .000000   -1109.694968    658.000000
  G     7   R1    07  BS   2841.073198  1706.073198       .000000    1135.000000
  G     8   R1    08  LL    468.000000      .000000   -1669.207024    468.000000
  G     9   R1    09  BS    722.165660   157.165660       .000000     565.000000
  G    10   R1    10  LL    480.000000      .000000   -1476.479705    480.000000
  G    11   R1    11  LL    303.000000      .000000   -3530.560402    303.000000
  G    12   R1    12  LL    106.000000      .000000   -2678.752309    106.000000
  G    13   R1    13  BS    326.117664   260.117664       .000000      66.000000
  G    14   R1    14  LL    113.000000      .000000    -234.494990    113.000000
  G    15   R1    15  LL     52.000000      .000000   -2285.025859     52.000000
  G    16   R1    16  LL   2364.000000      .000000   -2025.651474   2364.000000
  G    17   R1    17  BS   1453.388786   983.388786       .000000     470.000000
  G    18   R1    18  LL    496.000000      .000000   -1290.276588    496.000000
  G    19   R1    19  LL    320.000000      .000000    -686.495306    320.000000
  G    20   R1    20  LL    236.000000      .000000   -3028.990523    236.000000
  G    21   R1    21  LL    350.000000      .000000   -5947.860029    350.000000
  G    22   R1    22  BS    188.627897   148.627897       .000000      40.000000
  G    23   R1    23  LL     23.000000      .000000   -1701.387368     23.000000
  G    24   R1    24  LL     24.000000      .000000   -1456.299943     24.000000
  G    25   R1    25  LL     38.000000      .000000   -1053.979582     38.000000
  G    26   R26       BS       .780000      .780000       .000000       .000000
  G    27   R27       BS       .891717      .891717       .000000       .000000
  G    28   R28       BS       .160000      .160000       .000000       .000000
  G    29   R29       BS       .480000      .480000       .000000       .000000
  G    30   R30       BS       .730000      .730000       .000000       .000000
  E    31   BK1       EQ       .000000      .000000       .000000       .000000
  E    32   BK2       EQ       .000000      .000000       .000000       .000000
  E    33   BK3       EQ       .000000      .000000       .000000       .000000
  E    34   BK4       EQ       .000000      .000000       .000000       .000000
  E    35   BK5       EQ       .000000      .000000       .000000       .000000
  L    36   BK6       BS       .000000     7.900000       .000000      7.900000
  L    37   BK7       BS      4.000000      .750000       .000000      4.750000
  L    38   BK8       BS       .000000      .950000       .000000       .950000
  L    39   BK9       BS      6.000000      .200000       .000000      6.200000
  L    40   BK10      BS       .000000      .700000       .000000       .700000
  L    41   BK11      BS      7.000000      .900000       .000000      7.900000
  L    42   BK12      BS      3.000000     1.750000       .000000      4.750000
  L    43   BK13      BS       .000000      .950000       .000000       .950000
  L    44   BK14      BS       .000000     6.200000       .000000      6.200000
  L    45   BK15      BS       .000000      .700000       .000000       .700000
  L    46   GL1       UL   57670.00000      .000000    1132.330757  57670.00000
  L    47   GL2       BS   34624.63221    50.367794       .000000   34675.00000
  L    48   GL3       UL    6935.000000     .000000     527.563379   6935.000000
  L    49   GL4       BS   45224.04088    35.959122       .000000   45260.00000
  L    50   GL5       BS    5059.300027   50.699973       .000000    5110.000000
  L    51   GL6       BS    4143.000000 1697.000000       .000000    5840.000000
  L    52   GL7       UL       .000000      .000000       .000000       .000000
```

```
L   53  GL8    BS   -3514.975272    3514.975272      .000000      .000000
L   54  GL9    UL     .000000        .000000         .000000      .000000
E   55  GL10   EQ     .000000        .000000      -68970.00000    .000000
L   56  GL11   BS  -13335.37417    13335.37417       .000000      .000000
L   57  GL12   BS  -27194.86370    27194.86370       .000000      .000000
L   58  GL13   BS  -25093.88418    25093.88418       .000000      .000000
L   59  GL14   BS  -19908.90675    19908.90675       .000000      .000000
L   60  GL15   UL     .000000        .000000         2.487743     .000000
L   61  GL16   BS  -45420.45310    45420.45310       .000000      .000000
L   62  GL17   BS  -33656.68123    33656.68123       .000000      .000000
L   63  GL18   BS  -33715.60715    33715.60715       .000000      .000000
E   64  GL19   EQ     .000000        .000000      -1395.784580    .000000
L   65  GL20   BS  -10785.00000    10785.00000       .000000      .000000
L   66  GL21   BS   -858.800000     858.800000       .000000      .000000
E   67  GL22   EQ     .000000        .000000       1255.266917    .000000
E   68  GL23   EQ     .000000        .000000       -733.913534    .000000
L   69  GL24   BS   -4195.930952    4195.930952      .000000      .000000
L   70  GL25   BS  -10899.86326    10899.86326       .000000      .000000
L   71  GL26   BS  -47377.70364    47377.70364       .000000      .000000
L   72  GL27   UL     .000000        .000000         16.936781    .000000
L   73  GL28   UL     .000000        .000000         28.251607    .000000
L   74  GL29   BS  -26127.90594    26127.90594       .000000      .000000
E   75  GL30   EQ     .000000        .000000      -14764.13534    .000000
L   76  GL31   BS  -41527.23299    41527.23299       .000000      .000000
L   77  GL32   BS   -7941.387890    7941.387890      .000000      .000000
L   78  GL33   BS  -38436.52709    38436.52709       .000000      .000000
L   79  GL34   BS  -56049.99999    56049.99999       .000000      .000000
L   80  GL35   BS  -46079.99999    46079.99999       .000000      .000000
E   81  GL36   EQ    107.000000      .000000       -521.353383   107.000000
L   82  GL37   BS  463655.4294    166344.5706        .000000    630000.0000
L   83  GL38   BS   20161.41659    67338.58341       .000000     87500.00000
L   84  GL39   BS   12919.43051    22080.56949       .000000     35000.00000
L   85  GL40   BS   23653.83767   151346.1623        .000000    175000.0000
L   86  GL41   BS   10986.05829   129013.9417        .000000    140000.0000
L   87  GL42   BS  294074.0931    125925.9069        .000000    420000.0000
L   88  GL43   BS  106071.4187    103928.5813        .000000    210000.0000
L   89  GL44   UL  675000.0000       .000000         12.471202  675000.0000
L   90  GL45   BS    9520.920000    2889.080000       .000000    12410.00000
L   91  GL46   BS  1549920.000    552480.0000        .000000   2102400.000
N   92  ZIELF  BS  33687406.83  -3458917.837         .000000  30228488.99
```

Columns Section

Number	Column		At	Value	Input Cost	Reduced Cost
C	93	x	01	BS	2009.017391	9237.774387	.000000
C	94	x	02	BS	593.000000	10632.00132	.000000
C	95	x	03	BS	1597.040901	12692.68453	.000000
C	96	x	04	BS	527.000000	446.467062	.000000
C	97	x	05	BS	331.000000	7735.549494	.000000
C	98	x	06	BS	658.000000	2645.655698	.000000
C	99	x	07	BS	2841.073198	1690.603859	.000000
C	100	x	08	BS	468.000000	4037.125253	.000000
C	101	x	09	BS	722.165660	3010.990579	.000000
C	102	x	10	BS	480.000000	2471.219333	.000000
C	103	x	11	BS	303.000000	1754.827828	.000000
C	104	x	12	BS	106.000000	2365.733307	.000000
C	105	x	13	BS	326.117664	4191.364462	.000000
C	106	x	14	BS	113.000000	1868.074768	.000000
C	107	x	15	BS	52.000000	1404.570582	.000000
C	108	x	16	BS	2364.000000	2056.816257	.000000
C	109	x	17	BS	1453.388786	5145.194899	.000000
C	110	x	18	BS	496.000000	2466.612174	.000000
C	111	x	19	BS	320.000000	4541.833150	.000000
C	112	x	20	BS	236.000000	4100.800860	.000000
C	113	x	21	BS	350.000000	1589.194024	.000000
C	114	x	22	BS	188.627897	3588.263246	.000000
C	115	x	23	BS	23.000000	3355.650203	.000000
C	116	x	24	BS	24.000000	3007.453890	.000000
C	117	x	25	BS	38.000000	1912.439105	.000000
C	118	x	26	LL	60.000000	-1.810120	1248.930282
C	119	x	27	LL	37.000000	71.145720	926.550409

```
C   120  x     28  LL     142.000000    123.625720   1097.349397
C   121  x     29  LL     135.000000    305.572920   4331.740026
C   122  x     30  LL      28.000000     16.052560    732.219537
C   123  AA        UL       2.000000   -147120.0000  -1750866.606
C   124  AAN       LL      10.000000   -147120.0000   147641.3534
C   125  AC        LL      13.000000   -147120.0000   147641.3534
C   126  AF        UL      18.000000   -147120.0000  -1018964.148
C   127  AH        LL       3.000000   -147120.0000   147641.3534
C   128  AI        LL      24.000000   -147120.0000   147641.3534
C   129  AZ        BS       1.800000   -147120.0000       .000000
C   130  FA        LL      13.000000   -77180.00000   77701.35338
C   131  FE        LL       7.000000   -77180.00000   77701.35338
C   132  FO        LL      29.000000   -77180.00000   77701.35338
C   133  FAM       LL       1.000000   -77180.00000   77701.35338
C   134  FH        LL      25.000000   -77180.00000   77701.35338
C   135  ML        LL      18.000000   -68970.00000   84255.48872
C   136  MK        LL       7.000000   -68970.00000   69491.35338
C   137  MP        LL      11.000000   -68970.00000   69491.35338
C   138  MR        BS       6.970166   -68970.00000       .000000
C   139  MRA       LL      15.000000       .000000    69491.35338
C   140  MS        BS       2.035953   -68970.00000       .000000
C   141  MU        BS       5.993881   -68970.00000       .000000
C   142  PA        LL      10.000000   -72870.00000   74125.26692
C   143  PC        UL      70.000000   -72870.00000  -88839.31051
C   144  PD        BS       3.500000   -72870.00000       .000000
C   145  PF        LL      86.000000   -72870.00000   74125.26692
C   146  PH        LL      14.000000   -72870.00000   74125.26692
C   147  PI        LL     124.000000   -72870.00000   74125.26692
C   148  PIN       LL      30.000000   -72870.00000   74125.26692
C   149  PN        LL      16.000000   -72870.00000   74125.26692
C   150  PP        BS     350.000000       .000000        .000000
C   151  PTI       LL    4143.000000       .000000    1395.784580
C   152  PW        BS       4.949624   -69340.00000       .000000
C   153  VBI       LL        .000000       .000000    413300.7263
C   154  VBC       BS       4.000000       .000000        .000000
C   155  VBH       LL        .000000       .000000    192560.6333
C   156  VBF       BS       6.000000       .000000        .000000
C   157  VBA       LL        .000000       .000000        .000000
C   158  VBIC      LL        .000000       .000000        .000000
C   159  VBIH      LL        .000000       .000000   -192560.6333
C   160  VBIF      BS        .000000       .000000        .000000
C   161  VBIA      LL        .000000       .000000        .000000
C   162  VBCI      LL       4.000000       .000000   -413300.7263
C   163  VBCH      LL        .000000       .000000   -192560.6333
C   164  VBCF      UL        .000000       .000000        .000000
C   165  VBCA      LL        .000000       .000000        .000000
C   166  VBHI      LL        .000000       .000000   -413300.7263
C   167  VBHC      LL        .000000       .000000        .000000
C   168  VBHF      LL        .000000       .000000        .000000
C   169  VBHA      LL        .000000       .000000        .000000
C   170  VBFI      UL       3.000000       .000000   -413300.7263
C   171  VBFC      LL       3.000000       .000000        .000000
C   172  VBFH      LL        .000000       .000000   -192560.6333
C   173  VBFA      LL        .000000       .000000        .000000
C   174  VBAI      LL        .000000       .000000   -413300.7263
C   175  VBAC      LL        .000000       .000000        .000000
C   176  VBAH      LL        .000000       .000000   -192560.6333
C   177  VBAF      LL        .000000       .000000        .000000
```

Abbildung A12: Darstellung der relevanten Bereiche der Modellmodifikation K13

```
                                                              !K13.MOD

!Modell mit Krankenhaus 1
!400  Betten
!OHNE Bettenverschiebung innerhalb der 5%-Grenze
!MIT  Berücksichtigung anfallender Kosten für die Bettenverschiebung
!OHNE Beschränkung der Bettenkapazität bei Bettenverschiebung
!OHNE Bettenverschiebung ohne Grenze
!OHNE Abteilungsschließungsmöglichkeiten
!MIT  Regionalversorgungssischerung
!MIT  Ganzzahligkeit


VARIABLES
x    (30)           !Anzahl der Patienten in Krankenhaus 1 von Fallklasse j
AA
...

TABLES
V_EZG    (25)
P_AMB    (30)
H_IB     (30)
...
K_VB     (1)

CONNECT EXCEL
DISKDATA -C
!  Daten für Krankenhaus 1
V_EZG    =    kh_1.xls (V_EZG)
...
K_VB     =    kh_1.xls (K_VB)

DISCONNECT

ASSIGN

CONSTRAINTS
...

!Zielfunktion:Maximierung des Überschusses
ZIELF:  SUM(j=1:30)                                        &
        (FPP(j)*PWP(1)+FPS(j)*PWS(1)                       &
        -UNTK(j)-OPANK(j)-VERP1(j)-VERP2(j)) *x(j)         &
        -VERPN(1)*x(16) -VERPN(1)*x(18) -VERPN(1)*x(19)    &
-PK_MR(1)*MR-PK_MS(1)*MS-PK_MU(1)*MU-PK_ML(1)*ML-PK_MK(1)*MK    &
-PK_MP(1)*MP-PK_FE(1)*FE-PK_FA(1)*FA-PK_FO(1)*FO-PK_FAM(1)*FAM &
-PK_AI(1)*AI-PK_AC(1)*AC-PK_AH(1)*AH-PK_AF(1)*AF-PK_AA(1)*AA    &
-PK_PI(1)*PI-PK_PC(1)*PC-PK_PH(1)*PH-PK_PF(1)*PF-PK_PA(1)*PA    &
-PK_PIN(1)*PIN-PK_PN(1)*PN- PK_FH(1)*FH                    &
-PK_AAN(1)*AAN-PK_PD(1)*PD-PK_PW(1)*PW-PK_AZ(1)*AZ         &
-FK_PER(1)-FK_L(1)-FK_R(1)-FK_E(1)-FK_KD(1)               &
-FK_AN(1)-FK_P(1)-FK_O(1)-FK_K(1)                         &
-FK_I(1)-FK_C(1)-FK_H(1)                                   &
-FK_F(1)-FK_A(1)-FK_IN(1)                                  &
-K_VB(1)*VBI-K_VB(1)*VBC-K_VB(1)*VBH-K_VB(1)*VBF-K_VB(1)*VBA   $


BOUNDS
x  (j=26:30)           .UI. 10000
AA                     .UI. 10000
...
Generate
```

Abbildung A13: Gesamtes Lösungsprotokoll des LP-Problems K13

```
Problem Statistics
Matrix K13
Objective ZIELF
RHS RHS00001
Problem has        92 rows and        85 structural columns

Solution Statistics
Maximisation performed
Optimal solution found after       1 iterations
Objective function value is   3458819.837
```

Rows Section

	Number	Row	At	Value	Slack Value	Dual Value	RHS
G	1	R1	01 BS	2009.017391	.017391	.000000	2009.000000
G	2	R1	02 LL	593.000000	.000000	-8285.240969	593.000000
G	3	R1	03 BS	1597.040901	801.040901	.000000	796.000000
G	4	R1	04 LL	527.000000	.000000	-15500.82161	527.000000
G	5	R1	05 LL	331.000000	.000000	-14508.00657	331.000000
G	6	R1	06 LL	658.000000	.000000	-1109.694968	658.000000
G	7	R1	07 BS	2841.073198	1706.073198	.000000	1135.000000
G	8	R1	08 LL	468.000000	.000000	-1669.207024	468.000000
G	9	R1	09 BS	722.165660	157.165660	.000000	565.000000
G	10	R1	10 LL	480.000000	.000000	-1476.479705	480.000000
G	11	R1	11 LL	303.000000	.000000	-3530.560402	303.000000
G	12	R1	12 LL	106.000000	.000000	-2678.752309	106.000000
G	13	R1	13 BS	326.117664	260.117664	.000000	66.000000
G	14	R1	14 LL	113.000000	.000000	-234.494990	113.000000
G	15	R1	15 LL	52.000000	.000000	-2285.025859	52.000000
G	16	R1	16 LL	2364.000000	.000000	-2025.651474	2364.000000
G	17	R1	17 BS	1453.388786	983.388786	.000000	470.000000
G	18	R1	18 LL	496.000000	.000000	-1290.276588	496.000000
G	19	R1	19 LL	320.000000	.000000	-686.495306	320.000000
G	20	R1	20 LL	236.000000	.000000	-3028.990523	236.000000
G	21	R1	21 LL	350.000000	.000000	-5947.860029	350.000000
G	22	R1	22 BS	188.627897	148.627897	.000000	40.000000
G	23	R1	23 LL	23.000000	.000000	-1701.387368	23.000000
G	24	R1	24 LL	24.000000	.000000	-1456.299943	24.000000
G	25	R1	25 LL	38.000000	.000000	-1053.979582	38.000000
G	26	R26	BS	.780000	.780000	.000000	.000000
G	27	R27	BS	.891717	.891717	.000000	.000000
G	28	R28	BS	.160000	.160000	.000000	.000000
G	29	R29	BS	.480000	.480000	.000000	.000000
G	30	R30	BS	.730000	.730000	.000000	.000000
E	31	BK1	EQ	.000000	.000000	.000000	.000000
E	32	BK2	EQ	.000000	.000000	-14.000000	.000000
E	33	BK3	EQ	.000000	.000000	.000000	.000000
E	34	BK4	EQ	.000000	.000000	-14.000000	.000000
E	35	BK5	EQ	.000000	.000000	.000000	.000000
L	36	BK6	BS	.000000	7.900000	.000000	7.900000
L	37	BK7	BS	1.000000	3.750000	.000000	4.750000
L	38	BK8	BS	.000000	.950000	.000000	.950000
L	39	BK9	BS	6.000000	.200000	.000000	6.200000
L	40	BK10	BS	.000000	.700000	.000000	.700000
L	41	BK11	BS	7.000000	.900000	.000000	7.900000
L	42	BK12	BS	.000000	4.750000	.000000	4.750000
L	43	BK13	BS	.000000	.950000	.000000	.950000
L	44	BK14	BS	.000000	6.200000	.000000	6.200000
L	45	BK15	BS	.000000	.700000	.000000	.700000
L	46	GL1	UL	57670.00000	.000000	1132.330757	57670.00000
L	47	GL2	BS	34624.63221	50.367794	.000000	34675.00000
L	48	GL3	UL	6935.000000	.000000	527.563379	6935.000000
L	49	GL4	BS	45224.04088	35.959122	.000000	45260.00000
L	50	GL5	BS	5059.300027	50.699973	.000000	5110.000000
L	51	GL6	BS	4143.000000	1697.000000	.000000	5840.000000
L	52	GL7	UL	.000000	.000000	.000000	.000000
L	53	GL8	BS	-3514.975272	3514.975272	.000000	.000000

L	54	GL9	UL	.000000	.000000	.000000	.000000
E	55	GL10	EQ	.000000	.000000	-68970.00000	.000000
L	56	GL11	BS	-13335.37417	13335.37417	.000000	.000000
L	57	GL12	BS	-27194.86370	27194.86370	.000000	.000000
L	58	GL13	BS	-25093.88418	25093.88418	.000000	.000000
L	59	GL14	BS	-19908.90675	19908.90675	.000000	.000000
L	60	GL15	UL	.000000	.000000	2.487743	.000000
L	61	GL16	BS	-45420.45310	45420.45310	.000000	.000000
L	62	GL17	BS	-33656.68123	33656.68123	.000000	.000000
L	63	GL18	BS	-33715.60715	33715.60715	.000000	.000000
E	64	GL19	EQ	.000000	.000000	-1395.784580	.000000
L	65	GL20	BS	-10785.00000	10785.00000	.000000	.000000
L	66	GL21	BS	-858.800000	858.800000	.000000	.000000
E	67	GL22	EQ	.000000	.000000	1255.266917	.000000
E	68	GL23	EQ	.000000	.000000	-733.913534	.000000
L	69	GL24	BS	-4195.930952	4195.930952	.000000	.000000
L	70	GL25	BS	-10899.86326	10899.86326	.000000	.000000
L	71	GL26	BS	-47377.70364	47377.70364	.000000	.000000
L	72	GL27	UL	.000000	.000000	16.936781	.000000
L	73	GL28	UL	.000000	.000000	28.251607	.000000
L	74	GL29	BS	-26127.90594	26127.90594	.000000	.000000
E	75	GL30	EQ	.000000	.000000	-14764.13534	.000000
L	76	GL31	BS	-41527.23299	41527.23299	.000000	.000000
L	77	GL32	BS	-7941.387890	7941.387890	.000000	.000000
L	78	GL33	BS	-38436.52709	38436.52709	.000000	.000000
L	79	GL34	BS	-56049.99999	56049.99999	.000000	.000000
L	80	GL35	BS	-46079.99999	46079.99999	.000000	.000000
E	81	GL36	EQ	107.000000	.000000	-521.353383	107.000000
L	82	GL37	BS	463655.4294	166344.5706	.000000	630000.0000
L	83	GL38	BS	20161.41659	67338.58341	.000000	87500.00000
L	84	GL39	BS	12919.43051	22080.56949	.000000	35000.00000
L	85	GL40	BS	23653.83767	151346.1623	.000000	175000.0000
L	86	GL41	BS	10986.05829	129013.9417	.000000	140000.0000
L	87	GL42	BS	294074.0931	125925.9069	.000000	420000.0000
L	88	GL43	BS	106071.4187	103928.5813	.000000	210000.0000
L	89	GL44	UL	675000.0000	.000000	12.471202	675000.0000
L	90	GL45	BS	9520.920000	2889.080000	.000000	12410.00000
L	91	GL46	BS	1549920.000	552480.0000	.000000	2102400.000
N	92	ZIELF	BS	33687308.83	-3458819.837	.000000	30228488.99

Columns Section

	Number	Column	At	Value	Input Cost	Reduced Cost
C	93	x	01	BS	2009.017391	9237.774387	.000000
C	94	x	02	BS	593.000000	10632.00132	.000000
C	95	x	03	BS	1597.040901	12692.68453	.000000
C	96	x	04	BS	527.000000	446.467062	.000000
C	97	x	05	BS	331.000000	7735.549494	.000000
C	98	x	06	BS	658.000000	2645.655698	.000000
C	99	x	07	BS	2841.073198	1690.603859	.000000
C	100	x	08	BS	468.000000	4037.125253	.000000
C	101	x	09	BS	722.165660	3010.990579	.000000
C	102	x	10	BS	480.000000	2471.219333	.000000
C	103	x	11	BS	303.000000	1754.827828	.000000
C	104	x	12	BS	106.000000	2365.733307	.000000
C	105	x	13	BS	326.117664	4191.364462	.000000
C	106	x	14	BS	113.000000	1868.074768	.000000
C	107	x	15	BS	52.000000	1404.570582	.000000
C	108	x	16	BS	2364.000000	2056.816257	.000000
C	109	x	17	BS	1453.388786	5145.194899	.000000
C	110	x	18	BS	496.000000	2466.612174	.000000
C	111	x	19	BS	320.000000	4541.833150	.000000
C	112	x	20	BS	236.000000	4100.800860	.000000
C	113	x	21	BS	350.000000	1589.194024	.000000
C	114	x	22	BS	188.627897	3588.263246	.000000
C	115	x	23	BS	23.000000	3355.650203	.000000
C	116	x	24	BS	24.000000	3007.453890	.000000
C	117	x	25	BS	38.000000	1912.439105	.000000
C	118	x	26	LL	60.000000	-1.810120	1248.930282
C	119	x	27	LL	37.000000	71.145720	926.550409
C	120	x	28	LL	142.000000	123.625720	1097.349397

```
C   121  x      29  LL      135.000000      305.572920     4331.740026
C   122  x      30  LL       28.000000       16.052560      732.219537
C   123  AA         UL        2.000000    -147120.0000    -1750866.606
C   124  AAN        LL       10.000000    -147120.0000      147641.3534
C   125  AC         LL       13.000000    -147120.0000      147641.3534
C   126  AF         UL       18.000000    -147120.0000    -1018964.148
C   127  AH         LL        3.000000    -147120.0000      147641.3534
C   128  AI         LL       24.000000    -147120.0000      147641.3534
C   129  AZ         BS        1.800000    -147120.0000         .000000
C   130  FA         LL       13.000000     -77180.00000     77701.35338
C   131  FE         LL        7.000000     -77180.00000     77701.35338
C   132  FO         LL       29.000000     -77180.00000     77701.35338
C   133  FAM        LL        1.000000     -77180.00000     77701.35338
C   134  FH         LL       25.000000     -77180.00000     77701.35338
C   135  ML         LL       18.000000     -68970.00000     84255.48872
C   136  MK         LL        7.000000     -68970.00000     69491.35338
C   137  MP         LL       11.000000     -68970.00000     69491.35338
C   138  MR         BS        6.970166     -68970.00000         .000000
C   139  MRA        LL       15.000000          .000000     69491.35338
C   140  MS         BS        2.035953     -68970.00000         .000000
C   141  MU         BS        5.993881     -68970.00000         .000000
C   142  PA         LL       10.000000     -72870.00000     74125.26692
C   143  PC         UL       70.000000     -72870.00000    -88839.31051
C   144  PD         BS        3.500000     -72870.00000         .000000
C   145  PF         LL       86.000000     -72870.00000     74125.26692
C   146  PH         LL       14.000000     -72870.00000     74125.26692
C   147  PI         LL      124.000000     -72870.00000     74125.26692
C   148  PIN        LL       30.000000     -72870.00000     74125.26692
C   149  PN         LL       16.000000     -72870.00000     74125.26692
C   150  PP         BS      350.000000          .000000         .000000
C   151  PTI        LL     4143.000000          .000000     1395.784580
C   152  PW         BS        4.949624     -69340.00000         .000000
C   153  VBI        LL         .000000        -14.000000     413314.7263
C   154  VBC        BS        1.000000        -14.000000         .000000
C   155  VBH        LL         .000000        -14.000000     192574.6333
C   156  VBF        BS        6.000000        -14.000000         .000000
C   157  VBA        LL         .000000        -14.000000      14.000000
C   158  VBIC       LL         .000000          .000000         .000000
C   159  VBIH       LL         .000000          .000000    -192560.6333
C   160  VBIF       BS         .000000          .000000         .000000
C   161  VBIA       LL         .000000          .000000         .000000
C   162  VBCI       UL        1.000000          .000000    -413286.7263
C   163  VBCH       LL         .000000          .000000    -192546.6333
C   164  VBCF       LL         .000000          .000000      14.000000
C   165  VBCA       LL         .000000          .000000      14.000000
C   166  VBHI       LL         .000000          .000000    -413300.7263
C   167  VBHC       LL         .000000          .000000         .000000
C   168  VBHF       LL         .000000          .000000         .000000
C   169  VBHA       LL         .000000          .000000         .000000
C   170  VBFI       UL        6.000000          .000000    -413286.7263
C   171  VBFC       LL         .000000          .000000      14.000000
C   172  VBFH       LL         .000000          .000000    -192546.6333
C   173  VBFA       LL         .000000          .000000      14.000000
C   174  VBAI       LL         .000000          .000000    -413300.7263
C   175  VBAC       LL         .000000          .000000         .000000
C   176  VBAH       LL         .000000          .000000    -192560.6333
C   177  VBAF       LL         .000000          .000000         .000000
```

Abbildung A14: Darstellung der relevanten Bereiche der Modellmodifikation K14

```
                                                                      !K14.MOD
!Modell mit Krankenhaus 1
!400   Betten
!MIT   Bettenverschiebung innerhalb der 5%-Grenze
!MIT   Berücksichtigung der anfallenden Kosten bei der Bettenverschiebung
!MIT   Beschränkung der Bettenkapazität bei Bettenverschiebung
!OHNE  Bettenverschiebung ohne Grenze
```

```
!OHNE Abteilungsschließungsmöglichkeiten
!MIT  Regionalversorgungssischerung
!MIT  Ganzzahligkeit

VARIABLES
x    (30)              !Anzahl der Patienten in Krankenhaus 1 von Fallklasse j
AA
...

TABLES
V_EZG  (25)
...

!Maximale Bettenkapazitäten der Abteilungen
MBKI(1)
MBKC(1)
MBKH(1)
MBKF(1)
MBKA(1)

CONNECT EXCEL
DISKDATA -C
! Daten für Krankenhaus 1
V_EZG    =       kh_1.xls (V_EZG)
...

MBKI    =       kh_1.xls (MBKI)
MBKC    =       kh_1.xls (MBKC)
MBKH    =       kh_1.xls (MBKH)
MBKF    =       kh_1.xls (MBKF)
MBKA    =       kh_1.xls (MBKA)

DISCONNECT

ASSIGN

CONSTRAINTS
!Regionalversorgung: Versorgung des Einzugsgebiets von Krankenhaus1
R1(j=1:25):      x(j)  >V_EZG(j)

...
BK11:   VBCI+VBHI+VBFI+VBAI<0.05*BKAP_I(1)
BK12:   VBIC+VBHC+VBFC+VBAC<0.05*BKAP_C(1)
BK13:   VBIH+VBCH+VBFH+VBAH<0.05*BKAP_H(1)
BK14:   VBIF+VBCF+VBHF+VBAF<0.05*BKAP_F(1)
BK15:   VBIA+VBCA+VBHA+VBFA<0.05*BKAP_A(1)

BK16:   BKAP_I(1)-VBI+VBCI+VBHI+VBFI+VBAI<MBKI(1)
BK17:   BKAP_C(1)-VBC+VBIC+VBHC+VBFC+VBAC<MBKC(1)
BK18:   BKAP_H(1)-VBH+VBIH+VBCH+VBFH+VBAH<MBKH(1)
BK19:   BKAP_F(1)-VBF+VBIF+VBCF+VBHF+VBAF<MBKF(1)
BK20:   BKAP_A(1)-VBA+VBIA+VBCA+VBHA+VBFA<MBKA(1)

GL1:    SUM(j=1 :5 ) (H_IB(j)*VD_MIN(j)+H_OIB(j)*VD_OIN(j))&
               *x(j)< BKAP_I(1)*PZ(1)-VBI*PZ(1)           &
               +VBCI*PZ(1)+VBHI*PZ(1)+VBFI*PZ(1)+VBAI*PZ(1)

...

BOUNDS
x (j=26:30)              .UI. 10000
AA                       .UI. 10000
...

Generate
```

Abbildung A15: Gesamtes Lösungsprotokoll des LP-Problems K14

```
Problem Statistics
Matrix K14
Objective ZIELF
RHS RHS00001
Problem has      97 rows and      85 structural columns

Solution Statistics
Maximisation performed
Optimal solution found after      1 iterations
Objective function value is   3153041.113
```

Rows Section

	Number	Row	At	Value	Slack Value	Dual Value	RHS
G	1	R1	01	LL	2009.000000	.000000	-7737.582873	2009.000000
G	2	R1	02	LL	593.000000	.000000	-4548.169527	593.000000
G	3	R1	03	BS	1560.785405	764.785405	.000000	796.000000
G	4	R1	04	LL	527.000000	.000000	-18142.03331	527.000000
G	5	R1	05	LL	331.000000	.000000	-19888.78326	331.000000
G	6	R1	06	LL	658.000000	.000000	-40.820663	658.000000
G	7	R1	07	BS	2788.429022	1653.429022	.000000	1135.000000
G	8	R1	08	LL	468.000000	.000000	-1850.766742	468.000000
G	9	R1	09	BS	618.214975	53.214975	.000000	565.000000
G	10	R1	10	LL	480.000000	.000000	-50.938063	480.000000
G	11	R1	11	LL	303.000000	.000000	-2972.826997	303.000000
G	12	R1	12	LL	106.000000	.000000	-1795.104482	106.000000
G	13	R1	13	BS	326.117664	260.117664	.000000	66.000000
G	14	R1	14	LL	113.000000	.000000	-242.448509	113.000000
G	15	R1	15	LL	52.000000	.000000	-1774.262365	52.000000
G	16	R1	16	LL	2364.000000	.000000	-1903.945726	2364.000000
G	17	R1	17	BS	1603.623994	1133.623994	.000000	470.000000
G	18	R1	18	LL	496.000000	.000000	-1054.313622	496.000000
G	19	R1	19	LL	320.000000	.000000	-428.585756	320.000000
G	20	R1	20	LL	236.000000	.000000	-2785.462657	236.000000
G	21	R1	21	LL	350.000000	.000000	-4931.986154	350.000000
G	22	R1	22	BS	188.627897	148.627897	.000000	40.000000
G	23	R1	23	LL	23.000000	.000000	-1611.546613	23.000000
G	24	R1	24	LL	24.000000	.000000	-1376.999166	24.000000
G	25	R1	25	LL	38.000000	.000000	-1001.279698	38.000000
G	26	R26		BS	.780000	.780000	.000000	.000000
G	27	R27		BS	.089251	.089251	.000000	.000000
G	28	R28		BS	9.160000	9.160000	.000000	.000000
G	29	R29		BS	.480000	.480000	.000000	.000000
G	30	R30		BS	.730000	.730000	.000000	.000000
E	31	BK1		EQ	.000000	.000000	-14.000000	.000000
E	32	BK2		EQ	.000000	.000000	-14.000000	.000000
E	33	BK3		EQ	.000000	.000000	.000000	.000000
E	34	BK4		EQ	.000000	.000000	-178860.0427	.000000
E	35	BK5		EQ	.000000	.000000	.000000	.000000
L	36	BK6		BS	.000000	7.900000	.000000	7.900000
L	37	BK7		BS	4.000000	.750000	.000000	4.750000
L	38	BK8		BS	.000000	.950000	.000000	.950000
L	39	BK9		BS	2.000000	4.200000	.000000	6.200000
L	40	BK10		BS	.000000	.700000	.000000	.700000
L	41	BK11		BS	6.000000	1.900000	.000000	7.900000
L	42	BK12		BS	.000000	4.750000	.000000	4.750000
L	43	BK13		BS	.000000	.950000	.000000	.950000
L	44	BK14		BS	.000000	6.200000	.000000	6.200000
L	45	BK15		BS	.000000	.700000	.000000	.700000
L	46	BK16		BS	6.000000	.000000	.000000	6.000000
L	47	BK17		BS	-4.000000	36.000000	.000000	32.000000
L	48	BK18		BS	.000000	6.000000	.000000	6.000000
L	49	BK19		BS	-2.000000	43.000000	.000000	41.000000
L	50	BK20		BS	.000000	5.000000	.000000	5.000000
L	51	GL1		BS	57626.01267	43.987334	.000000	57670.00000
L	52	GL2		BS	34641.73539	33.264608	.000000	34675.00000
L	53	GL3		UL	6935.000000	.000000	515.419683	6935.000000

L	54	GL4	UL	45260.00000	.000000	489.989158	45260.00000
L	55	GL5	BS	5059.300027	50.699973	.000000	5110.000000
L	56	GL6	BS	4114.000000	1726.000000	.000000	5840.000000
L	57	GL7	UL	.000000	.000000	.000000	.000000
L	58	GL8	BS	-54281.73497	54281.73497	.000000	.000000
L	59	GL9	UL	.000000	.000000	.000000	.000000
E	60	GL10	EQ	.000000	.000000	-68970.00000	.000000
L	61	GL11	BS	-16584.49138	16584.49138	.000000	.000000
L	62	GL12	BS	-24534.87440	24534.87440	.000000	.000000
L	63	GL13	BS	-28359.31351	28359.31351	.000000	.000000
L	64	GL14	UL	.000000	.000000	7.896559	.000000
L	65	GL15	UL	.000000	.000000	2.421756	.000000
L	66	GL16	BS	-45420.45310	45420.45310	.000000	.000000
L	67	GL17	BS	-4355.480592	4355.480592	.000000	.000000
L	68	GL18	BS	-33715.60715	33715.60715	.000000	.000000
E	69	GL19	EQ	.000000	.000000	5003.737983	.000000
L	70	GL20	BS	-24560.00000	24560.00000	.000000	.000000
L	71	GL21	BS	-858.800000	858.800000	.000000	.000000
E	72	GL22	EQ	.000000	.000000	1255.266917	.000000
E	73	GL23	EQ	.000000	.000000	-733.913534	.000000
L	74	GL24	BS	-16071.72047	16071.72047	.000000	.000000
L	75	GL25	BS	-39306.47376	39306.47376	.000000	.000000
L	76	GL26	BS	-47377.70364	47377.70364	.000000	.000000
L	77	GL27	BS	-29656.53040	29656.53040	.000000	.000000
L	78	GL28	UL	.000000	.000000	27.749703	.000000
L	79	GL29	BS	-25922.45654	25922.45654	.000000	.000000
E	80	GL30	EQ	.000000	.000000	-14764.13534	.000000
L	81	GL31	BS	-46099.25783	46099.25783	.000000	.000000
L	82	GL32	BS	-11221.78792	11221.78792	.000000	.000000
L	83	GL33	BS	-40253.57068	40253.57068	.000000	.000000
L	84	GL34	BS	-56019.99999	56019.99999	.000000	.000000
L	85	GL35	BS	-46079.99999	46079.99999	.000000	.000000
E	86	GL36	EQ	107.000000	.000000	-521.353383	107.000000
L	87	GL37	BS	466130.7701	163869.2299	.000000	630000.0000
L	88	GL38	BS	20138.15534	67361.84466	.000000	87500.00000
L	89	GL39	BS	12627.00076	22372.99924	.000000	35000.00000
L	90	GL40	BS	23764.42295	151235.5770	.000000	175000.0000
L	91	GL41	BS	10949.78541	129050.2146	.000000	140000.0000
L	92	GL42	BS	292470.1746	127529.8254	.000000	420000.0000
L	93	GL43	BS	106897.2364	103102.7636	.000000	210000.0000
L	94	GL44	BS	674991.8080	8.192023	.000000	675000.0000
L	95	GL45	BS	9520.920000	2889.080000	.000000	12410.00000
L	96	GL46	BS	1549920.000	552480.0000	.000000	2102400.000
N	97	ZIELF	BS	33381530.10	-3153041.113	.000000	30228488.99

Columns Section

	Number	Column	At	Value	Input Cost	Reduced Cost
C	98	x	01	BS	2009.000000	9237.774387	.000000
C	99	x	02	BS	593.000000	10632.00132	.000000
C	100	x	03	BS	1560.785405	12692.68453	.000000
C	101	x	04	BS	527.000000	446.467062	.000000
C	102	x	05	BS	331.000000	7735.549494	.000000
C	103	x	06	BS	658.000000	2645.655698	.000000
C	104	x	07	BS	2788.429022	1690.603859	.000000
C	105	x	08	BS	468.000000	4037.125253	.000000
C	106	x	09	BS	618.214975	3010.990579	.000000
C	107	x	10	BS	480.000000	2471.219333	.000000
C	108	x	11	BS	303.000000	1754.827828	.000000
C	109	x	12	BS	106.000000	2365.733307	.000000
C	110	x	13	BS	326.117664	4191.364462	.000000
C	111	x	14	BS	113.000000	1868.074768	.000000
C	112	x	15	BS	52.000000	1404.570582	.000000
C	113	x	16	BS	2364.000000	2056.816257	.000000
C	114	x	17	BS	1603.623994	5145.194899	.000000
C	115	x	18	BS	496.000000	2466.612174	.000000
C	116	x	19	BS	320.000000	4541.833150	.000000
C	117	x	20	BS	236.000000	4100.800860	.000000
C	118	x	21	BS	350.000000	1589.194024	.000000
C	119	x	22	BS	188.627897	3588.263246	.000000
C	120	x	23	BS	23.000000	3355.650203	.000000

C	121	x	24	BS	24.000000	3007.453890	.000000
C	122	x	25	BS	38.000000	1912.439105	.000000
C	123	x	26	LL	60.000000	-1.810120	1.810120
C	124	x	27	UL	31.000000	71.145720	-71.145720
C	125	x	28	UL	151.000000	123.625720	-123.625720
C	126	x	29	LL	135.000000	305.572920	3024.391426
C	127	x	30	UL	28.000000	16.052560	-16.052560
C	128	AA		UL	2.000000	-147120.0000	-1717138.680
C	129	AAN		LL	10.000000	-147120.0000	147641.3534
C	130	AC		LL	13.000000	-147120.0000	147641.3534
C	131	AF		LL	19.000000	-147120.0000	147641.3534
C	132	AH		LL	3.000000	-147120.0000	147641.3534
C	133	AI		LL	24.000000	-147120.0000	147641.3534
C	134	AZ		BS	1.800000	-147120.0000	.000000
C	135	FA		LL	13.000000	-77180.00000	77701.35338
C	136	FE		LL	7.000000	-77180.00000	77701.35338
C	137	FO		LL	29.000000	-77180.00000	77701.35338
C	138	FAM		LL	1.000000	-77180.00000	77701.35338
C	139	FH		LL	25.000000	-77180.00000	77701.35338
C	140	ML		LL	18.000000	-68970.00000	84255.48872
C	141	MK		LL	7.000000	-68970.00000	69491.35338
C	142	MP		LL	11.000000	-68970.00000	69491.35338
C	143	MR		BS	7.007378	-68970.00000	.000000
C	144	MRA		LL	16.000000	.000000	69491.35338
C	145	MS		BS	3.010396	-68970.00000	.000000
C	146	MU		BS	5.982226	-68970.00000	.000000
C	147	PA		LL	10.000000	-72870.00000	74125.26692
C	148	PC		UL	68.000000	-72870.00000	-84516.71073
C	149	PD		BS	3.500000	-72870.00000	.000000
C	150	PF		LL	89.000000	-72870.00000	74125.26692
C	151	PH		LL	14.000000	-72870.00000	74125.26692
C	152	PI		UL	123.000000	-72870.00000	-443178.3268
C	153	PIN		LL	30.000000	-72870.00000	74125.26692
C	154	PN		LL	16.000000	-72870.00000	74125.26692
C	155	PP		BS	350.000000	.000000	.000000
C	156	PTI		UL	4114.000000	.000000	-5003.737983
C	157	PW		BS	4.964662	-69340.00000	.000000
C	158	VBI		BS	.000000	-14.000000	.000000
C	159	VBC		BS	4.000000	-14.000000	.000000
C	160	VBE		LL	.000000	-14.000000	188142.1843
C	161	VBF		BS	2.000000	-14.000000	.000000
C	162	VBA		LL	.000000	-14.000000	14.000000
C	163	VBIC		LL	.000000	.000000	14.000000
C	164	VBIH		LL	.000000	.000000	-188114.1843
C	165	VBIF		UL	.000000	.000000	-178832.0427
C	166	VBIA		LL	.000000	.000000	14.000000
C	167	VBCI		LL	4.000000	.000000	14.000000
C	168	VBCH		LL	.000000	.000000	-188114.1843
C	169	VBCF		UL	.000000	.000000	-178832.0427
C	170	VBCA		LL	.000000	.000000	14.000000
C	171	VBHI		LL	.000000	.000000	.000000
C	172	VBHC		LL	.000000	.000000	.000000
C	173	VBHF		LL	.000000	.000000	-178846.0427
C	174	VBHA		LL	.000000	.000000	.000000
C	175	VBFI		LL	2.000000	.000000	178860.0427
C	176	VBFC		LL	.000000	.000000	178860.0427
C	177	VBFH		LL	.000000	.000000	-9268.141564
C	178	VBFA		LL	.000000	.000000	178860.0427
C	179	VBAI		LL	.000000	.000000	.000000
C	180	VBAC		LL	.000000	.000000	.000000
C	181	VBAH		LL	.000000	.000000	-188128.1843
C	182	VBAF		LL	.000000	.000000	-178846.0427

Abbildung A16a: Darstellung der relevanten Bereiche der Modellmodifikation K15

```
                                                    !K15.MOD
!Modell mit Krankenhaus 1
!400   Betten
!OHNE Bettenverschiebung innerhalb der 5%-Grenze
!MIT  Beschränkung der Bettenkapazität bei Bettenverschiebung
!MIT  Berücksichtigung der anfallenden Kosten bei der Bettenverschiebung
!MIT  Bettenverschiebung ohne Grenze
!OHNE Abteilungsschließungsmöglichkeiten
!MIT  Regionalversorgungssischerung
!MIT  Ganzzahligkeit


VARIABLES
x    (30)           !Anzahl der Patienten in Krankenhaus 1 von Fallklasse j
AA
...


TABLES
V_EZG  (25)
P_AMB  (30)
H_IB   (30)
...


CONNECT EXCEL
DISKDATA -C
! Daten für Krankenhaus 1
V_EZG  =       kh_1.xls (V_EZG)
P_AMB  =       kh_1.xls (P_AMB)
...
DISCONNECT


ASSIGN


CONSTRAINTS


!Regionalversorgung: Versorgung des Einzugsgebiets von Krankenhaus1
R1(j=1:25):       x(j)  >V_EZG(j)

!Regionalversorgung ambulante Fälle / in Abhängigkeit von stationär
!behandelten Patienten
R26:   x(26)>P_AMB(26)*x(6)
R27:   x(27)>P_AMB(27)*x(9)
R28:   x(28)>P_AMB(28)*x(16)
R29:   x(29)>P_AMB(29)*x(20)
R30:   x(30)>P_AMB(30)*x(11)


!Verweildauern/Bettenkapazität

BK1:    VBI=VBIC+VBIH+VBIF+VBIA
BK2:    VBC=VBCI+VBCH+VBCF+VBCA
BK3:    VBH=VBHI+VBHC+VBHF+VBHA
BK4:    VBF=VBFI+VBFC+VBFH+VBFA
BK5:    VBA=VBAI+VBAC+VBAH+VBAF

BK6:    VBI<0.06*BKAP_I(1)
BK7:    VBC<0.06*BKAP_C(1)
BK8:    VBH<0.06*BKAP_H(1)
BK9:    VBF<0.06*BKAP_F(1)
BK10:   VBA<0.06*BKAP_A(1)

BK11:    VBCI+VBHI+VBFI+VBAI<0.06*BKAP_I(1)
```

```
BK12:    VBIC+VBHC+VBFC+VBAC<0.06*BKAP_C(1)  .
BK13:    VBIH+VBCH+VBFH+VBAH<0.06*BKAP_H(1)
BK14:    VBIF+VBCF+VBHF+VBAF<0.06*BKAP_F(1)
BK15:    VBIA+VBCA+VBHA+VBFA<0.06*BKAP_A(1)


BK16:    BKAP_I(1)-VBI+VBCI+VBHI+VBFI+VBAI<MBKI(1)
BK17:    BKAP_C(1)-VBC+VBIC+VBHC+VBFC+VBAC<MBKC(1)
BK18:    BKAP_H(1)-VBH+VBIH+VBCH+VBFH+VBAH<MBKH(1)
BK19:    BKAP_F(1)-VBF+VBIF+VBCF+VBHF+VBAF<MBKF(1)
BK20:    BKAP_A(1)-VBA+VBIA+VBCA+VBHA+VBFA<MBKA(1)


GL1:     SUM(j=1 :5 ) (H_IB(j)*VD_MIN(j)+H_OIB(j)*VD_OIN(j))&
                 *x(j)< BKAP_I(1)*PZ(1)-VBI*PZ(1)          &
                 +VBCI*PZ(1)+VBHI*PZ(1)+VBFI*PZ(1)+VBAI*PZ(1)
...


BOUNDS
...

Generate
```

Abbildung A16b: Gesamtes Lösungsprotokoll des LP-Problems K15

```
Problem Statistics
Matrix K15
Objective ZIELF
RHS RHS00001
Problem has     97 rows and     85 structural columns

Solution Statistics
Maximisation performed
Optimal solution found after      1 iterations
Objective function value is  3274643.067
```

Rows Section

Number		Row	At	Value	Slack Value	Dual Value	RHS
G	1	R1	01 LL	2009.000000	.000000	-7737.582873	2009.000000
G	2	R1	02 LL	593.000000	.000000	-4548.169527	593.000000
G	3	R1	03 BS	1560.785405	764.785405	.000000	796.000000
G	4	R1	04 LL	527.000000	.000000	-18142.03331	527.000000
G	5	R1	05 LL	331.000000	.000000	-19888.78326	331.000000
G	6	R1	06 LL	658.000000	.000000	-40.820663	658.000000
G	7	R1	07 BS	2810.789442	1675.789442	.000000	1135.000000
G	8	R1	08 LL	468.000000	.000000	-1850.766742	468.000000
G	9	R1	09 BS	744.808526	179.808526	.000000	565.000000
G	10	R1	10 LL	480.000000	.000000	-50.938063	480.000000
G	11	R1	11 LL	303.000000	.000000	-2606.002612	303.000000
G	12	R1	12 LL	106.000000	.000000	-1676.823581	106.000000
G	13	R1	13 BS	370.219084	304.219084	.000000	66.000000
G	14	R1	14 LL	113.000000	.000000	-385.270384	113.000000
G	15	R1	15 LL	52.000000	.000000	-1194.861833	52.000000
G	16	R1	16 LL	2364.000000	.000000	-2566.634328	2364.000000
G	17	R1	17 BS	1453.388786	983.388786	.000000	470.000000
G	18	R1	18 LL	496.000000	.000000	-1859.104445	496.000000
G	19	R1	19 LL	320.000000	.000000	-1396.535374	320.000000
G	20	R1	20 LL	236.000000	.000000	-2543.699555	236.000000
G	21	R1	21 LL	350.000000	.000000	-4931.986154	350.000000
G	22	R1	22 BS	188.627897	148.627897	.000000	40.000000
G	23	R1	23 LL	23.000000	.000000	-1611.546613	23.000000
G	24	R1	24 LL	24.000000	.000000	-1376.999166	24.000000
G	25	R1	25 LL	38.000000	.000000	-1001.279698	38.000000
G	26	R26	BS	.780000	.780000	.000000	.000000
G	27	R27	BS	2.759574	2.759574	.000000	.000000
G	28	R28	BS	.160000	.160000	.000000	.000000

G	29	R29	BS	.480000	.480000	.000000	.000000
G	30	R30	BS	.730000	.730000	.000000	.000000
E	31	BK1	EQ	.000000	.000000	-14.000000	.000000
E	32	BK2	EQ	.000000	.000000	-14.000000	.000000
E	33	BK3	EQ	.000000	.000000	-14.000000	.000000
E	34	BK4	EQ	.000000	.000000	-14.000000	.000000
E	35	BK5	EQ	.000000	.000000	.000000	.000000
L	36	BK6	BS	.000000	9.480000	.000000	9.480000
L	37	BK7	BS	1.000000	4.700000	.000000	5.700000
L	38	BK8	BS	.000000	1.140000	.000000	1.140000
L	39	BK9	BS	6.000000	1.440000	.000000	7.440000
L	40	BK10	BS	.000000	.840000	.000000	.840000
L	41	BK11	BS	6.000000	3.480000	.000000	9.480000
L	42	BK12	BS	.000000	5.700000	.000000	5.700000
L	43	BK13	BS	1.000000	.140000	.000000	1.140000
L	44	BK14	BS	.000000	7.440000	.000000	7.440000
L	45	BK15	BS	.000000	.840000	.000000	.840000
L	46	BK16	BS	6.000000	.000000	.000000	6.000000
L	47	BK17	BS	-1.000000	33.000000	.000000	32.000000
L	48	BK18	BS	1.000000	5.000000	.000000	6.000000
L	49	BK19	BS	-6.000000	47.000000	.000000	41.000000
L	50	BK20	BS	.000000	5.000000	.000000	5.000000
L	51	GL1	BS	57626.01267	43.987334	.000000	57670.00000
L	52	GL2	BS	34650.96297	24.037032	.000000	34675.00000
L	53	GL3	BS	6922.143133	12.856867	.000000	6935.000000
L	54	GL4	BS	45224.04088	35.959122	.000000	45260.00000
L	55	GL5	BS	5059.300027	50.699973	.000000	5110.000000
L	56	GL6	BS	4127.000000	1713.000000	.000000	5840.000000
L	57	GL7	UL	.000000	.000000	.000000	.000000
L	58	GL8	BS	-4532.446539	4532.446539	.000000	.000000
L	59	GL9	UL	.000000	.000000	.000000	.000000
E	60	GL10	EQ	.000000	.000000	-68970.00000	.000000
L	61	GL11	BS	-14358.08888	14358.08888	.000000	.000000
L	62	GL12	BS	-28613.72881	28613.72881	.000000	.000000
L	63	GL13	BS	-28359.31351	28359.31351	.000000	.000000
L	64	GL14	UL	.000000	.000000	7.896559	.000000
L	65	GL15	UL	.000000	.000000	2.421756	.000000
L	66	GL16	UL	.000000	.000000	3.996030	.000000
L	67	GL17	BS	-33656.68123	33656.68123	.000000	.000000
L	68	GL18	BS	-33715.60715	33715.60715	.000000	.000000
E	69	GL19	EQ	.000000	.000000	5003.737983	.000000
L	70	GL20	BS	-18385.00000	18385.00000	.000000	.000000
L	71	GL21	BS	-858.800000	858.800000	.000000	.000000
E	72	GL22	EQ	.000000	.000000	1255.266917	.000000
E	73	GL23	EQ	.000000	.000000	-733.913534	.000000
L	74	GL24	BS	-16071.72047	16071.72047	.000000	.000000
L	75	GL25	BS	-8099.935158	8099.935158	.000000	.000000
L	76	GL26	BS	-41292.37594	41292.37594	.000000	.000000
L	77	GL27	UL	.000000	.000000	18.904776	.000000
L	78	GL28	UL	.000000	.000000	27.749703	.000000
L	79	GL29	BS	-26839.80750	26839.80750	.000000	.000000
E	80	GL30	EQ	.000000	.000000	-14764.13534	.000000
L	81	GL31	BS	-46639.25783	46639.25783	.000000	.000000
L	82	GL32	BS	-9656.632983	9656.632983	.000000	.000000
L	83	GL33	BS	-41170.92164	41170.92164	.000000	.000000
L	84	GL34	BS	-55974.99999	55974.99999	.000000	.000000
L	85	GL35	BS	-46079.99999	46079.99999	.000000	.000000
E	86	GL36	EQ	107.000000	.000000	-521.353383	107.000000
L	87	GL37	BS	463349.6701	166650.3299	.000000	630000.0000
L	88	GL38	BS	20158.61510	67341.38490	.000000	87500.00000
L	89	GL39	BS	12898.18786	22101.81214	.000000	35000.00000
L	90	GL40	BS	23657.00793	151342.9921	.000000	175000.0000
L	91	GL41	BS	10949.78541	129050.2146	.000000	140000.0000
L	92	GL42	BS	293679.6935	126320.3065	.000000	420000.0000
L	93	GL43	BS	105743.0984	104256.9016	.000000	210000.0000
L	94	GL44	BS	674957.9975	42.002512	.000000	675000.0000
L	95	GL45	BS	9520.920000	2889.080000	.000000	12410.00000
L	96	GL46	BS	1549920.000	552480.0000	.000000	2102400.000
N	97	ZIELF	BS	33503132.06	-3274643.067	.000000	30228488.99

```
Columns Section
     Number    Column   At      Value       Input Cost    Reduced Cost
C      98   x      01    BS   2009.000000   9237.774387      .000000
C      99   x      02    BS    593.000000  10632.00132       .000000
C     100   x      03    BS   1560.785405  12692.68453       .000000
C     101   x      04    BS    527.000000    446.467062      .000000
C     102   x      05    BS    331.000000   7735.549494      .000000
C     103   x      06    BS    658.000000   2645.655698      .000000
C     104   x      07    BS   2810.789442   1690.603859      .000000
C     105   x      08    BS    468.000000   4037.125253      .000000
C     106   x      09    BS    744.808526   3010.990579      .000000
C     107   x      10    BS    480.000000   2471.219333      .000000
C     108   x      11    BS    303.000000   1754.827828      .000000
C     109   x      12    BS    106.000000   2365.733307      .000000
C     110   x      13    BS    370.219084   4191.364462      .000000
C     111   x      14    BS    113.000000   1868.074768      .000000
C     112   x      15    BS     52.000000   1404.570582      .000000
C     113   x      16    BS   2364.000000   2056.816257      .000000
C     114   x      17    BS   1453.388786   5145.194899      .000000
C     115   x      18    BS    496.000000   2466.612174      .000000
C     116   x      19    BS    320.000000   4541.833150      .000000
C     117   x      20    BS    236.000000   4100.800860      .000000
C     118   x      21    BS    350.000000   1589.194024      .000000
C     119   x      22    BS    188.627897   3588.263246      .000000
C     120   x      23    BS     23.000000   3355.650203      .000000
C     121   x      24    BS     24.000000   3007.453890      .000000
C     122   x      25    BS     38.000000   1912.439105      .000000
C     123   x      26    LL     60.000000     -1.810120     1.810120
C     124   x      27    UL     40.000000     71.145720    -71.145720
C     125   x      28    LL    142.000000    123.625720   821.613071
C     126   x      29    LL    135.000000    305.572920  3024.391426
C     127   x      30    UL     28.000000     16.052560   -16.052560
C     128   AA         UL      2.000000  -147120.0000  -1717138.680
C     129   AAN        LL     10.000000  -147120.0000   147641.3534
C     130   AC         LL     13.000000  -147120.0000   147641.3534
C     131   AF         UL     18.000000  -147120.0000  -1154519.605
C     132   AH         LL      3.000000  -147120.0000   147641.3534
C     133   AI         LL     24.000000  -147120.0000   147641.3534
C     134   AZ         BS      1.800000  -147120.0000       .000000
C     135   FA         LL     13.000000   -77180.00000   77701.35338
C     136   FE         LL      7.000000   -77180.00000   77701.35338
C     137   FO         LL     29.000000   -77180.00000   77701.35338
C     138   FAM        LL      1.000000   -77180.00000   77701.35338
C     139   FH         LL     25.000000   -77180.00000   77701.35338
C     140   ML         LL     18.000000   -68970.00000   84255.48872
C     141   MK         LL      7.000000   -68970.00000   69491.35338
C     142   MP         LL     11.000000   -68970.00000   69491.35338
C     143   MR         BS      6.965569   -68970.00000       .000000
C     144   MRA        LL     15.000000       .000000    69491.35338
C     145   MS         BS      2.051375   -68970.00000       .000000
C     146   MU         BS      5.983055   -68970.00000       .000000
C     147   PA         LL     10.000000   -72870.00000   74125.26692
C     148   PC         UL     70.000000   -72870.00000  -84516.71073
C     149   PD         BS      3.490000   -72870.00000       .000000
C     150   PF         LL     86.000000   -72870.00000   74125.26692
C     151   PH         UL     14.000000   -72870.00000  -184321.9819
C     152   PI         UL    123.000000   -72870.00000  -443178.3268
C     153   PIN        LL     30.000000   -72870.00000   74125.26692
C     154   PN         LL     16.000000   -72870.00000   74125.26692
C     155   PP         BS    349.000000       .000000        .000000
C     156   PTI        UL   4127.000000       .000000    -5003.737983
C     157   PW         BS      4.942030   -69340.00000       .000000
C     158   VBI        BS       .000000    -14.000000        .000000
C     159   VBC        BS      1.000000    -14.000000        .000000
C     160   VBH        BS       .000000    -14.000000        .000000
C     161   VBF        BS      6.000000    -14.000000        .000000
C     162   VBA        LL       .000000    -14.000000      14.000000
C     163   VBIC       LL       .000000       .000000      14.000000
C     164   VBIH       UL       .000000       .000000      14.000000
C     165   VBIF       LL       .000000       .000000      14.000000
```

```
C   166   VBIA   LL    .000000    .000000   14.000000
C   167   VBCI   LL   1.000000    .000000   14.000000
C   168   VBCH   UL    .000000    .000000   14.000000
C   169   VBCF   LL    .000000    .000000   14.000000
C   170   VBCA   LL    .000000    .000000   14.000000
C   171   VBHI   LL    .000000    .000000   14.000000
C   172   VBHC   LL    .000000    .000000   14.000000
C   173   VBHF   LL    .000000    .000000   14.000000
C   174   VBHA   LL    .000000    .000000   14.000000
C   175   VBFI   LL   5.000000    .000000   14.000000
C   176   VBFC   LL    .000000    .000000   14.000000
C   177   VBFH   LL   1.000000    .000000   14.000000
C   178   VBFA   LL    .000000    .000000   14.000000
C   179   VBAI   LL    .000000    .000000    .000000
C   180   VBAC   LL    .000000    .000000    .000000
C   181   VBAH   LL    .000000    .000000    .000000
C   182   VBAF   LL    .000000    .000000    .000000
```

Abbildung A17: Darstellung der relevanten Bereiche der Modellmodifikation K16

```
                                                              !K16.MOD
!Modell mit Krankenhaus 1
!400   Betten
!MIT   Bettenverschiebung innerhalb der 5%-Grenze
!MIT   Beschränkung der Bettenkapazität bei Bettenverschiebung
!MIT   Berücksichtigung der anfallenden Kosten bei der Bettenverschiebung
!OHNE  Bettenverschiebung ohne Grenze
!MIT   Abteilungsschließungsmöglichkeiten
!OHNE  Regionalversorgungssicherung
!MIT   Ganzzahligkeit

VARIABLES
x    (30)          !Anzahl der Patienten in Krankenhaus 1 von Fallklasse j
AA
...

!Abteilungsschließungsvariablen
SDI          !Schließung der Abteilung Innere Medizin
SDC
SDH
SDF
SDA


TABLES
V_EZG   (25)
P_AMB   (30)
H_IB    (30)
...

CONNECT EXCEL
DISKDATA -C
! Daten für Krankenhaus 1
V_EZG   =        kh_1.xls (V_EZG)
P_AMB   =        kh_1.xls (P_AMB)
H_IB    =        kh_1.xls (H_IB)
...
DISCONNECT

ASSIGN

CONSTRAINTS
```

```
A1:      401*SDI>BKAP_I(1)-VBI+VBCI+VBHI+VBFI+VBAI
A2:      401*SDC>BKAP_C(1)-VBC+VBIC+VBHC+VBFC+VBAC
A3:      401*SDH>BKAP_H(1)-VBH+VBIH+VBCH+VBFH+VBAH
A4:      401*SDF>BKAP_F(1)-VBF+VBIF+VBCF+VBHF+VBAF
A5:      401*SDA>BKAP_A(1)-VBA+VBIA+VBCA+VBHA+VBFA

GL1:    SUM(j=1 :5 ) (H_IB(j)*VD_MIN(j)+H_OIB(j)*VD_OIN(j))&
                     *x(j)< BKAP_I(1)*PZ(1)-VBI*PZ(1)        &
                     +VBCI*PZ(1)+VBHI*PZ(1)+VBFI*PZ(1)+VBAI*PZ(1)


...


!Zielfunktion:Maximierung des Überschusses

ZIELF:   SUM(j=1:30)                                          &
         (FPP(j)*PWP(1)+FPS(j)*PWS(1)                         &
         -UNTK(j)-OPANK(j)-VERP1(j)-VERP2(j)) *x(j)           &
         -VERPN(1)*x(16) -VERPN(1)*x(18) -VERPN(1)*x(19)      &
-PK_MR(1)*MR-PK_MS(1)*MS-PK_MU(1)*MU-PK_ML(1)*ML-PK_MK(1)*MK  &
-PK_MP(1)*MP-PK_FE(1)*FE-PK_FA(1)*FA-PK_FO(1)*FO-PK_FAM(1)*FAM &
-PK_AI(1)*AI-PK_AC(1)*AC-PK_AH(1)*AH-PK_AF(1)*AF-PK_AA(1)*AA  &
-PK_PI(1)*PI-PK_PC(1)*PC-PK_PH(1)*PH-PK_PF(1)*PF-PK_PA(1)*PA  &
-PK_PIN(1)*PIN-PK_PN(1)*PN- PK_FH(1)*FH                       &
-PK_AAN(1)*AAN-PK_PD(1)*PD-PK_PW(1)*PW-PK_AZ(1)*AZ            &
-FK_PER(1)-FK_L(1)-FK_R(1)-FK_E(1)-FK_KD(1)            &
-FK_AN(1)-FK_P(1)-FK_O(1)-SDF*FK_K(1)              &
-SDI*FK_I(1)-SDC*FK_C(1)-SDH*FK_H(1)              &
-SDF*FK_F(1)-SDA*FK_A(1)-FK_IN(1)              &
-K_VB(1)*VBI-K_VB(1)*VBC-K_VB(1)*VBH-K_VB(1)*VBF-K_VB(1)*VBA      $


BOUNDS
x (i=26:30)           .UI. 10000
AA                    .UI. 10000
...
SDI      .BV.
SDC      .BV.
SDH      .BV.
SDF      .BV.
SDA      .BV.

Generate
```

Stadtteile, Einwohner und Krankenhäuser in der Stadt Nürnberg

Im folgenden werden die Stadtteile Nürnbergs mit seinen Einwohnerzahlen aufgelistet. Die Zahlen stammen aus dem Statistischen Jahrbuch der Stadt Nürnberg.[22] Die nächste Tabelle listet die in dem Faltplan gekennzeichneten Krankenhäuser mit ihren Gesamtbetten auf. Zusätzlich sind die Betten angegeben, die auf die Abteilungen Innere Medizin, Chirurgie, HNO, Fr. u. G. und die Augenheilkunde entfallen. Die Daten stammen aus dem Verzeichnis der Krankenhäuser in Bayern.[23]

Bez.	Stadtteil	Einwohner	Bevölkerung je ha
0	Altstadt und engere Innenstadt	54.722	92
1	Weiterer Innenstadtgürtel Süd	87.131	118
2	Weiterer Innenstadtgürtel West/Nord/Ost	84.650	87
3	Südöstliche Außenstadt	49.340	24
4	Südliche Außenstadt	47.229	10
5	Südwestliche Außenstadt	44.255	28
6	Westliche Außenstadt	27.008	23
7	Nordwestliche Außenstadt	29.670	9
8	Nordöstliche Außenstadt	27.351	17
9	Östliche Außenstadt	41.508	20

Kranken-haus-Nr.	Name des Krankenhauses	Gesamtanzahl der Betten	davon Innere Medizin, Chirurgie, HNO, Fr.u.G., Augenheilkunde
1	Klinikum Nord	1380	962
2	Klinikum Süd	998	759
3	KH Martha-Maria	360	283
4	St.-Theresien-KH	316	267
5	Klinikum Hallerwiese	200	152
6	Cnopfsche Kinderklinik	145	42
7	Maximilians-Augenklinik	45	45
8	Kliniken Dr. Erler	250	140
9	Sana-Klinik	90	90
10	Klinik für ästh.Chirurgie	10	10
11	Privatklinik	35	35
12	Augenklinik	5	5
13	Klinik für Beinleiden	3	3
14	Klinik f Beinerkrankungen	4	4
15	Fachklinik kosm. Chirurgie	5	5
16	Klinik kosm. Beinchirurgie	4	4

---

[22] vgl. Statistisches Landesamt der Stadt Nürnberg [1997], S.263
[23] vgl. Bayerisches Landesamt für Statistik und Datenverarbeitung [1997b], S.31 f.

Tabelle A21: Darstellung der verwendeten Daten im Regionalmodell

Auf den folgenden Seiten 67 - 80 ist die Datei abgebildet, aus der die Daten für das Regionalmodell importiert werden. In den Spalten sind die Fallklassen eingetragen und in den Zeilen die Krankenhäuser. Dabei sind diese nicht nach ihrer Bettengröße sortiert, sondern in der Reihenfolge, wie sie festgesetzt wurden.

	66500	Krankenhaus4																												
	67892	Krankenhaus5																												
L_ST	0	0	0	0	0	0	0	0	0	0	0	0	0	0	0	0	3	0	0	0	0	0	0	0	0	0	0	0	0	0
	0	0	0	0	0	0	0	0	0	0	0	0	0	0	0	0	2	0	0	0	0	0	0	0	0	0	0	0	0	0
	0	0	0	0	0	0	0	0	0	0	0	0	0	0	0	0	3	0	0	0	0	0	0	0	0	0	0	0	0	0
	0	0	0	0	0	0	0	0	0	0	0	0	0	0	0	0	4	0	0	0	0	0	0	0	0	0	0	0	0	0
	0	0	0	0	0	0	0	0	0	0	0	0	0	0	0	0	2	0	0	0	0	0	0	0	0	0	0	0	0	0
Z_ST	0	0	0	0	0	0	0	0	0	0	0	0	0	0	0	0	30	0	0	0	0	0	0	0	0	0	0	0	0	0
	0	0	0	0	0	0	0	0	0	0	0	0	0	0	0	0	35	0	0	0	0	0	0	0	0	0	0	0	0	0
	0	0	0	0	0	0	0	0	0	0	0	0	0	0	0	0	20	0	0	0	0	0	0	0	0	0	0	0	0	0
	0	0	0	0	0	0	0	0	0	0	0	0	0	0	0	0	30	0	0	0	0	0	0	0	0	0	0	0	0	0
	0	0	0	0	0	0	0	0	0	0	0	0	0	0	0	0	30	0	0	0	0	0	0	0	0	0	0	0	0	0
MTD_ST	65974	Krankenhaus1																												
	65734	Krankenhaus2																												
	65798	Krankenhaus3																												
	65831	Krankenhaus4																												
	66533	Krankenhaus5																												
L_UL1	2	0	1	1	1	0	0	2	1	0	0	0	0	1	0	3	1	0	0	3	0	0	0	0	0	0	1	0	0	0
	2	0	1	2	2	0	0	1	2	0	0	0	0	1	0	2	2	0	0	2	0	0	0	0	0	0	2	0	0	0
	3	0	2	1	1	0	0	2	1	0	0	0	0	1	0	1	1	0	0	3	0	0	0	0	0	0	1	0	0	0
	2	0	2	1	2	0	0	1	1	0	0	0	0	1	0	1	2	0	0	1	0	0	0	0	0	0	1	0	0	0
	2	0	1	2	1	0	0	1	1	0	0	0	0	1	0	1	1	0	0	4	0	0	0	0	0	0	2	0	0	0
Z_UL1	25	25	25	25	25	20	20	25	20	20	20	20	20	10	50	10	10	20	20	10	20	20	20	20	20	20	20	20	20	20
	24	24	24	24	24	25	25	27	25	25	25	25	25	12	47	12	12	25	25	12	25	25	25	25	25	25	25	25	25	25
	28	28	28	28	28	20	20	24	20	20	20	20	20	9	48	9	9	20	20	9	20	20	20	20	20	20	20	20	20	20
	26	26	26	26	26	18	18	25	18	18	18	18	18	10	52	10	10	18	18	10	18	18	18	18	18	18	18	18	18	18
	25	25	25	25	25	21	21	25	21	21	21	21	21	11	50	11	11	21	21	11	21	21	21	21	21	21	21	21	21	21
L_UL2	2	0	2	1	1	0	0	1	1	0	0	0	0	1	0	1	2	0	0	2	0	0	0	0	0	0	1	0	0	0
	3	0	2	2	1	0	0	1	2	0	0	0	0	1	0	1	1	0	0	2	0	0	0	0	0	0	1	0	0	0
	2	0	2	1	2	0	0	2	1	0	0	0	0	1	0	1	2	0	0	1	0	0	0	0	0	0	1	0	0	0
	1	0	3	1	1	0	0	1	1	0	0	0	0	1	0	1	2	0	0	1	0	0	0	0	0	0	1	0	0	0
	3	0	1	2	1	0	0	1	0	0	0	0	0	2	0	1	1	0	0	2	0	0	0	0	0	0	1	0	0	0
Z_UL2	7	7	7	7	7	7	7	7	7	7	7	7	7	7	7	7	7	7	7	7	7	7	7	7	7	7	7	7	7	7
	10	10	10	10	10	10	10	10	10	10	10	10	10	10	10	10	10	10	10	10	10	10	10	10	10	10	10	10	10	10
	8	8	8	8	8	8	8	8	8	8	8	8	8	8	8	8	8	8	8	8	8	8	8	8	8	8	8	8	8	8
	6	6	6	6	6	6	6	6	6	6	6	6	6	6	6	6	6	6	6	6	6	6	6	6	6	6	6	6	6	6
	7	7	7	7	7	7	7	7	7	7	7	7	7	7	7	7	7	7	7	7	7	7	7	7	7	7	7	7	7	7
MTD_UL	66759	Krankenhaus1																												
	66497	Krankenhaus2																												
	66753	Krankenhaus3																												
	66698	Krankenhaus4																												
	67088	Krankenhaus5																												
L_LA1	2	3	2	2	3	1	0	1	1	1	1	1	1	1	1	1	1	1	1	1	1	1	1	1	1	1	1	1	1	1
	2	2	2	4	5	1	0	1	1	1	1	1	1	1	1	1	1	1	2	1	1	1	1	1	1	1	1	1	1	1
	2	3	3	1	4	2	0	1	1	1	1	1	1	1	1	1	1	1	1	2	1	1	2	2	1	1	1	1	1	1
	1	4	4	3	3	1	0	2	1	1	1	1	1	1	1	1	1	1	1	0	1	2	1	1	1	1	1	1	1	1
	1	3	1	2	4	1	0	1	2	1	1	1	1	1	1	1	1	2	1	1	1	1	1	1	2	1	1	1	1	1
Z_LA1	15	15	15	15	15	15	15	15	15	15	15	15	15	15	15	15	15	15	15	15	15	15	15	15	15	15	15	15	15	15
	20	20	20	20	20	20	20	20	20	20	20	20	20	20	20	20	20	20	20	20	20	20	20	20	20	20	20	20	20	20
	12	12	12	12	12	12	12	12	12	12	12	12	12	12	12	12	12	12	12	12	12	12	12	12	12	12	12	12	12	12
	15	15	15	15	15	15	15	15	15	15	15	15	15	15	15	15	15	15	15	15	15	15	15	15	15	15	15	15	15	15
	16	16	16	16	16	16	16	16	16	16	16	16	16	16	16	16	16	16	16	16	16	16	16	16	16	16	16	16	16	16
L_LA2	0	1	1	1	1	1	0	1	1	0	0	0	0	0	0	0	0	0	0	0	0	0	0	0	0	1	1	0	0	0
	0	2	1	1	1	1	0	1	1	0	0	0	0	0	0	0	0	0	0	0	0	0	0	0	0	1	1	0	0	0
	0	1	2	1	1	2	0	1	2	0	0	0	0	0	0	0	0	0	0	0	0	0	0	0	0	1	1	0	0	0
	0	2	2	1	2	1	0	2	1	0	0	0	0	0	0	0	0	0	0	0	0	0	0	0	0	1	1	0	0	0
	0	2	1	1	1	1	0	1	1	0	0	0	0	0	0	0	0	0	0	0	0	0	0	0	0	1	1	0	0	0
Z_LA2	15	15	15	15	15	15	15	15	15	15	15	15	15	15	15	15	15	15	15	15	15	15	15	15	15	15	15	15	15	15
	15	15	15	15	15	15	15	15	15	15	15	15	15	15	15	15	15	15	15	15	15	15	15	15	15	15	15	15	15	15
	13	13	13	13	13	13	13	13	13	13	13	13	13	13	13	13	13	13	13	13	13	13	13	13	13	13	13	13	13	13
	17	17	17	17	17	17	17	17	17	17	17	17	17	17	17	17	17	17	17	17	17	17	17	17	17	17	17	17	17	17
	15	15	15	15	15	15	15	15	15	15	15	15	15	15	15	15	15	15	15	15	15	15	15	15	15	15	15	15	15	15
L_LA3	1	2	1	1	2	1	0	1	1	0	0	0	0	0	0	0	0	0	0	0	0	0	0	0	0	1	1	0	0	0
	2	3	1	1	1	1	0	1	2	0	0	0	0	0	0	0	0	0	0	0	0	0	0	0	0	1	1	0	0	0
	1	2	1	1	2	1	0	1	2	0	0	0	0	0	0	0	0	0	0	0	0	0	0	0	0	1	1	0	0	0
	1	2	1	2	3	1	0	1	1	0	0	0	0	0	0	0	0	0	0	0	0	0	0	0	0	1	1	0	0	0
	1	1	0	1	3	2	0	1	1	0	0	0	0	0	0	0	0	0	0	0	0	0	0	0	0	1	1	0	0	0
Z_LA3	15	15	15	15	15	15	15	15	15	15	15	15	15	15	15	15	15	15	15	15	15	15	15	15	15	15	15	15	15	15
	15	15	15	15	15	15	15	15	15	15	15	15	15	15	15	15	15	15	15	15	15	15	15	15	15	15	15	15	15	15

	13	13	13	13	13	13	13	13	13	13	13	13	13	13	13	13	13	13	13	13	13	13	13	13	13	13	13	13	13	13
	16	16	16	16	16	16	16	16	16	16	16	16	16	16	16	16	16	16	16	16	16	16	16	16	16	16	16	16	16	16
L_LA4	2	3	1	2	3	1	1	2	1	1	2	1	1	1	1	1	2	1	1	1	1	1	1	2	1	1	1	1	1	1
	2	5	1	3	4	1	1	1	1	1	1	1	1	1	1	1	1	1	1	1	1	2	1	1	1	1	1	1	1	1
	2	2	0	2	2	1	2	1	1	1	1	1	1	1	1	1	1	1	1	2	1	1	2	1	1	1	1	1	1	1
	3	3	2	1	3	1	1	2	1	2	2	2	1	1	1	2	1	1	2	1	2	1	1	1	1	1	1	1	1	1
	2	3	2	3	1	1	2	1	1	1	1	1	2	1	1	1	1	1	1	1	1	1	1	1	1	1	1	1	1	1
Z_LA4	20	20	20	20	20	20	20	20	20	20	20	20	20	20	20	20	20	20	20	20	20	20	20	20	20	20	20	20	20	20
	25	25	25	25	25	25	25	25	25	25	25	25	25	25	25	25	25	25	25	25	25	25	25	25	25	25	25	25	25	25
	18	18	18	18	18	18	18	18	18	18	18	18	18	18	18	18	18	18	18	18	18	18	18	18	18	18	18	18	18	18
	17	17	17	17	17	17	17	17	17	17	17	17	17	17	17	17	17	17	17	17	17	17	17	17	17	17	17	17	17	17
	20	20	20	20	20	20	20	20	20	20	20	20	20	20	20	20	20	20	20	20	20	20	20	20	20	20	20	20	20	20
L_LA5	1	3	1	10	1	0	0	0	0	0	0	0	0	0	0	0	0	0	0	0	0	0	0	0	0	0	0	0	0	0
	0	4	1	8	1	0	0	0	0	0	0	0	0	0	0	0	0	0	0	0	0	0	0	0	0	0	0	0	0	0
	2	2	1	12	0	0	0	0	0	0	0	0	0	0	0	0	0	0	0	0	0	0	0	0	0	0	0	0	0	0
	2	1	0	11	1	0	0	0	0	0	0	0	0	0	0	0	0	0	0	0	0	0	0	0	0	0	0	0	0	0
	1	1	2	10	2	0	0	0	0	0	0	0	0	0	0	0	0	0	0	0	0	0	0	0	0	0	0	0	0	0
Z_LA5	20	20	20	20	20	20	20	20	20	20	20	20	20	20	20	20	20	20	20	20	20	20	20	20	20	20	20	20	20	20
	22	22	22	22	22	22	22	22	22	22	22	22	22	22	22	22	22	22	22	22	22	22	22	22	22	22	22	22	22	22
	19	19	19	19	19	19	19	19	19	19	19	19	19	19	19	19	19	19	19	19	19	19	19	19	19	19	19	19	19	19
	16	16	16	16	16	16	16	16	16	16	16	16	16	16	16	16	16	16	16	16	16	16	16	16	16	16	16	16	16	16
	20	20	20	20	20	20	20	20	20	20	20	20	20	20	20	20	20	20	20	20	20	20	20	20	20	20	20	20	20	20
MTD_LA	68797	Krankenhaus1																												
	66485	Krankenhaus2																												
	66713	Krankenhaus3																												
	66591	Krankenhaus4																												
	67399	Krankenhaus5																												
L_EKG	1	2	2	2	1	1	1	2	1	1	2	2	1	1	2	0	1	0	0	1	1	1	1	1	1	1	1	1	1	1
	2	2	2	3	1	1	1	2	1	1	1	1	2	2	1	0	1	0	0	1	1	1	1	1	1	1	1	1	1	1
	2	2	3	1	1	1	2	2	1	1	1	1	1	2	1	0	1	0	0	1	1	2	1	2	1	1	1	1	1	1
	1	3	1	2	2	1	1	1	2	1	1	1	1	2	1	0	2	0	0	2	1	1	1	1	1	1	1	1	1	1
	1	2	3	2	1	1	1	1	1	2	1	1	1	1	1	0	1	0	0	1	1	1	1	1	2	1	1	1	1	1
Z_EKG	10	10	10	10	10	10	10	10	10	10	10	10	10	10	10	10	10	10	10	10	10	10	10	10	10	10	10	10	10	10
	9	9	9	9	9	9	9	9	9	9	9	9	9	9	9	9	9	9	9	9	9	9	9	9	9	9	9	9	9	9
	9	9	9	9	9	9	9	9	9	9	9	9	9	9	9	9	9	9	9	9	9	9	9	9	9	9	9	9	9	9
	11	11	11	11	11	11	11	11	11	11	11	11	11	11	11	11	11	11	11	11	11	11	11	11	11	11	11	11	11	11
	10	10	10	10	10	10	10	10	10	10	10	10	10	10	10	10	10	10	10	10	10	10	10	10	10	10	10	10	10	10
L_BEKG	0	0	0	1	0	0	0	1	0	0	1	0	0	0	0	0	0	0	1	0	0	0	0	0	0	0	0	0	0	0
	1	1	0	0	0	0	0	2	0	0	2	0	0	0	0	0	0	0	1	0	0	0	0	0	0	0	0	0	0	0
	0	1	1	0	0	0	0	1	0	0	1	0	0	0	0	0	0	0	1	0	0	0	0	0	0	0	0	0	0	0
	0	0	1	0	1	0	0	1	0	0	1	0	0	0	0	0	0	0	2	0	0	0	0	0	0	0	0	0	0	0
	0	0	0	1	0	0	0	2	0	0	2	0	0	0	0	0	0	0	1	0	0	0	0	0	0	0	0	0	0	0
Z_BEKG	30	30	30	30	30	30	30	30	30	30	30	30	30	30	30	30	30	30	30	30	30	30	30	30	30	30	30	30	30	30
	28	28	28	28	28	28	28	28	28	28	28	28	28	28	28	28	28	28	28	28	28	28	28	28	28	28	28	28	28	28
	31	31	31	31	31	31	31	31	31	31	31	31	31	31	31	31	31	31	31	31	31	31	31	31	31	31	31	31	31	31
	27	27	27	27	27	27	27	27	27	27	27	27	27	27	27	27	27	27	27	27	27	27	27	27	27	27	27	27	27	27
	30	30	30	30	30	30	30	30	30	30	30	30	30	30	30	30	30	30	30	30	30	30	30	30	30	30	30	30	30	30
L_LEKG	1	0	1	1	2	0	0	1	0	0	0	0	0	1	0	0	1	0	0	1	0	0	0	0	0	1	0	0	0	0
	1	1	0	1	1	0	0	1	0	1	0	0	0	1	0	0	1	0	0	1	0	0	0	0	0	1	0	0	0	0
	1	1	1	1	3	0	1	2	0	1	0	0	0	1	0	0	1	0	0	1	0	0	0	0	0	2	0	0	0	0
	1	1	1	1	1	0	0	1	1	0	0	0	0	1	0	0	1	0	0	2	0	0	0	0	0	1	0	0	0	0
	1	1	1	0	1	0	1	1	0	1	0	0	0	1	0	0	1	0	0	2	0	0	0	0	0	1	0	0	0	0
Z_LEKG	30	30	30	30	30	30	30	30	30	30	30	30	30	30	30	30	30	30	30	30	30	30	30	30	30	30	30	30	30	30
	28	28	28	28	28	28	28	28	28	28	28	28	28	28	28	28	28	28	28	28	28	28	28	28	28	28	28	28	28	28
	25	25	25	25	25	25	25	25	25	25	25	25	25	25	25	25	25	25	25	25	25	25	25	25	25	25	25	25	25	25
	31	31	31	31	31	31	31	31	31	31	31	31	31	31	31	31	31	31	31	31	31	31	31	31	31	31	31	31	31	31
	30	30	30	30	30	30	30	30	30	30	30	30	30	30	30	30	30	30	30	30	30	30	30	30	30	30	30	30	30	30
MTD_KO	68339	Krankenhaus1																												
	66297	Krankenhaus2																												
	66403	Krankenhaus3																												
	66213	Krankenhaus4																												
	66443	Krankenhaus5																												
L_PH1	2	0	1	0	3	0	0	0	0	0	0	0	0	0	0	0	0	0	0	0	0	0	0	0	0	0	0	0	0	0
	3	1	2	1	4	0	0	0	0	0	0	0	0	0	0	0	0	0	0	0	0	0	0	0	0	0	0	0	0	0
	2	0	2	1	2	0	0	0	0	0	0	0	0	0	0	0	0	0	0	0	0	0	0	0	0	0	0	0	0	0
	3	1	1	0	3	0	0	0	0	0	0	0	0	0	0	0	0	0	0	0	0	0	0	0	0	0	0	0	0	0
	3	0	0	0	3	0	0	0	0	0	0	0	0	0	0	0	0	0	0	0	0	0	0	0	0	0	0	0	0	0
Z_PH1	20	0	30	0	20	0	0	0	0	0	0	0	0	0	0	0	0	0	0	0	0	0	0	0	0	0	0	0	0	0
	20	20	35	15	25	0	0	0	0	0	0	0	0	0	0	0	0	0	0	0	0	0	0	0	0	0	0	0	0	0
	15	0	30	20	20	0	0	0	0	0	0	0	0	0	0	0	0	0	0	0	0	0	0	0	0	0	0	0	0	0

	3,1	3,1	3,1	2,2	0,0	2,1	0,0	2,3	2,3	2,1	2,4	2,2	0,0	0,0	2,2	0,0	2,3	0,33	0,5	2,2	2,1	0,0	0,0	0,0	0,0	2,2	2,3	0,0	2,1	2,4
	3,0	3,0	3,0	2,1	0,0	2,2	0,0	2,1	2,2	2,1	2,5	2,1	0,0	0,0	2,3	0,0	2,1	0,35	0,5	2,1	2,2	0,0	0,0	0,0	0,0	2,1	2,1	0,0	2,1	2,5
	3,1	3,1	3,1	2,2	0,0	2,2	0,0	2,3	2,2	2,3	2,5	2,4	0,0	0,0	2,1	0,0	2,2	0,34	0,4	2,1	2,2	0,0	0,0	0,0	0,0	2,2	2,2	0,0	2,2	2,5
FD_O	64277	Krankenhaus1																												
	65002	Krankenhaus2																												
	64381	Krankenhaus3																												
	64200	Krankenhaus4																												
	63525	Krankenhaus5																												
ICD9	414	428	427	250	436	550	850	574	540	454	474	470	388	473	478	650	174	644	669	218	366	365	381	382	378	2620	2700	1150	1352	1477
GZ_FAE	0	0	0	0	0	0	0	0	0	0	0	0	0	0	0	0	0	0	0	0	0	0	0	0	0	0	0	1	0	0
	0	0	0	0	0	0	0	0	0	0	0	0	0	0	0	0	0	0	0	0	0	0	0	0	0	0	0	1	0	0
	0	0	0	0	0	0	0	0	0	0	0	0	0	0	0	0	0	0	0	0	0	0	0	0	0	0	0	1	0	0
	0	0	0	0	0	0	0	0	0	0	0	0	0	0	0	0	0	0	0	0	0	0	0	0	0	0	0	1	0	0
	0	0	0	0	0	0	0	0	0	0	0	0	0	0	0	0	0	0	0	0	0	0	0	0	0	0	0	1	0	0
GZ_FAO	1,2	2,0	2,0	1,0	0,0	1,0	0,0	1,0	1,0	1,0	1,0	1,0	0,0	0,0	1,0	0,0	1,0	1,0	1,0	1,0	1,0	0,0	0,0	0,0	0,0	1,0	1,0	0,0	1,0	1,0
	1,3	2,1	2,0	1,0	0,0	1,0	0,0	1,0	1,0	1,0	1,0	1,0	0,0	0,0	1,0	0,0	1,0	1,0	1,0	1,0	1,0	0,0	0,0	0,0	0,0	1,0	1,0	0,0	1,0	1,0
	1,2	2,1	2,0	1,0	0,0	1,0	0,0	1,0	1,0	1,0	1,0	1,0	0,0	0,0	1,0	0,0	1,0	1,0	1,0	1,0	1,0	0,0	0,0	0,0	0,0	1,0	1,0	0,0	1,0	1,0
	1,1	2,0	2,1	1,0	0,0	1,0	0,0	1,0	1,0	1,0	1,0	1,0	0,0	0,0	1,0	0,0	1,0	1,0	1,0	1,0	1,0	0,0	0,0	0,0	0,0	1,0	1,0	0,0	1,0	1,0
	1,4	2,0	2,0	1,0	0,0	1,0	0,0	1,0	1,0	1,0	1,0	1,0	0,0	0,0	1,0	0,0	1,0	1,0	1,0	1,0	1,0	0,0	0,0	0,0	0,0	1,0	1,0	0,0	1,0	1,0
FD_A	63000	Krankenhaus1																												
	62945	Krankenhaus2																												
	63482	Krankenhaus3																												
	63005	Krankenhaus4																												
	62568	Krankenhaus5																												
Z_FDA	0	0	0	0	0	0	0	0	0	0	0	0	0	0	0	0	0	0	0	0	0	0	0	0	0	10	25	20	15	20
	0	0	0	0	0	0	0	0	0	0	0	0	0	0	0	0	0	0	0	0	0	0	0	0	0	15	10	10	20	15
	0	0	0	0	0	0	0	0	0	0	0	0	0	0	0	0	0	0	0	0	0	0	0	0	0	20	15	20	25	15
	0	0	0	0	0	0	0	0	0	0	0	0	0	0	0	0	0	0	0	0	0	0	0	0	0	25	26	15	20	20
	0	0	0	0	0	0	0	0	0	0	0	0	0	0	0	0	0	0	0	0	0	0	0	0	0	10	20	20	20	25
FD_AM	63000	Krankenhaus1																												
	62945	Krankenhaus2																												
	63482	Krankenhaus3																												
	63005	Krankenhaus4																												
	62568	Krankenhaus5																												
GZ_FH	0	0	0	0	0	0	0	0	0	0	0	0	0	0	0	1	0	1	1	0	0	0	0	0	0	0	0	0	0	0
	0	0	0	0	0	0	0	0	0	0	0	0	0	0	0	1	0	1	1	0	0	0	0	0	0	0	0	0	0	0
	0	0	0	0	0	0	0	0	0	0	0	0	0	0	0	1	0	1	1	0	0	0	0	0	0	0	0	0	0	0
	0	0	0	0	0	0	0	0	0	0	0	0	0	0	0	1	0	1	1	0	0	0	0	0	0	0	0	0	0	0
	0	0	0	0	0	0	0	0	0	0	0	0	0	0	0	1	0	1	1	0	0	0	0	0	0	0	0	0	0	0
FD_H	63840	Krankenhaus1																												
	64000	Krankenhaus2																												
	63800	Krankenhaus3																												
	63810	Krankenhaus4																												
	63790	Krankenhaus5																												
AZ_PER	107	Krankenhaus1																												
	201	Krankenhaus2																												
	164	Krankenhaus3																												
	266	Krankenhaus4																												
	53	Krankenhaus5																												
AHZ_PW	133	Krankenhaus1																												
	133	Krankenhaus2																												
	133	Krankenhaus3																												
	133	Krankenhaus4																												
	133	Krankenhaus5																												
GK_RO	630000	Krankenhaus1																												
	1365000	Krankenhaus2																												
	840000	Krankenhaus3																												
	840000	Krankenhaus4																												
	420000	Krankenhaus5																												
GK_UL1	420000	Krankenhaus1																												
	735000	Krankenhaus2																												
	630000	Krankenhaus3																												
	735000	Krankenhaus4																												
	315000	Krankenhaus5																												
GK_UL2	210000	Krankenhaus1																												
	420000	Krankenhaus2																												
	315000	Krankenhaus3																												
	315000	Krankenhaus4																												
	210000	Krankenhaus5																												

PK_FA	76594	Krankenhaus3
	77235	Krankenhaus4
	76661	Krankenhaus5
PK_FO	77180	Krankenhaus1
	78230	Krankenhaus2
	76594	Krankenhaus3
	77235	Krankenhaus4
	76661	Krankenhaus5
PK_FAM	77180	Krankenhaus1
	78230	Krankenhaus2
	76594	Krankenhaus3
	77235	Krankenhaus4
	76661	Krankenhaus5
PK_FI	77180	Krankenhaus1
	77200	Krankenhaus2
	77100	Krankenhaus3
	77300	Krankenhaus4
	77200	Krankenhaus5
PK_AI	147120	Krankenhaus1
	151000	Krankenhaus2
	148064	Krankenhaus3
	148067	Krankenhaus4
	148069	Krankenhaus5
PK_AC	147120	Krankenhaus1
	151000	Krankenhaus2
	148064	Krankenhaus3
	148067	Krankenhaus4
	148069	Krankenhaus5
PK_XH	147120	Krankenhaus1
	151000	Krankenhaus2
	148064	Krankenhaus3
	148067	Krankenhaus4
	148069	Krankenhaus5
PK_XF	147120	
	151000	
	148064	
	148067	
	148069	
PK_XA	147120	Krankenhaus1
	151000	Krankenhaus2
	148064	Krankenhaus3
	148067	Krankenhaus4
	148069	Krankenhaus5
PK_PI	72870	Krankenhaus1
	73120	Krankenhaus2
	71978	Krankenhaus3
	72500	Krankenhaus4
	73882	Krankenhaus5
PK_PC	72870	Krankenhaus1
	73120	Krankenhaus2
	71978	Krankenhaus3
	72500	Krankenhaus4
	73882	Krankenhaus5
PK_PH	72870	Krankenhaus1
	73120	Krankenhaus2
	71978	Krankenhaus3
	72500	Krankenhaus4
	73882	Krankenhaus5
PK_PF	72870	Krankenhaus1
	73120	Krankenhaus2
	71978	Krankenhaus3
	72500	Krankenhaus4
	73882	Krankenhaus5

		Wert
PK_PIN	71978 Krankenhaus3	5,70
	22500 Krankenhaus5	5,97
	73662 Krankenhaus5	6,10
PK_PN	72870 Krankenhaus1	5,55
	73120 Krankenhaus3	5,18
	71978 Krankenhaus4	10,04
	72500 Krankenhaus1	12,30
	73662 Krankenhaus5	9,51
PK_AAN	72870 Krankenhaus2	10,56
	73120 Krankenhaus3	11,39
	71978 Krankenhaus4	10,04
	72500 Krankenhaus4	12,30
	73662 Krankenhaus5	10,56
PK_PD	147120 Krankenhaus1	10,04
	146864 Krankenhaus3	12,30
	146667 Krankenhaus4	9,51
	140609 Krankenhaus5	10,56
		11,39
PK_PW	72870 Krankenhaus1	10,04
	73102 Krankenhaus2	12,30
	72816 Krankenhaus3	10,56
	73100 Krankenhaus4	11,39
	72462 Krankenhaus5	
PK_AZ	69340 Krankenhaus1	9,12
	70201 Krankenhaus2	8,00
	66975 Krankenhaus3	10,20
	68153 Krankenhaus4	7,60
	70031 Krankenhaus5	10,68
S_LX1	147120 Krankenhaus1	18,24
	146864 Krankenhaus2	15,30
	151000 Krankenhaus3	21,10
	146667 Krankenhaus4	18,10
	140609 Krankenhaus5	18,46
S_LX2		313,50
		290,45
		320,50
		328,05
S_LX3		35
		40
		33
		30
		37
S_LX4		35
		33
		30
		37
S_RO		22,8
		25,1
S_ST		
S_ULT		

S_ULX																						
S_EKG																						
S_BEKG																						
S_EKG																						
S_PH1																						
S_PH2																						
S_PH3																						
S_E1																						
S_E2																						
S_OE																						
S_AE																						
S_OO																						
S_AO																						

	Krankenhaus1	Krankenhaus2	Krankenhaus3	Krankenhaus4	Krankenhaus5
S_N					
S_LM					
S_AM?					
S_NG	15	16	16	12	14
FK_PER	7613700	14165153	11607766	18600135	3765720
FK_L	2111111	3206333	2166666	3277777	1055000
FK_R	2047032	3086165	3074540	4117580	1023286
FK_E	2614254	3026352	3021061	3035136	1008996
FK_KD	2074724	4145170	3116132	4193560	2604324
FK_XN	1001670	3003146	2002516	3004197	500831
FK_P	2180000	3300000	3240000	3400000	1570000
FK_O	2025560	3047590	36397	63966	12671
FK_K	120000	2225000	180000	300000	59400
FK_J	3340254	6448914			

Datenanhang (rotierte Tabelle):

Kennung	Krankenhaus	Wert
FK_C	Krankenhaus3	5137200
	Krankenhaus4	8577366
	Krankenhaus5	1897728
FK_H	Krankenhaus1	1850770
	Krankenhaus2	3463737
	Krankenhaus3	2786278
	Krankenhaus4	4837018
	Krankenhaus5	9141661
FK_F	Krankenhaus1	413700
	Krankenhaus2	783840
	Krankenhaus3	631290
	Krankenhaus4	1044961
	Krankenhaus5	2176567
FK_A	Krankenhaus1	2899549
	Krankenhaus2	5051419
	Krankenhaus3	4048610
	Krankenhaus4	6748711
	Krankenhaus5	1527710
FK_N	Krankenhaus1	304833
	Krankenhaus2	569107
	Krankenhaus3	475123
	Krankenhaus4	781951
	Krankenhaus5	152360
MBKC	Krankenhaus1	348300
	Krankenhaus2	853200
	Krankenhaus3	522427
	Krankenhaus4	870601
	Krankenhaus5	174125
MBKO	Krankenhaus1	164
	Krankenhaus2	395
	Krankenhaus3	315
	Krankenhaus4	525
	Krankenhaus5	104
MBKH	Krankenhaus1	127
	Krankenhaus2	213
	Krankenhaus3	171
	Krankenhaus4	284
	Krankenhaus5	56
MBKF	Krankenhaus1	25
	Krankenhaus2	46
	Krankenhaus3	39
	Krankenhaus4	64
	Krankenhaus5	13
MBKA	Krankenhaus1	185
	Krankenhaus2	309
	Krankenhaus3	248
	Krankenhaus4	413
	Krankenhaus5	81
K_VB	Krankenhaus1	10
	Krankenhaus2	35
	Krankenhaus3	26
	Krankenhaus4	47
	Krankenhaus5	9
V_EZG	Krankenhaus1	12
	Krankenhaus2	12
	Krankenhaus3	12
	Krankenhaus4	14
	Krankenhaus5	14

Spaltenköpfe (obere Zahlenreihe): 38, 24, 23, 40, 350, 238, 320, 498, 470, 2904, 52, 113, 68, 106, 303, 480, 585, 408, 1135, 658, 331, 527, 766

Datenwerte (rechter Tabellenteil, Krankenhaus1–5):

Spalte	KH1	KH2	KH3	KH4	KH5
38	35.525	59.208	57.366	119.55	23.911
24		35.525	40.99	59.777	11.965
23	43.342		35.007	52.51	10.502
40	83.568		54.011	100.02	20.004
350	742.34		468.34	874.39	174.88
238	521.97		354.09	548	107.83
320	685.7		533.71	800.56	157.53
498	1622.6		1040.7	1084.1	213.32
470	977.74		705.49	1306.5	257.08
2904	4423.2		7092.5	6754.7	1326.2
52	84.336		79.26	157.43	32.797
113	171.57		230.35	381.27	79.431
68	142.32		114.84	168.04	34.591
106	230.61		162.56	239.15	48.823
303	430.47		462.35	765.27	159.43
480	1032.7		842.54	1603.8	316.25
585	850.42		971.91	1817.3	318.91
408	1076.1		774.83	991.82	195.57
1135	2135.5		1708.4	4738.1	934.28
658	1383.7		961.11	1484.3	292.89
331	686		520.42	769.09	155.62
527	968.08		848.38	1227.5	243.01
766	1640.9		1090.2	1398.6	332.61

P_AMB (untere Zeile): 2009, 4233, 2700, 5009, 992; 5931, 1259.3, 836.88, 1396.8, 276.53

Abbildung A18: Fixkosten im Labor

Über die Höhe der Fixkosten in Abhängigkeit von den vorhandenen Betten eines Krankenhauses ist schwer eine Aussage zu machen. Da für dieses Modell nur einige Informationen aus verschiedenen Krankenhäusern vorliegen, muß anhand dieser Zahlen die Zuordnung der Fixkosten zu den Krankenhäusern stattfinden. Da die Fixkosten sicher nicht direkt proportional zu der Bettengröße steigen, werden für die Fixkosten Werte angesetzt, die im Mittel einen degressiven Fixkostenverlauf ergeben. Die folgenden Abbildungen zeigen die im Modell angesetzten Fixkosten für die Krankenhäuser, sortiert nach der Bettengröße.

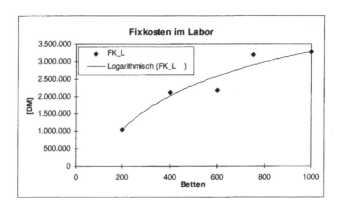

Abbildung A19: Fixkosten in der Radiologie

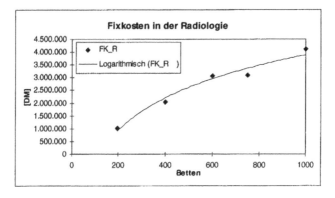

Abbildung A20: Fixkosten in der Endoskopie

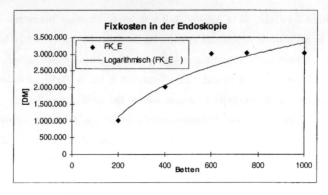

Abbildung A21: Fixkosten in der Physikalischen Therapie

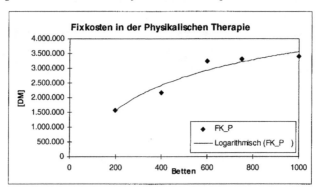

Abbildung A22: Fixkosten in der Kreislaufdiagnostik

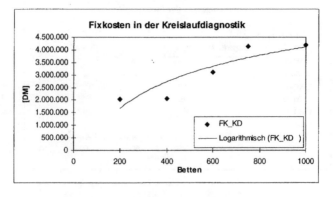

Abbildung A23: Fixkosten in der Anästhesie

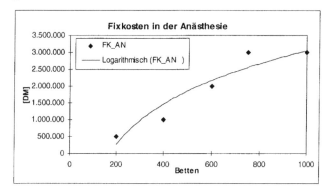

Abbildung A24: Fixkosten im Operationssaal

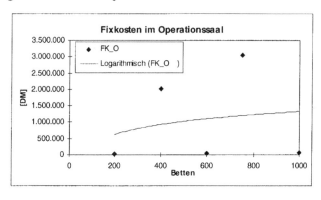

Abbildung A25: Fixkosten im Kreißsaal

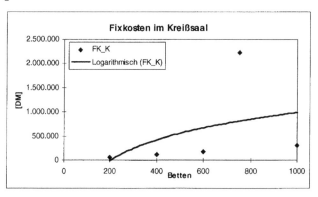

Tabelle A22: Verteilung der Betten auf die Abteilungen in den einzelnen

Krankenhäusern

	Bettenverteilung in den Krankenhäusern 2 - 5											
Abteilung	2			3			4			5		
Innere Medizin	750	39,41%	296	600	39,41%	236	1.000	39,41%	394	198	39,41%	78
Chirurgie	750	21,32%	160	600	21,32%	128	1.000	21,32%	213	198	21,32%	42
HNO	750	4,80%	36	600	4,80%	29	1.000	4,80%	48	198	4,80%	10
Fr. u. G.	750	31,00%	233	600	31,00%	186	1.000	31,00%	310	198	31,00%	61
Augenheilkunde	750	3,47%	26	600	3,47%	21	1.000	3,47%	35	198	3,47%	7
Gesamt			750			600			1.000			198

Tabelle A23: Betten, Patienten und Pflegetage in Krankenhaus 2

Krankenhaus 2: 750 Betten										
Abteilung	ICD9	Betten	Tage	verfügbare PT	Betten-auslastung	PT auf der Station	Anteil der Fälle	Anteil der Pflegetage	d. VD	Anzahl Patienten
Innere	414	296	365	108.040	88,3%	95.399	35,50%	33.867	8	4.233
Medizin	428						19,80%	18.889	15	1.259
	427						17,20%	16.409	10	1.641
	250						14,50%	13.833	14	988
	436						13%	12.402	18	689
Chirurgie	550	160	365	58.400	80,9%	47.246	23,60%	11.150	8	1.394
	850						22,60%	10.678	5	2.136
	574						20,50%	9.685	9	1.076
	540						18%	8.504	10	850
	454						15,30%	7.229	7	1.033
HNO	474	36	365	13.140	70,2%	9.224	56%	5.166	12	430
	470						17,50%	1.614	7	231
	388						10,80%	996	7	142
	473						9,30%	858	5	172
	478						6,40%	590	7	84
Fr.u.G.	650	232	365	84.680	73,7%	62.409	56,70%	35.386	8	4.423
	174						14,10%	8.800	9	978
	644						10,40%	6.491	4	1.623
	669						9,60%	5.991	9	666
	218						9,20%	5.742	11	522
Augenheil-	366	26	365	9.490	73,4%	6.966	74,80%	5.196	7	742
kunde	365						9,60%	669	8	84
	361						5,80%	390	9	43
	362						5,10%	355	10	36
	378						5,10%	355	6	59
		750		273.750		221.244		221.244		25.534
							belegte Betten	606,1		

Tabelle A24: Betten, Patienten und Pflegetage in Krankenhaus 3

Krankenhaus 3: 600 Betten

Abteilung	ICD9	Betten	Tage	verfügbare PT	Betten-auslastung	PT auf der Station	Anteil der Fälle	Anteil der Pflegetage	d. VD	Anzahl Patienten
Innere	414	236	365	86.140	88,3%	76.062	35,50%	27.002	10	2.700
Medizin	428						19,80%	15.060	18	837
	427						17,20%	13.083	12	1.090
	250						14,50%	11.029	13	848
	436						13%	9.888	19	520
Chirurgie	550	128	365	46.720	80,9%	37.796	23,60%	8.920	9	991
	850						22,60%	8.542	5	1.708
	574						20,50%	7.748	10	775
	540						18%	6.803	7	972
	454						15,30%	5.783	9	643
HNO	474	29	365	10.585	70,2%	7.431	56%	4.161	9	462
	470						17,50%	1.300	8	163
	388						10,80%	803	7	115
	473						9,30%	691	3	230
	478						6,40%	476	6	79
Fr.u.G.	650	186	365	67.890	73,7%	50.035	56,70%	28.370	4	7.092
	174						14,10%	7.055	10	705
	644						10,40%	5.204	5	1.041
	669						9,60%	4.803	9	534
	218						9,20%	4.603	13	354
Augenheil-	366	21	365	7.665	73,4%	5.626	74,60%	4.197	9	466
kunde	365						9,60%	540	10	54
	361						5,60%	315	9	35
	362						5,10%	287	7	41
	378						5,10%	287	5	57
		600		219.000		176.950		176.950		22.514
								belegte Betten	484,8	

Tabelle A25: Betten, Patienten und Pflegetage in Krankenhaus 4

Krankenhaus 4: 1000 Betten

Abteilung	ICD9	Betten	Tage	verfügbare PT	Betten-auslastung	PT auf der Station	Anteil der Fälle	Anteil der Pflegetage	d. VD	Anzahl Patienten
Innere	414	394	365	143.810	88,3%	126.984	35,50%	45.079	9	5.009
Medizin	428						19,80%	25.143	18	1.397
	427						17,20%	21.841	13	1.680
	250						14,50%	18.413	15	1.228
	436						13%	16.508	21	786
Chirurgie	550	213	365	77.745	80,9%	62.896	23,60%	14.843	10	1.484
	850						22,60%	14.214	3	4.738
	574						20,50%	12.894	13	992
	540						18%	11.321	7	1.617
	454						15,30%	9.623	6	1.604
HNO	474	48	365	17.520	70,2%	12.299	56%	6.887	9	765
	470						17,50%	2.152	9	239
	388						10,80%	1.328	8	166
	473						9,30%	1.144	3	381
	478						6,40%	787	5	157
Fr.u.G.	650	310	365	113.150	73,7%	83.392	56,70%	47.283	7	6.755
	174						14,10%	11.758	9	1.306
	644						10,40%	8.673	8	1.084
	669						9,60%	8.006	10	801
	218						9,20%	7.672	14	548
Augenheil-	366	35	365	12.775	73,4%	9.377	74,60%	6.995	8	874
kunde	365						9,60%	900	9	100
	361						5,60%	525	10	53
	362						5,10%	478	8	60
	378						5,10%	478	4	120
		1.000		365.000		294.947		294.947		33.944
								belegte Betten	808	

Tabelle A26: Betten, Patienten und Pflegetage in Krankenhaus 5

Abteilung	ICD9	Betten	Tage	verfügbare PT	Betten- auslastung	PT auf der Station	Anteil der Fälle	Anteil der Pflegetage	d. VD	Anzahl Patienten
Krankenhaus 5: 198 Betten										
Innere	414	78	365	28.470	88,3%	25.139	35,50%	8.924	9	992
Medizin	428						19,80%	4.978	18	277
	427						17,20%	4.324	13	333
	250						14,50%	3.645	15	243
	436						13%	3.268	21	156
Chirurgie	550	42	365	15.330	80,9%	12.402	23,60%	2.927	10	293
	850						22,60%	2.803	3	934
	574						20,50%	2.542	13	196
	540						18%	2.232	7	319
	454						15,30%	1.898	6	316
HNO	474	10	365	3.650	70,2%	2.562	56%	1.435	9	159
	470						17,50%	448	9	50
	388						10,80%	277	8	35
	473						9,30%	238	3	79
	478						6,40%	164	5	33
Fr.u.G.	650	61	365	22.265	73,7%	16.409	56,70%	9.304	7	1.329
	174						14,10%	2.314	9	257
	644						10,40%	1.707	8	213
	669						9,60%	1.575	10	158
	218						9,20%	1.510	14	108
Augenheil-	366	7	365	2.555	73,4%	1.875	74,60%	1.399	8	175
kunde	365						9,60%	180	9	20
	361						5,60%	105	10	11
	362						5,10%	96	8	12
	378						5,10%	96	4	24
		198		72.270		58.388		58.388		6.719
							belegte Betten	160		

Abbildung A26: Programmierung des Problems MM5K10 in XPRESS-MP

(Format *.mod)

```
                                                          !MM5K10.MOD
!Modell mit i Krankenhäusern, j Patienten
!OHNE Bettenverschiebung innerhalb der 5%-Grenze
!OHNE Beschränkung der Bettenkapazität bei Bettenverschiebung
!OHNE Bettenverschiebung ohne Grenze
!OHNE Abteilungsschließungsmöglichkeiten
!OHNE Regionalversorgungssicherung
!MIT  Ganzzahligkeit

VARIABLES
x    (5,30)        !Anzahl der Patienten in Krankenhaus i von Fallklasse j
AA   (5)
AAN  (5)
AC   (5)
AF   (5)
AH   (5)
AI   (5)
AZ   (5)
FA   (5)
FE   (5)
FO   (5)
FAM  (5)
FH   (5)
ML   (5)
MK   (5)
MP   (5)
MR   (5)
```

```
MRA (5)
MS  (5)
MU  (5)
PA  (5)
PC  (5)
PD  (5)
PF  (5)
PH  (5)
PI  (5)
PIN (5)
PN  (5)
PP  (5)
PTI (5)
PW  (5)

G   (5)  !Gewinn des einzelnen Krankenhauses

TABLES
H_IB      (5,30)
VD_MIN    (5,30)
H_OIB     (5,30)
VD_OIN    (5,30)
VD_I      (5,30)
BKAP_I    (5)
PZ        (1)
BKAP_C    (5)
BKAP_H    (5)
BKAP_F    (5)
BKAP_A    (5)
BKAP_IN   (5)
L_RO      (5,30)
Z_RO      (5,30)
MTD_RO    (5)
L_ST      (5,30)
Z_ST      (5,30)
MTD_ST    (5)
L_UL1     (5,30)
Z_UL1     (5,30)
L_UL2     (5,30)
Z_UL2     (5,30)
MTD_UL    (5)
L_LA1     (5,30)
Z_LA1     (5,30)
L_LA2     (5,30)
Z_LA2     (5,30)
L_LA3     (5,30)
Z_LA3     (5,30)
L_LA4     (5,30)
Z_LA4     (5,30)
L_LA5     (5,30)
Z_LA5     (5,30)
MTD_LA    (5)
L_EKG     (5,30)
Z_EKG     (5,30)
L_BEKG    (5,30)
Z_BEKG    (5,30)
L_LEKG    (5,30)
Z_LEKG    (5,30)
MTD_KD    (5)
L_PH1     (5,30)
Z_PH1     (5,30)
L_PH2     (5,30)
Z_PH2     (5,30)
L_PH3     (5,30)
Z_PH3     (5,30)
MTD_PH    (5)
Z_P_N     (5,25)
PFW       (5)
Z_P_IN    (5,25)
PGW       (5)
```

```
PP_I      (5)
PP_C      (5)
PP_H      (5)
PP_F      (5)
PP_A      (5)
PS1       (5)
Z_PS1     (5)
PS2       (5)
Z_PS2     (5)
PS3       (5)
Z_PS3     (5)
PP_IN     (5)
PGN       (5)
Z_PN      (5)
VD_N      (5)
PP_N      (5)
AHZ_PD    (5)
Z_ADF     (5,30)
Z_ADG     (5,30)
OPH_E     (5,30)
OPZ_E     (5,30)
GZ_E      (5,30)
OPH_O     (5,30)
OPZ_O     (5,30)
GZ_O      (5,30)
Z_ADI     (5,30)
AD_A_I    (5,30)
AD_I      (5)
AD_A_C    (5,30)
AD_C      (5)
AD_A_H    (5,30)
AD_H      (5)
AD_A_F    (5,30)
AD_F      (5)
AD_A_A    (5,30)
AD_A      (5)
ANZ_E     (5,30)
ANZ_O     (5,30)
AD_AN     (5)
AHZ_AZ    (5)
GZ_FOE    (5,30)
L_E1      (5,30)
Z_E1      (5,30)
L_E2      (5,30)
Z_E2      (5,30)
FD_E      (5)
GZ_FOO    (5,30)
FD_O      (5)
GZ_FAE    (5,30)
GZ_FAO    (5,30)
FD_A      (5)
Z_FDA     (5,30)
FD_AM     (5)
GZ_FH     (5,30)
FD_H      (5)
AZ_PER    (5)
AHZ_PW    (5)
GK_LA1    (5)
GK_LA2    (5)
GK_LA3    (5)
GK_LA4    (5)
GK_UL1    (5)
GK_UL2    (5)
GK_RO     (5)
KAP_O     (5)
KAP_N     (5)
KAP_K     (5)
FPP       (30)
PWP       (1)
FPS       (30)
```

```
PWS       (1)
PK_MR     (5)
PK_MS     (5)
PK_MU     (5)
PK_ML     (5)
PK_MK     (5)
PK_MP     (5)
PK_FE     (5)
PK_FA     (5)
PK_FO     (5)
PK_FAM    (5)
PK_FH     (5)
PK_AI     (5)
PK_AC     (5)
PK_AH     (5)
PK_AF     (5)
PK_AA     (5)
PK_PI     (5)
PK_PC     (5)
PK_PH     (5)
PK_PF     (5)
PK_PA     (5)
PK_PIN    (5)
PK_PN     (5)
PK_AAN    (5)
PK_PD     (5)
PK_PW     (5)
PK_AZ     (5)
S_LA1     (5,30)
S_LA2     (5,30)
S_LA3     (5,30)
S_LA4     (5,30)
S_LA5     (5,30)
S_RO      (5,30)
S_ST      (5,30)
S_UL1     (5,30)
S_UL2     (5,30)
S_EKG     (5,30)
S_BEKG    (5,30)
S_LEKG    (5,30)
S_PH1     (5,30)
S_PH2     (5,30)
S_PH3     (5,30)
S_E1      (5,30)
S_E2      (5,30)
S_OE      (5,30)
S_AE      (5,30)
S_OO      (5,30)
S_AO      (5,30)
S_I       (5,30)
S_N       (5,30)
S_LM      (5)
S_AMB     (5,30)
S_NG      (5)
FK_PER    (5)
FK_L      (5)
FK_R      (5)
FK_E      (5)
FK_KD     (5)
FK_AN     (5)
FK_P      (5)
FK_O      (5)
FK_K      (5)
FK_I      (5)
FK_C      (5)
FK_H      (5)
FK_F      (5)
FK_A      (5)
FK_IN     (5)
```

```
!Tables aus dem Bereich  Assign
UNTK (5,30) !Untersuchungskosten in Krankenhaus i für Patient j
OPANK(5,30)
VERP1(5,30)
VERP2(5,30)
VERPN(5)


CONNECT EXCEL
DISKDATA -C
! Daten für Krankenhaus i
H_IB       =       5kh.xls (H_IB)
VD_MIN     =       5kh.xls (VD_MIN)
H_OIB      =       5kh.xls (H_OIB)
VD_OIN     =       5kh.xls (VD_OIN)
VD_I       =       5kh.xls (VD_I)
BKAP_I     =       5kh.xls (BKAP_I)
PZ         =       5kh.xls (PZ)
BKAP_C     =       5kh.xls (BKAP_C)
BKAP_H     =       5kh.xls (BKAP_H)
BKAP_F     =       5kh.xls (BKAP_F)
BKAP_A     =       5kh.xls (BKAP_A)
BKAP_IN    =       5kh.xls (BKAP_IN)
L_RO       =       5kh.xls (L_RO)
Z_RO       =       5kh.xls (Z_RO)
MTD_RO     =       5kh.xls (MTD_RO)
L_ST       =       5kh.xls (L_ST)
Z_ST       =       5kh.xls (Z_ST)
MTD_ST     =       5kh.xls (MTD_ST)
L_UL1      =       5kh.xls (L_UL1)
Z_UL1      =       5kh.xls (Z_UL1)
L_UL2      =       5kh.xls (L_UL2)
Z_UL2      =       5kh.xls (Z_UL2)
MTD_UL     =       5kh.xls (MTD_UL)
L_LA1      =       5kh.xls (L_LA1)
Z_LA1      =       5kh.xls (Z_LA1)
L_LA2      =       5kh.xls (L_LA2)
Z_LA2      =       5kh.xls (Z_LA2)
L_LA3      =       5kh.xls (L_LA3)
Z_LA3      =       5kh.xls (Z_LA3)
L_LA4      =       5kh.xls (L_LA4)
Z_LA4      =       5kh.xls (Z_LA4)
L_LA5      =       5kh.xls (L_LA5)
Z_LA5      =       5kh.xls (Z_LA5)
MTD_LA     =       5kh.xls (MTD_LA)
L_EKG      =       5kh.xls (L_EKG)
Z_EKG      =       5kh.xls (Z_EKG)
L_BEKG     =       5kh.xls (L_BEKG)
Z_BEKG     =       5kh.xls (Z_BEKG)
L_LEKG     =       5kh.xls (L_LEKG)
Z_LEKG     =       5kh.xls (Z_LEKG)
MTD_KD     =       5kh.xls (MTD_KD)
L_PH1      =       5kh.xls (L_PH1)
Z_PH1      =       5kh.xls (Z_PH1)
L_PH2      =       5kh.xls (L_PH2)
Z_PH2      =       5kh.xls (Z_PH2)
L_PH3      =       5kh.xls (L_PH3)
Z_PH3      =       5kh.xls (Z_PH3)
MTD_PH     =       5kh.xls (MTD_PH)
Z_P_N      =       5kh.xls (Z_P_N)
PFW        =       5kh.xls (PFW)
Z_P_IN     =       5kh.xls (Z_P_IN)
PGW        =       5kh.xls (PGW)
PP_I       =       5kh.xls (PP_I)
PP_C       =       5kh.xls (PP_C)
PP_H       =       5kh.xls (PP_H)
PP_F       =       5kh.xls (PP_F)
PP_A       =       5kh.xls (PP_A)
PS1        =       5kh.xls (PS1)
Z_PS1      =       5kh.xls (Z_PS1)
PS2        =       5kh.xls (PS2)
```

```
Z_PS2    =   5kh.xls (Z_PS2)
PS3      =   5kh.xls (PS3)
Z_PS3    =   5kh.xls (Z_PS3)
PP_IN    =   5kh.xls (PP_IN)
PGN      =   5kh.xls (PGN)
Z_PN     =   5kh.xls (Z_PN)
VD_N     =   5kh.xls (VD_N)
PP_N     =   5kh.xls (PP_N)
AHZ_PD   =   5kh.xls (AHZ_PD)
Z_ADF    =   5kh.xls (Z_ADF)
Z_ADG    =   5kh.xls (Z_ADG)
OPH_E    =   5kh.xls (OPH_E)
OPZ_E    =   5kh.xls (OPZ_E)
GZ_E     =   5kh.xls (GZ_E)
OPH_O    =   5kh.xls (OPH_O)
OPZ_O    =   5kh.xls (OPZ_O)
GZ_O     =   5kh.xls (GZ_O)
Z_ADI    =   5kh.xls (Z_ADI)
AD_A_I   =   5kh.xls (AD_A_I)
AD_I     =   5kh.xls (AD_I)
AD_A_C   =   5kh.xls (AD_A_C)
AD_C     =   5kh.xls (AD_C)
AD_A_H   =   5kh.xls (AD_A_H)
AD_H     =   5kh.xls (AD_H)
AD_A_F   =   5kh.xls (AD_A_F)
AD_F     =   5kh.xls (AD_F)
AD_A_A   =   5kh.xls (AD_A_A)
AD_A     =   5kh.xls (AD_A)
ANZ_E    =   5kh.xls (ANZ_E)
ANZ_O    =   5kh.xls (ANZ_O)
AD_AN    =   5kh.xls (AD_AN)
AHZ_AZ   =   5kh.xls (AHZ_AZ)
GZ_FOE   =   5kh.xls (GZ_FOE)
L_E1     =   5kh.xls (L_E1)
Z_E1     =   5kh.xls (Z_E1)
L_E2     =   5kh.xls (L_E2)
Z_E2     =   5kh.xls (Z_E2)
FD_E     =   5kh.xls (FD_E)
GZ_FOO   =   5kh.xls (GZ_FOO)
FD_O     =   5kh.xls (FD_O)
GZ_FAE   =   5kh.xls (GZ_FAE)
GZ_FAO   =   5kh.xls (GZ_FAO)
FD_A     =   5kh.xls (FD_A)
Z_FDA    =   5kh.xls (Z_FDA)
FD_AM    =   5kh.xls (FD_AM)
GZ_FH    =   5kh.xls (GZ_FH)
FD_H     =   5kh.xls (FD_H)
AZ_PER   =   5kh.xls (AZ_PER)
AHZ_PW   =   5kh.xls (AHZ_PW)
GK_LA1   =   5kh.xls (GK_LA1)
GK_LA2   =   5kh.xls (GK_LA2)
GK_LA3   =   5kh.xls (GK_LA3)
GK_LA4   =   5kh.xls (GK_LA4)
GK_UL1   =   5kh.xls (GK_UL1)
GK_UL2   =   5kh.xls (GK_UL2)
GK_RO    =   5kh.xls (GK_RO)
KAP_O    =   5kh.xls (KAP_O)
KAP_N    =   5kh.xls (KAP_N)
KAP_K    =   5kh.xls (KAP_K)
FPP      =   5kh.xls (FPP)
PWP      =   5kh.xls (PWP)
FPS      =   5kh.xls (FPS)
PWS      =   5kh.xls (PWS)
PK_MR    =   5kh.xls (PK_MR)
PK_MS    =   5kh.xls (PK_MS)
PK_MU    =   5kh.xls (PK_MU)
PK_ML    =   5kh.xls (PK_ML)
PK_MK    =   5kh.xls (PK_MK)
PK_MP    =   5kh.xls (PK_MP)
PK_FE    =   5kh.xls (PK_FE)
```

```
PK_FA     =     5kh.xls (PK_FA)
PK_FO     =     5kh.xls (PK_FO)
PK_FAM    =     5kh.xls (PK_FAM)
PK_FH     =     5kh.xls (PK_FH)
PK_AI     =     5kh.xls (PK_AI)
PK_AC     =     5kh.xls (PK_AC)
PK_AH     =     5kh.xls (PK_AH)
PK_AF     =     5kh.xls (PK_AH)
PK_AA     =     5kh.xls (PK_AA)
PK_PI     =     5kh.xls (PK_PI)
PK_PC     =     5kh.xls (PK_PC)
PK_PH     =     5kh.xls (PK_PH)
PK_PF     =     5kh.xls (PK_PF)
PK_PA     =     5kh.xls (PK_PA)
PK_PIN    =     5kh.xls (PK_PIN)
PK_PN     =     5kh.xls (PK_PN)
PK_AAN    =     5kh.xls (PK_AAN)
PK_PD     =     5kh.xls (PK_PD)
PK_PW     =     5kh.xls (PK_PW)
PK_AZ     =     5kh.xls (PK_AZ)
S_LA1     =     5kh.xls (S_LA1)
S_LA2     =     5kh.xls (S_LA2)
S_LA3     =     5kh.xls (S_LA3)
S_LA4     =     5kh.xls (S_LA4)
S_LA5     =     5kh.xls (S_LA5)
S_RO      =     5kh.xls (S_RO)
S_ST      =     5kh.xls (S_ST)
S_UL1     =     5kh.xls (S_UL1)
S_UL2     =     5kh.xls (S_UL2)
S_EKG     =     5kh.xls (S_EKG)
S_BEKG    =     5kh.xls (S_BEKG)
S_LEKG    =     5kh.xls (S_LEKG)
S_PH1     =     5kh.xls (S_PH1)
S_PH2     =     5kh.xls (S_PH2)
S_PH3     =     5kh.xls (S_PH3)
S_E1      =     5kh.xls (S_E1)
S_E2      =     5kh.xls (S_E2)
S_OE      =     5kh.xls (S_OE)
S_AE      =     5kh.xls (S_AE)
S_OO      =     5kh.xls (S_OO)
S_AO      =     5kh.xls (S_AO)
S_I       =     5kh.xls (S_I)
S_N       =     5kh.xls (S_N)
S_LM      =     5kh.xls (S_LM)
S_AMB     =     5kh.xls (S_AMB)
S_NG      =     5kh.xls (S_NG)
FK_PER    =     5kh.xls (FK_PER)
FK_L      =     5kh.xls (FK_L)
FK_R      =     5kh.xls (FK_R)
FK_E      =     5kh.xls (FK_E)
FK_KD     =     5kh.xls (FK_KD)
FK_AN     =     5kh.xls (FK_AN)
FK_P      =     5kh.xls (FK_P)
FK_O      =     5kh.xls (FK_O)
FK_K      =     5kh.xls (FK_K)
FK_I      =     5kh.xls (FK_I)
FK_C      =     5kh.xls (FK_C)
FK_H      =     5kh.xls (FK_H)
FK_F      =     5kh.xls (FK_F)
FK_A      =     5kh.xls (FK_A)
FK_IN     =     5kh.xls (FK_IN)


DISCONNECT


ASSIGN
!Bereich ASSIGN für Verkürzung der Zielfunktion

!Untersuchungskosten Labor, Röntgen, Strahlentherapie, Ultraschall,
!EKG, Physikalische Therapie, Endoskopie in Krankenhaus i für Patient j
```

```
UNTK(i=1:5,j=1:30)=  (L_LA1(i,j)*S_LA1(i,j)+L_LA2(i,j)*S_LA2(i,j)+          &
                      L_LA3(i,j)*S_LA3(i,j)+L_LA4(i,j)*S_LA4(i,j)+          &
                      L_LA5(i,j)*S_LA5(i,j)+L_RO(i,j)*S_RO(i,j)+            &
                      L_ST(i,j)*S_ST(i,j)+L_UL1(i,j)*S_UL1(i,j)+           &
                      L_UL2(i,j)*S_UL2(i,j)+L_EKG(i,j)*S_EKG(i,j)+          &
                      L_BEKG(i,j)*S_BEKG(i,j)+L_LEKG(i,j)*S_LEKG(i,j)+      &
                      L_PH1(i,j)*S_PH1(i,j)+L_PH2(i,j)*S_PH2(i,j)+          &
                      L_PH3(i,j)*S_PH3(i,j)+L_E1(i,j)*S_E1(i,j)+            &
                      L_E2(i,j)*S_E2(i,j))

!Operations- und Anästhesiekosten in Krankenhaus i für Patient j
OPANK(i=1:5,j=1:30)=      (OPH_E(i,j)*(S_OE(i,j)+S_AE(i,j))+        &
                          OPH_O(i,j)*(S_OO(i,j)+S_AO(i,j)))

!Kosten für Medizinische Verpflegung der Patienten
!in Krankenhaus i für Patient j
VERP1(i=1:5,j=1:30)= H_IB (i,j)* VD_I  (i,j)*S_I(i,j)+             &
                     H_IB (i,j)* VD_MIN(i,j)*S_N(i,j)+             &
                     H_OIB(i,j)* VD_OIN(i,j)*S_N(i,j)+             &
                     S_AMB(i,j)

!Kosten für Verpflegung der Patienten (Lebensmittel)
!in Krankenhaus i für Patient j
VERP2(i=1:5,j=1:30)= (H_OIB(i,j)*VD_OIN(i,j)+              &
                     H_IB(i,j)*VD_MIN(i,j))*S_LM(i)

!Kosten für die Verpflegung der Neugeborenen
VERPN(i=1:5)=       PGN(i)*VD_N(i)*S_NG(i)


CONSTRAINTS

!Verweildauern/Bettenkapazität

GL1(i=1:5):   SUM(j=1 :5 ) (H_IB(i,j)*VD_MIN(i,j)+H_OIB(i,j)*VD_OIN(i,j))&
                  *x(i,j)< BKAP_I(i)*PZ(1)
GL2(i=1:5):   SUM(j=6 :10) (H_IB(i,j)*VD_MIN(i,j)+H_OIB(i,j)*VD_OIN(i,j))&
                  *x(i,j)< BKAP_C(i)*PZ(1)
GL3(i=1:5):   SUM(j=11:15) (H_IB(i,j)*VD_MIN(i,j)+H_OIB(i,j)*VD_OIN(i,j))&
                  *x(i,j)< BKAP_H(i)*PZ(1)
GL4(i=1:5):   SUM(j=16:20) (H_IB(i,j)*VD_MIN(i,j)+H_OIB(i,j)*VD_OIN(i,j))&
                  *x(i,j)< BKAP_F(i)*PZ(1)
GL5(i=1:5):   SUM(j=21:25) (H_IB(i,j)*VD_MIN(i,j)+H_OIB(i,j)*VD_OIN(i,j))&
                  *x(i,j)< BKAP_A(i)*PZ(1)

GL6(i=1:5):   SUM(j=1 :25)  H_IB(i,j)*VD_I(i,j)*x(i,j)< BKAP_IN(i)*PZ(1)

!Untersuchungen Radiologie

GL7(i=1:5):    SUM(j=1:30)  L_RO(i,j)*Z_RO(i,j)*x(i,j)< MTD_RO(i)*MR(i)
GL8(i=1:5):    SUM(j=1:30)  L_ST(i,j)*Z_ST(i,j)*x(i,j)< MTD_ST(i)*MS(i)
GL9(i=1:5):    SUM(j=1:30) (L_UL1(i,j)*Z_UL1(i,j)+L_UL2(i,j)*Z_UL2(i,j))&
                   *x(i,j)< MTD_UL(i)*MU(i)

!Gesamt benötigte Zeit des Med.-techn. Dienstes in der Radiologie

GL10(i=1:5):   MR(i)+MS(i)+MU(i)=MRA(i)

!Untersuchungen Labor

GL11(i=1:5):   SUM(j=1:30) (L_LA1(i,j)*Z_LA1(i,j)+L_LA2(i,j)*Z_LA2(i,j) &
                   +L_LA3(i,j)*Z_LA3(i,j)+L_LA4(i,j)*Z_LA4(i,j) &
                   +L_LA5(i,j)*Z_LA5(i,j))*x(i,j)< MTD_LA(i)*ML(i)

!Untersuchungen Kreislaufdiagnostik

GL12(i=1:5):   SUM(j=1:30) (L_EKG(i,j)*Z_EKG(i,j)+L_BEKG(i,j)*Z_BEKG(i,j)+ &
                   L_LEKG(i,j)*Z_LEKG(i,j))*x(i,j)< MTD_KD(i)*MK(i)

!Physikalische Therapie
```

```
GL13(i=1:5):    SUM(j=1:30) (L_PH1(i,j)*Z_PH1(i,j)+L_PH2(i,j)*Z_PH2(i,j)+ &
                L_PH3(i,j)*Z_PH3(i,j))*x(i,j)< MTD_PH(i)*MP(i)

!Pflegebedarf Innere Medizin

GL14(i=1:5):    SUM(j=1 :5 ) (H_OIB(i,j)*(Z_P_N(i,j)+PFW(i)) + &
                H_IB(i,j)*(Z_P_IN(i,j)+PFW(i)) + &
                PGW(i)*(H_OIB(i,j)*VD_OIN(i,j) + &
                H_IB(i,j)*VD_MIN(i,j)))         &
                *x(i,j)< PP_I(i)*PI(i)

!Pflegebedarf Chirurgie

GL15(i=1:5):    SUM(j=6 :10) (H_OIB(i,j)*(Z_P_N(i,j)+PFW(i)) + &
                H_IB(i,j)*(Z_P_IN(i,j)+PFW(i)) + &
                PGW(i)*(H_OIB(i,j)*VD_OIN(i,j) + &
                H_IB(i,j)*VD_MIN(i,j)))         &
                *x(i,j)< PP_C(i)*PC(i)

!Pflegebedarf HNO

GL16(i=1:5):    SUM(j=11:15) (H_OIB(i,j)*(Z_P_N(i,j)+PFW(i)) + &
                H_IB(i,j)*(Z_P_IN(i,j)+PFW(i)) + &
                PGW(i)*(H_OIB(i,j)*VD_OIN(i,j) + &
                H_IB(i,j)*VD_MIN(i,j)))         &
                *x(i,j)< PP_H(i)*PH(i)

!Pflegebedarf Frauenheilkunde und Geburtshilfe

GL17(i=1:5):    SUM(j=16:20) (H_OIB(i,j)*(Z_P_N(i,j)+PFW(i)) + &
                H_IB(i,j)*(Z_P_IN(i,j)+PFW(i)) + &
                PGW(i)*(H_OIB(i,j)*VD_OIN(i,j) + &
                H_IB(i,j)*VD_MIN(i,j)))         &
                *x(i,j)< PP_F(i)*PF(i)

!Pflegebedarf Augenheilkunde

GL18(i=1:5):    SUM(j=21:25) (H_OIB(i,j)*(Z_P_N(i,j)+PFW(i)) + &
                H_IB(i,j)*(Z_P_IN(i,j)+PFW(i)) + &
                PGW(i)*(H_OIB(i,j)*VD_OIN(i,j) + &
                H_IB(i,j)*VD_MIN(i,j)))         &
                *x(i,j)< PP_A(i)*PA(i)

!Pflegebedarf Intensivstation

GL19(i=1:5):    SUM(j=1 :25) H_IB(i,j)*VD_I(i,j)*x(i,j)=PTI(i)

GL20(i=1:5):    PTI(i)*(PS1(i)*Z_PS1(i)+PS2(i)*Z_PS2(i)+PS3(i)*Z_PS3(i)) &
                < PP_IN(i)*PIN(i)

!Pflegebedarf für Neugeborene

GL21(i=1:5):    PGN(i)*Z_PN(i)*VD_N(i)*x(i,16)+PGN(i)*Z_PN(i)*VD_N(i)*x(i,18)&
                +PGN(i)*Z_PN(i)*VD_N(i)*x(i,19)< PP_N(i)*PN(i)

!Pflegedienstleitung

GL22(i=1:5):    PI(i)+PC(i)+PH(i)+PF(i)+PA(i)+PIN(i)+PN(i)=PP(i)

GL23(i=1:5):    PD(i)*AHZ_PD(i)=PP(i)

!Ärztlicher Dienst Normalstation, Operationen und Ambulanz

!Innere Medizin
GL24(i=1:5):    SUM(j=1 :5 ) &
                (Z_ADF(i,j)+Z_ADG(i,j)*(H_IB(i,j)*VD_MIN(i,j)+H_OIB(i,j) &
                *VD_OIN(i,j))+OPH_E(i,j)*OPZ_E(i,j)*GZ_E(i,j)+OPH_O(i,j) &
                *OPZ_O(i,j)*GZ_O(i,j)+H_IB(i,j)*VD_I(i,j)*Z_ADI(i,j))*x(i,j)&
                +SUM(j=26:30)AD_A_I(i,j)*x(i,j)< AD_I(i)*AI(i)
```

```
!Chirurgie
GL25(i=1:5):     SUM(j=6 :10)  &
                 (Z_ADF(i,j)+Z_ADG(i,j)*(H_IB(i,j)*VD_MIN(i,j)+H_OIB(i,j) &
                 *VD_OIN(i,j))+OPH_E(i,j)*OPZ_E(i,j)*GZ_E(i,j)+OPH_O(i,j) &
                 *OPZ_O(i,j)*GZ_O(i,j)+H_IB(i,j)*VD_I(i,j)*Z_ADI(i,j))*x(i,j)&
                 +SUM(j=26:30)AD_A_C(i,j)*x(i,j)< AD_C(i)*AC(i)


!HNO
GL26(i=1:5):     SUM(j=11:15)  &
                 (Z_ADF(i,j)+Z_ADG(i,j)*(H_IB(i,j)*VD_MIN(i,j)+H_OIB(i,j) &
                 *VD_OIN(i,j))+OPH_E(i,j)*OPZ_E(i,j)*GZ_E(i,j)+OPH_O(i,j) &
                 *OPZ_O(i,j)*GZ_O(i,j)+H_IB(i,j)*VD_I(i,j)*Z_ADI(i,j))*x(i,j)&
                 +SUM(j=26:30)AD_A_H(i,j)*x(i,j)< AD_H(i)*AH(i)


!Frauenheilkunde und Geburtshilfe
GL27(i=1:5):     SUM(j=16:20)  &
                 (Z_ADF(i,j)+Z_ADG(i,j)*(H_IB(i,j)*VD_MIN(i,j)+H_OIB(i,j) &
                 *VD_OIN(i,j))+OPH_E(i,j)*OPZ_E(i,j)*GZ_E(i,j)+OPH_O(i,j) &
                 *OPZ_O(i,j)*GZ_O(i,j)+H_IB(i,j)*VD_I(i,j)*Z_ADI(i,j))*x(i,j)&
                 +SUM(j=26:30)AD_A_F(i,j)*x(i,j)< AD_F(i)*AF(i)


!Augenheilkunde
GL28(i=1:5):     SUM(j=21:25)  &
                 (Z_ADF(i,j)+Z_ADG(i,j)*(H_IB(i,j)*VD_MIN(i,j)+H_OIB(i,j) &
                 *VD_OIN(i,j))+OPH_E(i,j)*OPZ_E(i,j)*GZ_E(i,j)+OPH_O(i,j) &
                 *OPZ_O(i,j)*GZ_O(i,j)+H_IB(i,j)*VD_I(i,j)*Z_ADI(i,j))*x(i,j)&
                 +SUM(j=26:30)AD_A_A(i,j)*x(i,j)< AD_A(i)*AA(i)


!Ärztlicher Dienst Anästhesie

GL29(i=1:5):     SUM(j=1 :30) (OPH_E(i,j)*ANZ_E(i,j)+OPH_O(i,j) &
                 *ANZ_O(i,j))*x(i,j)< AD_AN(i)*AAN(i)


!Ärztlicher Dienst Zentrallabor

GL30(i=1:5):     AZ(i)*AHZ_AZ(i)=ML(i)


!Funktionsdienst

!in der Endoskopie
GL31(i=1:5):     SUM(j=1 :30)&
                 (OPH_E(i,j)*OPZ_E(i,j)*GZ_FOE(i,j)+L_E1(i,j)*Z_E1(i,j)+      &
                 L_E2(i,j)*Z_E2(i,j))*x(i,j)< FD_E(i)*FE(i)

!im Operationsdienst
GL32(i=1:5):     SUM(j=1 :30)&
                 OPH_O(i,j)*OPZ_O(i,j)*GZ_FOO(i,j)*x(i,j)< FD_O(i)*FO(i)

!in der Anästhesie
GL33(i=1:5):     SUM(j=1 :30)&
                 (OPH_E(i,j)*ANZ_E(i,j)*GZ_FAE(i,j)+      &
                 OPH_O(i,j)*ANZ_O(i,j)*GZ_FAO(i,j))*x(i,j)< FD_A(i)*FA(i)

!in der Ambulanz
GL34(i=1:5):     SUM(j=26:30) Z_FDA(i,j)*x(i,j)<FD_AM(i)*FAM(i)


!Hebammen
GL35(i=1:5):     OPZ_O(i,16)*GZ_FH(i,16)*x(i,16)+OPZ_O(i,18)*GZ_FH(i,18)*x(i,18)+&
                 OPZ_O(i,19)*GZ_FH(i,19)*x(i,19)<FD_H(i)*FH(i)


!Personalwesen
GL36(i=1:5):     PW(i)*AHZ_PW(i)-AZ_PER(i)= &
                 PP(i)+PD(i)+MRA(i)+AA(i)+AAN(i)+AC(i)+AF(i)+AH(i)+AI(i)+AZ(i)+&
                 FA(i)+FE(i)+FO(i)+FAM(i)+FH(i)+MK(i)+ML(i)+MP(i)
```

```
!Geräterestriktionen

!Röntgenabteilung
GL37(i=1:5):    SUM(j=1:30)  L_RO(i,j)*Z_RO(i,j)*x(i,j)<GK_RO(i)

!Laborgerät1
GL38(i=1:5):    SUM(j=1:30)  L_LA1(i,j)*x(i,j)<GK_LA1(i)

!Laborgerät2
GL39(i=1:5):    SUM(j=1:30)  (L_LA2(i,j)+L_LA3(i,j))*x(i,j)<GK_LA2(i)

!Laborgerät3
GL40(i=1:5):    SUM(j=1:30)  L_LA4(i,j)*x(i,j)<GK_LA3(i)

!Laborgerät4
GL41(i=1:5):    SUM(j=1:30)  L_LA5(i,j)*x(i,j)<GK_LA4(i)

!Ultraschallgerät1-Sonographie
GL42(i=1:5):    SUM(j=1:30)  L_UL1(i,j)*Z_UL1(i,j)*x(i,j)<GK_UL1(i)

!Ultraschallgerät2-Aufnahmen und Durchleuchtung
GL43(i=1:5):    SUM(j=1:30)  L_UL2(i,j)*Z_UL2(i,j)*x(i,j)<GK_UL2(i)


!Raum- und Bettenrestriktion Operationssaal und Neugeborene

!Operationssaal
GL44(i=1:5):SUM(j=1:30)&
            (OPH_O(i,j)*OPZ_O(i,j)+OPH_E(i,j)*OPZ_E(i,j))*x(i,j)      &
          - (OPH_O(i,16)*OPZ_O(i,16)+OPH_E(i,16)*OPZ_E(i,16))*x(i,16) &
          - (OPH_O(i,18)*OPZ_O(i,18)+OPH_E(i,18)*OPZ_E(i,18))*x(i,18) &
          - (OPH_O(i,19)*OPZ_O(i,19)+OPH_E(i,19)*OPZ_E(i,19))*x(i,19)<KAP_O(i)

!Neugeborene
GL45(i=1:5):    PGN(i)*VD_N(i)*x(i,16)+PGN(i)*VD_N(i)*x(i,18)   &
                +PGN(i)*VD_N(i)*x(i,19)<KAP_N(i)
!Kreißsaal
GL46(i=1:5):    OPZ_O(i,16)*x(i,16)+OPZ_O(i,18)*x(i,18)+   &
                OPZ_O(i,19)*x(i,19)<KAP_K(i)


!Einzelne Überschüsse der Krankenhäuser
GW(i=1:5): SUM(j=1:30)(FPP(j)*PWP(1)+FPS(j)*PWS(1)               &
                  - UNTK(i,j)-OPANK(i,j)-VERP1(i,j)-VERP2(i,j)) *x(i,j)&
                  - VERPN(i)*x(i,16)  &
                  - VERPN(i)*x(i,18)  &
                  - VERPN(i)*x(i,19)  &
               -PK_MR(i)*MR(i)-PK_MS(i)*MS(i)    &
               -PK_MU(i)*MU(i)-PK_ML(i)*ML(i)    &
               -PK_MK(i)*MK(i)-PK_MP(i)*MP(i)    &
               -PK_FE(i)*FE(i)-PK_FA(i)*FA(i)    &
               -PK_FO(i)*FO(i)-PK_FAM(i)*FAM(i)  &
               -PK_AI(i)*AI(i)-PK_AC(i)*AC(i)    &
               -PK_AH(i)*AH(i)-PK_AF(i)*AF(i)    &
               -PK_AA(i)*AA(i)-PK_PI(i)*PI(i)    &
               -PK_PC(i)*PC(i)-PK_PH(i)*PH(i)    &
               -PK_PF(i)*PF(i)-PK_PA(i)*PA(i)    &
               -PK_PIN(i)*PIN(i)-PK_PN(i)*PN(i)  &
               -PK_AAN(i)*AAN(i)-PK_FH(i)*FH(i)  &
               -PK_PD(i) *PD(i) -PK_PW(i)*PW(i)  &
               -PK_AZ(i) *AZ(i)                  &
               -FK_PER(i)-FK_L(i)-FK_R(i)-FK_E(i)-FK_KD(i)  &
               -FK_AN(i) -FK_P(i)-FK_O(i)-FK_K(i)           &
               -FK_I(i)  -FK_C(i)-FK_H(i)                   &
               -FK_F(i)  -FK_A(i)-FK_IN(i)  = G(i)
```

```
!Zielfunktion:Maximierung des Überschusses im Verbund

ZIELF:  SUM(i=1:5,j=1:30)                                           &
        (FPP(j)*PWP(1)+FPS(j)*PWS(1)                                &
        -UNTK(i,j)-OPANK(i,j)-VERP1(i,j)-VERP2(i,j)) *x(i,j)        &
        -SUM(i=1:5) VERPN(i)*x(i,16)   &
        -SUM(i=1:5) VERPN(i)*x(i,18)   &
        -SUM(i=1:5) VERPN(i)*x(i,19)   &
-SUM(i=1:5)PK_MR(i)*MR(i)-SUM(i=1:5)PK_MS(i)*MS(i)         &
-SUM(i=1:5)PK_MU(i)*MU(i)-SUM(i=1:5)PK_ML(i)*ML(i)         &
-SUM(i=1:5)PK_MK(i)*MK(i)-SUM(i=1:5)PK_MP(i)*MP(i)         &
-SUM(i=1:5)PK_FE(i)*FE(i)-SUM(i=1:5)PK_FA(i)*FA(i)         &
-SUM(i=1:5)PK_FO(i)*FO(i)-SUM(i=1:5)PK_FAM(i)*FAM(i)       &
-SUM(i=1:5)PK_AI(i)*AI(i)-SUM(i=1:5)PK_AC(i)*AC(i)         &
-SUM(i=1:5)PK_AH(i)*AH(i)-SUM(i=1:5)PK_AF(i)*AF(i)         &
-SUM(i=1:5)PK_AA(i)*AA(i)-SUM(i=1:5)PK_PI(i)*PI(i)         &
-SUM(i=1:5)PK_PC(i)*PC(i)-SUM(i=1:5)PK_PH(i)*PH(i)         &
-SUM(i=1:5)PK_PF(i)*PF(i)-SUM(i=1:5)PK_PA(i)*PA(i)         &
-SUM(i=1:5)PK_PIN(i)*PIN(i)-SUM(i=1:5)PK_PN(i)*PN(i)       &
-SUM(i=1:5)PK_AAN(i)*AAN(i)-SUM(i=1:5)PK_FH(i)*FH(i)       &
-SUM(i=1:5)PK_PD(i)*PD(i)-SUM(i=1:5)PK_PW(i)*PW(i)         &
-SUM(i=1:5)PK_AZ(i)*AZ(i)                                  &
+SUM(i=1:5)                                                &
(-FK_PER(i)-FK_L(i)-FK_R(i)-FK_E(i)-FK_KD(i)               &
 -FK_AN(i)-FK_P(i)-FK_O(i)-FK_K(i)                         &
 -FK_I(i)-FK_C(i)-FK_H(i)                                  &
 -FK_F(i)-FK_A(i)-FK_IN(i))  $

BOUNDS
x    (i=1:5,j=26:30)         .UI. 100000
AA   (i=1:5)                 .UI. 100000
AAN  (i=1:5)                 .UI. 100000
AC   (i=1:5)                 .UI. 100000
AF   (i=1:5)                 .UI. 100000
AH   (i=1:5)                 .UI. 100000
AI   (i=1:5)                 .UI. 100000
!AZ  (i=1:5)                 .UI. 100000
FA   (i=1:5)                 .UI. 100000
FE   (i=1:5)                 .UI. 100000
FO   (i=1:5)                 .UI. 100000
FAM  (i=1:5)                 .UI. 100000
FH   (i=1:5)                 .UI. 100000
ML   (i=1:5)                 .UI. 100000
MK   (i=1:5)                 .UI. 100000
MP   (i=1:5)                 .UI. 100000
!MR  (i=1:5)                 .UI. 100000
MRA  (i=1:5)                 .UI. 100000
!MS  (i=1:5)                 .UI. 100000
!MU  (i=1:5)                 .UI. 100000
PA   (i=1:5)                 .UI. 100000
PC   (i=1:5)                 .UI. 100000
!PD  (i=1:5)                 .UI. 100000
PF   (i=1:5)                 .UI. 100000
PH   (i=1:5)                 .UI. 100000
PI   (i=1:5)                 .UI. 100000
PIN  (i=1:5)                 .UI. 100000
PN   (i=1:5)                 .UI. 100000
!PP  (i=1:5)                 .UI. 100000
PTI  (i=1:5)                 .UI. 10000000
!PW  (i=1:5)                 .UI. 100000
G    (i=1:5)                 .FR.
Generate
```

Abbildung A27: Darstellung der relevanten Bereiche der Modell-

modifikation MM5K11

```
                                                            !MM5K11.MOD
!Modell mit i Krankenhäusern, j Patienten
!OHNE Bettenverschiebung innerhalb der 5%-Grenze
!OHNE Beschränkung der Bettenkapazität bei Bettenverschiebung
!OHNE Bettenverschiebung ohne Grenze
!OHNE Abteilungsschließungsmöglichkeiten
!MIT  Regionalversorgungssischerung
!MIT  Ganzzahligkeit
!OHNE Verteilung der ambulant zu behandelnden Patienten !!


VARIABLES
x    (5,30)          !Anzahl der Patienten in Krankenhaus i von Fallklasse j
AA   (5)
...
G    (5)  !Gewinn des einzelnen Krankenhauses


TABLES
V_EZG    (5,25)
P_AMB    (5,30)
...

CONNECT EXCEL
DISKDATA -C
! Daten für Krankenhaus i
V_EZG    =    5kh.xls (V_EZG)
P_AMB    =    5kh.xls (P_AMB)
...

DISCONNECT

ASSIGN

CONSTRAINTS

!Regionalversorgung: Versorgung des Einzugsgebiets
R1(j=1:25):    SUM(i=1:5) x(i,j) > SUM(i=1:5) V_EZG(i,j)

!Prozentsätze der ambulanten Fälle in den Krankenhäusern / unabhängig davon,
!ob Krankenhaus teuer oder billig arbeitet
R31(i=1:5):    x(i,26)>P_AMB(i,26)*x(i,6)
R32(i=1:5):    x(i,27)>P_AMB(i,27)*x(i,9)
R33(i=1:5):    x(i,28)>P_AMB(i,28)*x(i,16)
R34(i=1:5):    x(i,29)>P_AMB(i,29)*x(i,20)
R35(i=1:5):    x(i,30)>P_AMB(i,30)*x(i,11)

!Verweildauern/Bettenkapazität
GL1(i=1:5):    SUM(j=1 :5 ) (H_IB(i,j)*VD_MIN(i,j)+H_OIB(i,j)*VD_OIN(i,j))&
                     *x(i,j)< BKAP_I(i)*PZ(1)

BOUNDS
x    (i=1:5,j=26:30)           .UI. 100000
AA   (i=1:5)                   .UI. 100000
...
G    (i=1:5)                   .FR.

Generate
```

Abbildung A28: Gesamtes Lösungsprotokoll des LP-Problems MM5K11

```
Problem Statistics
Matrix MM5K11
Objective ZIELF
RHS RHS00001
Problem has     286 rows and     305 structural columns


Solution Statistics
Maximisation performed
Optimal solution found after     4 iterations
Objective function value is   45727766.07
```

Rows Section

Number	Row	At	Value	Slack Value	Dual Value	RHS
G	1	R1	01	LL	14942.94902	.000000	-3414.806805	14942.94902
G	2	R1	02	LL	4362.304484	.000000	-5420.814282	4362.304484
G	3	R1	03	BS	10910.29509	5370.502749	.000000	5539.792340
G	4	R1	04	LL	3833.968647	.000000	-10790.38671	3833.968647
G	5	R1	05	LL	2482.131995	.000000	-8093.535357	2482.131995
G	6	R1	06	LL	4819.878028	.000000	-5683.977471	4819.878028
G	7	R1	07	BS	26852.27906	16200.95219	.000000	10651.32687
G	8	R1	08	LL	3506.364031	.000000	-5639.617941	3506.364031
G	9	R1	09	LL	4323.556214	.000000	-2860.782677	4323.556214
G	10	R1	10	LL	4075.284701	.000000	-4038.644377	4075.284701
G	11	R1	11	LL	2120.524800	.000000	-5457.225807	2120.524800
G	12	R1	12	LL	788.123406	.000000	-4410.125045	788.123406
G	13	R1	13	BS	2978.775188	2455.185012	.000000	523.590176
G	14	R1	14	BS	1093.859115	118.235197	.000000	975.623918
G	15	R1	15	LL	405.821906	.000000	-2991.631540	405.821906
G	16	R1	16	LL	21963.56980	.000000	-1486.453131	21963.56980
G	17	R1	17	BS	10041.65975	6324.877001	.000000	3716.782748
G	18	R1	18	LL	4456.775819	.000000	-1553.835724	4456.775819
G	19	R1	19	BS	6908.346400	4430.854565	.000000	2477.491835
G	20	R1	20	LL	1767.895061	.000000	-2689.666560	1767.895061
G	21	R1	21	LL	2607.951859	.000000	-4174.611009	2607.951859
G	22	R1	22	BS	400.689335	103.067079	.000000	297.622256
G	23	R1	23	BS	368.683559	204.322336	.000000	164.361223
G	24	R1	24	BS	1392.672386	1220.424387	.000000	172.247999
G	25	R1	25	LL	298.060237	.000000	-255.246531	298.060237
G	26	R31	01	LL	.000000	.000000	-14867.64981	.000000
G	27	R31	02	LL	.000000	.000000	-14702.34349	.000000
G	28	R31	03	LL	.000000	.000000	-14243.68609	.000000
G	29	R31	04	LL	.000000	.000000	-3329.239043	.000000
G	30	R31	05	BS	.210977	.210977	.000000	.000000
G	31	R32	01	BS	.166128	.166128	.000000	.000000
G	32	R32	02	LL	.000000	.000000	-6685.852229	.000000
G	33	R32	03	BS	.139558	.139558	.000000	.000000
G	34	R32	04	BS	.516504	.516504	.000000	.000000
G	35	R32	05	LL	.000000	.000000	-2508.251843	.000000
G	36	R33	01	BS	.177684	.177684	.000000	.000000
G	37	R33	02	BS	.087241	.087241	.000000	.000000
G	38	R33	03	BS	.293617	.293617	.000000	.000000
G	39	R33	04	BS	.295510	.295510	.000000	.000000
G	40	R33	05	BS	.331760	.331760	.000000	.000000
G	41	R34	01	LL	.000000	.000000	-3707.217566	.000000
G	42	R34	02	BS	.000000	.000000	.000000	.000000
G	43	R34	03	LL	.000000	.000000	-2658.629382	.000000
G	44	R34	04	BS	.299815	.299815	.000000	.000000
G	45	R34	05	BS	.000000	.000000	.000000	.000000
G	46	R35	01	LL	.000000	.000000	-5611.965381	.000000
G	47	R35	02	LL	.000000	.000000	-2231.654385	.000000
G	48	R35	03	LL	.000000	.000000	-6223.833287	.000000
G	49	R35	04	BS	.152768	.152768	.000000	.000000
G	50	R35	05	LL	.000000	.000000	-140.120225	.000000
L	51	GL1	01	UL	57670.00000	.000000	601.905180	57670.00000
L	52	GL1	02	UL	108040.0000	.000000	970.465313	108040.0000
L	53	GL1	03	UL	86140.00000	.000000	522.793104	86140.00000

L	54	GL1	04	UL	143810.0000	.000000	698.560236	143810.0000
L	55	GL1	05	UL	28470.00000	.000000	797.028476	28470.00000
L	56	GL2	01	BS	34668.19112	6.808884	.000000	34675.00000
L	57	GL2	02	BS	58393.31927	6.680730	.000000	58400.00000
L	58	GL2	03	BS	46687.89355	32.106453	.000000	46720.00000
L	59	GL2	04	UL	77745.00000	.000000	515.258161	77745.00000
L	60	GL2	05	UL	15330.00000	.000000	581.675565	15330.00000
L	61	GL3	01	UL	6935.000000	.000000	439.634306	6935.000000
L	62	GL3	02	UL	13140.00000	.000000	586.955455	13140.00000
L	63	GL3	03	UL	10585.00000	.000000	506.466775	10585.00000
L	64	GL3	04	UL	17520.00000	.000000	691.267575	17520.00000
L	65	GL3	05	UL	3650.000000	.000000	573.073165	3650.000000
L	66	GL4	01	BS	40831.50495	4428.495055	.000000	45260.00000
L	67	GL4	02	BS	84632.55041	47.449588	.000000	84680.00000
L	68	GL4	03	BS	67732.89497	157.105034	.000000	67890.00000
L	69	GL4	04	BS	113119.0246	30.975416	.000000	113150.0000
L	70	GL4	05	UL	22265.00000	.000000	133.321941	22265.00000
L	71	GL5	01	UL	5110.000000	.000000	170.837231	5110.000000
L	72	GL5	02	UL	9490.000000	.000000	83.289980	9490.000000
L	73	GL5	03	UL	7665.000000	.000000	438.619127	7665.000000
L	74	GL5	04	UL	12775.00000	.000000	436.067988	12775.00000
L	75	GL5	05	UL	2555.000000	.000000	355.274244	2555.000000
L	76	GL6	01	BS	5831.000000	9.000000	.000000	5840.000000
L	77	GL6	02	BS	4986.000000	5964.000000	.000000	10950.00000
L	78	GL6	03	BS	3688.000000	5072.000000	.000000	8760.000000
L	79	GL6	04	BS	12362.00000	2238.000000	.000000	14600.0000
L	80	GL6	05	BS	2866.000000	54.000000	.000000	2920.000000
L	81	GL7	01	UL	.000000	.000000	.000000	.000000
L	82	GL7	02	UL	.000000	.000000	.000000	.000000
L	83	GL7	03	UL	.000000	.000000	.000000	.000000
L	84	GL7	04	UL	.000000	.000000	.000000	.000000
L	85	GL7	05	UL	.000000	.000000	.000000	.000000
L	86	GL8	01	BS	-9246.836033	9246.836033	.000000	.000000
L	87	GL8	02	BS	-3694.208883	3694.208883	.000000	.000000
L	88	GL8	03	BS	-24796.40302	24796.40302	.000000	.000000
L	89	GL8	04	BS	-44824.52983	44824.52983	.000000	.000000
L	90	GL8	05	BS	-54716.12125	54716.12125	.000000	.000000
L	91	GL9	01	UL	.000000	.000000	.000000	.000000
L	92	GL9	02	UL	.000000	.000000	.000000	.000000
L	93	GL9	03	UL	.000000	.000000	.000000	.000000
L	94	GL9	04	UL	.000000	.000000	.000000	.000000
L	95	GL9	05	UL	.000000	.000000	.000000	.000000
E	96	GL10	01	EQ	.000000	.000000	-68970.00000	.000000
E	97	GL10	02	EQ	.000000	.000000	-68000.00000	.000000
E	98	GL10	03	EQ	.000000	.000000	-69458.00000	.000000
E	99	GL10	04	EQ	.000000	.000000	-69113.00000	.000000
E	100	GL10	05	EQ	.000000	.000000	-69309.00000	.000000
L	101	GL11	01	UL	.000000	.000000	13.050341	.000000
L	102	GL11	02	UL	.000000	.000000	2.100013	.000000
L	103	GL11	03	BS	-7414.630648	7414.630648	.000000	.000000
L	104	GL11	04	BS	-4495.261333	4495.261333	.000000	.000000
L	105	GL11	05	BS	-15406.44024	15406.44024	.000000	.000000
L	106	GL12	01	BS	-11607.08885	11607.08885	.000000	.000000
L	107	GL12	02	BS	-2294.464717	2294.464717	.000000	.000000
L	108	GL12	03	BS	-27344.26515	27344.26515	.000000	.000000
L	109	GL12	04	BS	-15838.92328	15838.92328	.000000	.000000
L	110	GL12	05	BS	-25282.41792	25282.41792	.000000	.000000
L	111	GL13	01	BS	-51965.19591	51965.19591	.000000	.000000
L	112	GL13	02	BS	-13046.83688	13046.83688	.000000	.000000
L	113	GL13	03	BS	-16416.64816	16416.64816	.000000	.000000
L	114	GL13	04	BS	-7586.365749	7586.365749	.000000	.000000
L	115	GL13	05	BS	-51107.42785	51107.42785	.000000	.000000
L	116	GL14	01	BS	-32354.58302	32354.58302	.000000	.000000
L	117	GL14	02	BS	-2509.687191	2509.687191	.000000	.000000
L	118	GL14	03	UL	.000000	.000000	.800004	.000000
L	119	GL14	04	BS	-6603.154925	6603.154925	.000000	.000000
L	120	GL14	05	BS	-22.103424	22.103424	.000000	.000000
L	121	GL15	01	UL	.000000	.000000	2.071240	.000000
L	122	GL15	02	UL	.000000	.000000	2.675242	.000000
L	123	GL15	03	UL	.000000	.000000	3.341386	.000000

L	124	GL15	04	UL	.000000	.000000	.319751	.000000
L	125	GL15	05	BS	-504.689368	504.689368	.000000	.000000
L	126	GL16	01	BS	-30714.71136	30714.71136	.000000	.000000
L	127	GL16	02	BS	-23745.42020	23745.42020	.000000	.000000
L	128	GL16	03	UL	.000000	.000000	.703279	.000000
L	129	GL16	04	BS	-50467.71398	50467.71398	.000000	.000000
L	130	GL16	05	BS	-12812.78225	12812.78225	.000000	.000000
L	131	GL17	01	UL	.000000	.000000	1.234069	.000000
L	132	GL17	02	UL	.000000	.000000	1.807212	.000000
L	133	GL17	03	UL	.000000	.000000	2.377754	.000000
L	134	GL17	04	UL	.000000	.000000	2.394109	.000000
L	135	GL17	05	UL	.000000	.000000	.475590	.000000
L	136	GL18	01	UL	.000000	.000000	1.386307	.000000
L	137	GL18	02	UL	.000000	.000000	2.488348	.000000
L	138	GL18	03	BS	-7434.335269	7434.335269	.000000	.000000
L	139	GL18	04	UL	.000000	.000000	.763878	.000000
L	140	GL18	05	UL	.000000	.000000	.566617	.000000
E	141	GL19	01	EQ	.000000	.000000	1964.670247	.000000
E	142	GL19	02	EQ	.000000	.000000	449.932073	.000000
E	143	GL19	03	EQ	.000000	.000000	533.767032	.000000
E	144	GL19	04	EQ	.000000	.000000	1832.351331	.000000
E	145	GL19	05	EQ	.000000	.000000	4327.236709	.000000
L	146	GL20	01	BS	-469.000000	469.000000	.000000	.000000
L	147	GL20	02	BS	-3006.000000	3006.000000	.000000	.000000
L	148	GL20	03	BS	-11813.00000	11813.00000	.000000	.000000
L	149	GL20	04	BS	-460.000000	460.000000	.000000	.000000
L	150	GL20	05	BS	-53819.00000	53819.00000	.000000	.000000
L	151	GL21	01	BS	-14531.86573	14531.86573	.000000	.000000
L	152	GL21	02	UL	.000000	.000000	6.354149	.000000
L	153	GL21	03	BS	-33162.77872	33162.77872	.000000	.000000
L	154	GL21	04	BS	-27761.40734	27761.40734	.000000	.000000
L	155	GL21	05	BS	-23342.00000	23342.00000	.000000	.000000
E	156	GL22	01	EQ	.000000	.000000	1255.266917	.000000
E	157	GL22	02	EQ	.000000	.000000	1264.125338	.000000
E	158	GL22	03	EQ	.000000	.000000	1251.955113	.000000
E	159	GL22	04	EQ	.000000	.000000	1248.552857	.000000
E	160	GL22	05	EQ	.000000	.000000	1256.434361	.000000
E	161	GL23	01	EQ	.000000	.000000	-733.913534	.000000
E	162	GL23	02	EQ	.000000	.000000	-736.298271	.000000
E	163	GL23	03	EQ	.000000	.000000	-733.346090	.000000
E	164	GL23	04	EQ	.000000	.000000	-736.124286	.000000
E	165	GL23	05	EQ	.000000	.000000	-729.885489	.000000
L	166	GL24	01	UL	.000000	.000000	4.090903	.000000
L	167	GL24	02	BS	-1914.140875	1914.140875	.000000	.000000
L	168	GL24	03	UL	.000000	.000000	8.733817	.000000
L	169	GL24	04	UL	.000000	.000000	1.347084	.000000
L	170	GL24	05	BS	-49733.86211	49733.86211	.000000	.000000
L	171	GL25	01	BS	-9946.508985	9946.508985	.000000	.000000
L	172	GL25	02	BS	-7208.159899	7208.159899	.000000	.000000
L	173	GL25	03	BS	-48722.82163	48722.82163	.000000	.000000
L	174	GL25	04	BS	-3619.285445	3619.285445	.000000	.000000
L	175	GL25	05	BS	-26114.66233	26114.66233	.000000	.000000
L	176	GL26	01	UL	.000000	.000000	1.409001	.000000
L	177	GL26	02	BS	-10.965841	10.965841	.000000	.000000
L	178	GL26	03	BS	-5762.875185	5762.875185	.000000	.000000
L	179	GL26	04	BS	-6645.291351	6645.291351	.000000	.000000
L	180	GL26	05	BS	-33950.28270	33950.28270	.000000	.000000
L	181	GL27	01	BS	-2496.984814	2496.984814	.000000	.000000
L	182	GL27	02	BS	-2804.701479	2804.701479	.000000	.000000
L	183	GL27	03	BS	-2112.316715	2112.316715	.000000	.000000
L	184	GL27	04	BS	-448.653689	448.653689	.000000	.000000
L	185	GL27	05	BS	-21767.11701	21767.11701	.000000	.000000
L	186	GL28	01	BS	-19942.39854	19942.39854	.000000	.000000
L	187	GL28	02	BS	-7972.408866	7972.408866	.000000	.000000
L	188	GL28	03	BS	-26209.23458	26209.23458	.000000	.000000
L	189	GL28	04	BS	-26650.00836	26650.00836	.000000	.000000
L	190	GL28	05	BS	-14712.39478	14712.39478	.000000	.000000
L	191	GL29	01	BS	-56349.41793	56349.41793	.000000	.000000
L	192	GL29	02	UL	.000000	.000000	1.625482	.000000
L	193	GL29	03	BS	-7008.085427	7008.085427	.000000	.000000

L	194	GL29	04	BS	-30542.27995	30542.27995	.000000	.000000
L	195	GL29	05	BS	-1154.149300	1154.149300	.000000	.000000
E	196	GL30	01	EQ	.000000	.000000	-14764.13534	.000000
E	197	GL30	02	EQ	.000000	.000000	-15152.78271	.000000
E	198	GL30	03	EQ	.000000	.000000	-14750.26090	.000000
E	199	GL30	04	EQ	.000000	.000000	-15019.94286	.000000
E	200	GL30	05	EQ	.000000	.000000	-14133.55489	.000000
L	201	GL31	01	BS	-3177.349964	3177.349964	.000000	.000000
L	202	GL31	02	UL	.000000	.000000	2.345106	.000000
L	203	GL31	03	BS	-43643.11331	43643.11331	.000000	.000000
L	204	GL31	04	BS	-26432.33494	26432.33494	.000000	.000000
L	205	GL31	05	BS	-16198.20419	16198.20419	.000000	.000000
L	206	GL32	01	BS	-21915.48108	21915.48108	.000000	.000000
L	207	GL32	02	BS	-23205.14450	23205.14450	.000000	.000000
L	208	GL32	03	BS	-19392.78015	19392.78015	.000000	.000000
L	209	GL32	04	BS	-56247.75910	56247.75910	.000000	.000000
L	210	GL32	05	BS	-35170.58884	35170.58884	.000000	.000000
L	211	GL33	01	UL	.000000	.000000	1.855353	.000000
L	212	GL33	02	BS	-11442.70778	11442.70778	.000000	.000000
L	213	GL33	03	BS	-53364.20343	53364.20343	.000000	.000000
L	214	GL33	04	BS	-17301.48410	17301.48410	.000000	.000000
L	215	GL33	05	BS	-32222.76512	32222.76512	.000000	.000000
L	216	GL34	01	BS	-59099.99999	59099.99999	.000000	.000000
L	217	GL34	02	BS	-62694.99999	62694.99999	.000000	.000000
L	218	GL34	03	BS	-47651.99999	47651.99999	.000000	.000000
L	219	GL34	04	BS	-27024.00000	27024.00000	.000000	.000000
L	220	GL34	05	BS	-60112.99999	60112.99999	.000000	.000000
L	221	GL35	01	BS	-4319.999999	4319.999999	.000000	.000000
L	222	GL35	02	BS	-18091.53287	18091.53287	.000000	.000000
L	223	GL35	03	UL	.000000	.000000	4.825868	.000000
L	224	GL35	04	UL	.000000	.000000	4.035111	.000000
L	225	GL35	05	BS	-12375.85682	12375.85682	.000000	.000000
E	226	GL36	01	EQ	107.000000	.000000	-521.353383	107.000000
E	227	GL36	02	EQ	201.000000	.000000	-527.827068	201.000000
E	228	GL36	03	EQ	164.000000	.000000	-518.609023	164.000000
E	229	GL36	04	EQ	266.000000	.000000	-512.428571	266.000000
E	230	GL36	05	EQ	53.000000	.000000	-526.548872	53.000000
L	231	GL37	01	BS	629446.3038	553.696247	.000000	630000.0000
L	232	GL37	02	BS	275760.7924	1089239.208	.000000	1365000.000
L	233	GL37	03	BS	574513.4406	265486.5594	.000000	840000.0000
L	234	GL37	04	UL	840000.0000	.000000	14.427271	840000.0000
L	235	GL37	05	BS	415976.2307	4023.769340	.000000	420000.0000
L	236	GL38	01	BS	20450.79447	67049.20553	.000000	87500.00000
L	237	GL38	02	BS	38844.22230	48655.77770	.000000	87500.00000
L	238	GL38	03	BS	35854.86927	51645.13073	.000000	87500.00000
L	239	GL38	04	BS	45978.43627	41521.56373	.000000	87500.00000
L	240	GL38	05	BS	8247.885198	79252.11480	.000000	87500.00000
L	241	GL39	01	BS	14615.73976	20384.26024	.000000	35000.00000
L	242	GL39	02	BS	29273.02848	40726.97152	.000000	70000.00000
L	243	GL39	03	BS	24232.13479	10767.86521	.000000	35000.00000
L	244	GL39	04	BS	31682.97927	38317.02073	.000000	70000.00000
L	245	GL39	05	BS	8407.374761	26592.62524	.000000	35000.00000
L	246	GL40	01	BS	21124.58852	153875.4115	.000000	175000.0000
L	247	GL40	02	BS	46957.17637	128042.8236	.000000	175000.0000
L	248	GL40	03	BS	35887.62358	139112.3764	.000000	175000.0000
L	249	GL40	04	BS	89029.26071	85970.73929	.000000	175000.0000
L	250	GL40	05	BS	12158.82039	162841.1796	.000000	175000.0000
L	251	GL41	01	BS	6013.110813	133986.8892	.000000	140000.0000
L	252	GL41	02	BS	18293.66899	121706.3310	.000000	140000.0000
L	253	GL41	03	BS	51447.53891	88552.46109	.000000	140000.0000
L	254	GL41	04	BS	16279.71357	123720.2864	.000000	140000.0000
L	255	GL41	05	BS	4214.830182	135785.1698	.000000	140000.0000
L	256	GL42	01	BS	272900.1438	147099.8562	.000000	420000.0000
L	257	GL42	02	BS	302473.4237	432526.5763	.000000	735000.0000
L	258	GL42	03	BS	624233.8356	5766.164397	.000000	630000.0000
L	259	GL42	04	BS	733073.1444	1926.855576	.000000	735000.0000
L	260	GL42	05	BS	144959.7783	170040.2217	.000000	315000.0000
L	261	GL43	01	BS	100644.7950	109355.2050	.000000	210000.0000
L	262	GL43	02	BS	184972.4613	235027.5387	.000000	420000.0000
L	263	GL43	03	BS	262016.1665	52983.83346	.000000	315000.0000

```
L    264  GL43  04  BS   190938.4254   124061.5746      .000000   315000.0000
L    265  GL43  05  BS    59308.42738  150691.5726      .000000   210000.0000
L    266  GL44  01  UL   675000.0000       .000000    35.281983   675000.0000
L    267  GL44  02  UL  1275000.000        .000000    32.746217  1275000.000
L    268  GL44  03  UL   900000.0000       .000000    32.884581   900000.0000
L    269  GL44  04  UL  1575000.000        .000000    21.281004  1575000.000
L    270  GL44  05  UL   375000.0000       .000000    32.197438   375000.0000
L    271  GL45  01  BS    10587.71031    1822.289688      .000000   12410.00000
L    272  GL45  02  BS    20223.50909    5326.490909      .000000   25550.00000
L    273  GL45  03  BS    30105.18383    2744.816170      .000000   32850.00000
L    274  GL45  04  BS    42628.20539     806.794612      .000000   43435.00000
L    275  GL45  05  UL     6935.000000       .000000   794.916323    6935.000000
L    276  GL46  01  UL  2102400.000        .000000     4.106661  2102400.000
L    277  GL46  02  BS  3437908.467    766891.5329      .000000  4204800.000
L    278  GL46  03  BS  4721200.000    9200.000000      .000000  4730400.000
L    279  GL46  04  BS  5232420.000   23580.00000      .000000  5256000.000
L    280  GL46  05  BS  1327214.143   249585.8568      .000000  1576800.000
E    281  GW    01  EQ  30228488.99        .000000      .000000  30228488.99
E    282  GW    02  EQ  56192555.00        .000000      .000000  56192555.00
E    283  GW    03  EQ  42044248.00        .000000      .000000  42044248.00
E    284  GW    04  EQ  62835218.00        .000000      .000000  62835218.00
E    285  GW    05  EQ  15525132.00        .000000      .000000  15525132.00
N    286  ZIELF     BS  252553408.1  -45727766.07      .000000  206825642.0
```

Columns Section

```
      Number   Column   At     Value      Input Cost   Reduced Cost
C     287   x   0101   BS   3403.396194   9237.774387      .000000
C     288   x   0201   BS     84.791348   7759.988007      .000000
C     289   x   0301   BS   2904.076410   8412.071707      .000000
C     290   x   0401   BS   6324.949276   8229.372007      .000000
C     291   x   0501   BS   2225.735792   9092.292149      .000000
C     292   x   0102   BS    143.622844  10632.00132      .000000
C     293   x   0202   BS   3094.899530  11030.60650      .000000
C     294   x   0302   BS     14.338530   9536.278300      .000000
C     295   x   0402   BS   1109.393837  10111.63740      .000000
C     296   x   0502   BS       .049743  10707.22015      .000000
C     297   x   0103   BS   2178.086618  12692.68453      .000000
C     298   x   0203   BS   5914.070866  12726.76740      .000000
C     299   x   0303   BS     10.073601  12107.36700      .000000
C     300   x   0403   BS   1813.541680  12027.14040      .000000
C     301   x   0503   BS    994.522324  12648.90771      .000000
C     302   x   0104   LL       .000000    446.467062  2340.716942
C     303   x   0204   LL       .000000    298.431218  3669.912371
C     304   x   0304   BS   3800.052952    203.491218      .000000
C     305   x   0404   BS     33.915695    202.761218      .000000
C     306   x   0504   LL       .000000    540.116436   106.293367
C     307   x   0105   BS       .759470   7735.549494      .000000
C     308   x   0205   LL       .000000   7816.923784  2123.114278
C     309   x   0305   BS    334.023991   7540.106184      .000000
C     310   x   0405   BS   2147.348533   7369.103784      .000000
C     311   x   0505   LL       .000000   7710.187184  2280.951133
C     312   x   0106   BS   1211.111111   2645.655698      .000000
C     313   x   0206   BS       .000000   2649.750439      .000000
C     314   x   0306   BS   1977.777778   2584.523039      .000000
C     315   x   0406   BS       .000000   2590.503939      .000000
C     316   x   0506   BS   1630.989139   2643.430195      .000000
C     317   x   0107   BS   2048.214627   1690.603859      .000000
C     318   x   0207   BS   6403.968322   1705.800114      .000000
C     319   x   0307   LL       .000000   1724.550114   435.480488
C     320   x   0407   BS  18050.84468   1904.160114      .000000
C     321   x   0507   BS    349.251436   1770.990114      .000000
C     322   x   0108   BS      4.723144   4037.125253      .000000
C     323   x   0208   BS    683.403200   4121.319270      .000000
C     324   x   0308   BS   2818.237687   4229.666870      .000000
C     325   x   0408   LL       .000000   3760.948770   556.299360
C     326   x   0508   LL       .000000   3832.439866  3390.784377
C     327   x   0109   BS   1796.677438   3010.990579      .000000
C     328   x   0209   BS    140.000000   2874.660632      .000000
C     329   x   0309   BS    177.208850   3046.384832      .000000
C     330   x   0409   BS   2209.669927   2955.168632      .000000
```

C	331	x	0509	LL	.000000	3040.392645	1781.840125
C	332	x	0110	LL	.000000	2471.219333	932.230106
C	333	x	0210	BS	2736.771278	2484.209333	.000000
C	334	x	0310	LL	.000000	2337.647333	1003.835754
C	335	x	0410	BS	1338.513423	2583.340333	.000000
C	336	x	0510	LL	.000000	2332.529333	4572.767033
C	337	x	0111	BS	211.111111	1754.827828	.000000
C	338	x	0211	LL	.000000	1553.759924	2045.265420
C	339	x	0311	BS	55.555556	1799.653924	.000000
C	340	x	0411	BS	1842.747022	1825.393724	.000000
C	341	x	0511	BS	11.111111	1717.346504	.000000
C	342	x	0112	BS	12.429973	2365.733307	.000000
C	343	x	0212	BS	485.130742	2424.329628	.000000
C	344	x	0312	LL	.000000	2391.081628	52.365230
C	345	x	0412	LL	.000000	2311.958228	1103.917909
C	346	x	0512	BS	290.562691	2412.214076	.000000
C	347	x	0113	BS	618.668654	4191.364462	.000000
C	348	x	0213	BS	1389.431742	4216.668296	.000000
C	349	x	0313	BS	970.674791	4228.247796	.000000
C	350	x	0413	LL	.000000	4193.870796	1343.017043
C	351	x	0513	LL	.000000	4090.118236	1681.820084
C	352	x	0114	LL	.000000	1868.074768	473.030380
C	353	x	0214	LL	.000000	1738.950458	1527.987471
C	354	x	0314	BS	1093.859115	1889.276658	.000000
C	355	x	0414	LL	.000000	1890.839758	376.818338
C	356	x	0514	LL	.000000	1778.827858	1122.021307
C	357	x	0115	LL	.000000	1404.570582	619.175285
C	358	x	0215	LL	.000000	1360.845005	1335.957598
C	359	x	0315	LL	.000000	1420.363505	1052.459936
C	360	x	0415	BS	201.060237	1499.385505	.000000
C	361	x	0515	BS	204.761669	1438.876385	.000000
C	362	x	0116	BS	147.038601	2056.816257	.000000
C	363	x	0216	BS	298.545991	2007.788800	.000000
C	364	x	0316	BS	10045.10638	2277.705000	.000000
C	365	x	0416	BS	10678.40816	2125.379400	.000000
C	366	x	0516	BS	794.470662	2212.942280	.000000
C	367	x	0117	BS	587.831791	5145.194899	.000000
C	368	x	0217	BS	5145.781167	5170.766548	.000000
C	369	x	0317	BS	2746.985070	5249.584048	.000000
C	370	x	0417	BS	1554.629599	5182.865048	.000000
C	371	x	0517	BS	6.432122	5150.799474	.000000
C	372	x	0118	BS	11.606677	2466.612174	.000000
C	373	x	0218	BS	4437.343343	2610.895400	.000000
C	374	x	0318	LL	.000000	2592.919800	86.721781
C	375	x	0418	LL	.000000	2412.519100	336.836288
C	376	x	0518	BS	7.825799	2453.789560	.000000
C	377	x	0119	BS	3377.664112	4541.833150	.000000
C	378	x	0219	BS	2012.028280	4402.803400	.000000
C	379	x	0319	LL	.000000	4642.788000	800.203113
C	380	x	0419	LL	.000000	4496.386900	541.932870
C	381	x	0519	BS	1518.654008	4591.655920	.000000
C	382	x	0120	LL	.000000	4100.800860	3333.577623
C	383	x	0220	LL	.000000	4192.837767	1785.751990
C	384	x	0320	LL	.000000	4008.974467	3532.565768
C	385	x	0420	BS	1767.895061	4113.210767	.000000
C	386	x	0520	LL	.000000	4028.448797	528.325137
C	387	x	0121	BS	191.513786	1589.194024	.000000
C	388	x	0221	BS	889.487406	1634.954024	.000000
C	389	x	0321	LL	.000000	1582.829024	306.254907
C	390	x	0421	BS	1526.826132	1569.104024	.000000
C	391	x	0521	BS	.124535	1566.959024	.000000
C	392	x	0122	BS	50.303031	3588.263246	.000000
C	393	x	0222	BS	350.386304	3641.170746	.000000
C	394	x	0322	LL	.000000	3543.671246	843.471504
C	395	x	0422	LL	.000000	3601.445996	1199.333627
C	396	x	0522	LL	.000000	3517.574746	364.718508
C	397	x	0123	BS	274.361004	3355.650203	.000000
C	398	x	0223	BS	51.361073	3359.830203	.000000
C	399	x	0323	LL	.000000	3385.560203	562.011941
C	400	x	0423	LL	.000000	3325.060203	1851.441268

```
C   401  x    0523  BS     42.961481    3345.350203       .000000
C   402  x    0124  LL       .000000    3007.453890    402.321926
C   403  x    0224  LL       .000000    2897.253890    481.169246
C   404  x    0324  BS   1076.913548    3070.333890       .000000
C   405  x    0424  LL       .000000    3050.183890   1205.293419
C   406  x    0524  BS    315.758838    3013.873890       .000000
C   407  x    0125  BS    132.641467    1912.439105       .000000
C   408  x    0225  LL       .000000    1869.119105    112.184486
C   409  x    0325  BS     25.321033    1937.849105       .000000
C   410  x    0425  BS    140.097737    1966.449105       .000000
C   411  x    0525  LL       .000000    1843.459105      8.003528
C   412  x    0126  UL    109.000000      -1.810120  -10461.53897
C   413  x    0226  UL       .000000     -58.350120  -10851.89884
C   414  x    0326  UL    178.000000     -43.660120  -11075.99076
C   415  x    0426  UL       .000000      11.859880   -735.083502
C   416  x    0526  LL    147.000000      -1.450120   2577.245120
C   417  x    0127  LL     90.000000      71.145720   3627.515340
C   418  x    0227  UL      7.000000      37.405720  -3916.800912
C   419  x    0327  LL      9.000000      80.415720   2385.927865
C   420  x    0427  LL    111.000000      80.315720   1749.850606
C   421  x    0527  BS       .000000      35.345720       .000000
C   422  x    0128  LL      9.000000     123.625720   1419.425980
C   423  x    0228  LL     18.000000     112.305720   1886.525930
C   424  x    0328  LL    603.000000     101.035720   1214.347525
C   425  x    0428  LL    641.000000     137.035720    501.394394
C   426  x    0528  LL     48.000000     134.125720    992.784593
C   427  x    0129  BS       .000000     305.572920       .000000
C   428  x    0229  LL       .000000     310.252920   3089.753565
C   429  x    0329  BS       .000000     300.982920       .000000
C   430  x    0429  LL   1008.000000     305.982920   1928.522478
C   431  x    0529  LL       .000000     305.072920   3075.658018
C   432  x    0130  UL     19.000000      16.052560  -2913.786711
C   433  x    0230  BS       .000000      15.732560       .000000
C   434  x    0330  UL      5.000000      12.462560  -4263.220979
C   435  x    0430  LL    166.000000      25.462560   1315.240679
C   436  x    0530  LL      1.000000      10.552560   1523.593965
C   437  AA   01    LL      2.000000   -147120.0000   147641.3534
C   438  AA   02    LL      4.000000   -151000.0000   151527.8271
C   439  AA   03    LL      3.000000   -146984.0000   147502.6090
C   440  AA   04    LL      7.000000   -149687.0000   150199.4286
C   441  AA   05    LL      1.000000   -140809.0000   141335.5489
C   442  AAN  01    LL     15.000000   -147120.0000   147641.3534
C   443  AAN  02    UL     33.000000   -151000.0000    40195.29762
C   444  AAN  03    LL     10.000000   -146984.0000   147502.6090
C   445  AAN  04    LL     18.000000   -149687.0000   150199.4286
C   446  AAN  05    LL      7.000000   -140809.0000   141335.5489
C   447  AC   01    LL     14.000000   -147120.0000   147641.3534
C   448  AC   02    LL     23.000000   -151000.0000   151527.8271
C   449  AC   03    LL     20.000000   -146984.0000   147502.6090
C   450  AC   04    LL     31.000000   -149687.0000   150199.4286
C   451  AC   05    LL      7.000000   -140809.0000   141335.5489
C   452  AF   01    LL     18.000000   -147120.0000   147641.3534
C   453  AF   02    LL     46.000000   -151000.0000   151527.8271
C   454  AF   03    LL     42.000000   -146984.0000   147502.6090
C   455  AF   04    LL     51.000000   -149687.0000   150199.4286
C   456  AF   05    LL      8.000000   -140809.0000   141335.5489
C   457  AH   01    LL      2.000000   -147120.0000    52370.36681
C   458  AH   02    UL      5.000000   -151000.0000   151527.8271
C   459  AH   03    LL      3.000000   -146984.0000   147502.6090
C   460  AH   04    LL      6.000000   -149687.0000   150199.4286
C   461  AH   05    LL      2.000000   -140809.0000   141335.5489
C   462  AI   01    UL     28.000000   -147120.0000  -125618.6632
C   463  AI   02    LL     40.000000   -151000.0000   151527.8271
C   464  AI   03    UL     30.000000   -146984.0000  -435898.8773
C   465  AI   04    UL     58.000000   -149687.0000    60980.70626
C   466  AI   05    LL     15.000000   -140809.0000   141335.5489
C   467  AZ   01    BS      1.600000   -147120.0000       .000000
C   468  AZ   02    BS      4.200000   -151000.0000       .000000
C   469  AZ   03    BS      3.600000   -146984.0000       .000000
C   470  AZ   04    BS      4.400000   -149687.0000       .000000
```

C	471	AZ	05	BS	.900000	-140809.0000	.000000
C	472	FA	01	LL	18.000000	-77180.00000	-39185.86045
C	473	FA	02	LL	43.000000	-78230.00000	78757.82707
C	474	FA	03	LL	12.000000	-76594.00000	77112.60902
C	475	FA	04	LL	22.000000	-77235.00000	77747.42857
C	476	FA	05	LL	10.000000	-76661.00000	77187.54887
C	477	FE	01	LL	5.000000	-77180.00000	77701.35338
C	478	FE	02	UL	19.000000	-78230.00000	-70859.90781
C	479	FE	03	LL	20.000000	-76594.00000	77112.60902
C	480	FE	04	LL	8.000000	-77235.00000	77747.42857
C	481	FE	05	LL	5.000000	-76661.00000	77187.54887
C	482	FO	01	LL	44.000000	-77180.00000	77701.35338
C	483	FO	02	LL	69.000000	-78230.00000	78757.82707
C	484	FO	03	LL	33.000000	-76594.00000	77112.60902
C	485	FO	04	LL	60.000000	-77235.00000	77747.42857
C	486	FO	05	LL	22.000000	-76661.00000	77187.54887
C	487	FAM	01	LL	1.000000	-77180.00000	77701.35338
C	488	FAM	02	LL	1.000000	-78230.00000	78757.82707
C	489	FAM	03	LL	1.000000	-76594.00000	77112.60902
C	490	FAM	04	LL	1.000000	-77235.00000	77747.42857
C	491	FAM	05	LL	1.000000	-76661.00000	77187.54887
C	492	FH	01	LL	33.000000	-77180.00000	77701.35338
C	493	FH	02	LL	54.000000	-77200.00000	77727.82707
C	494	FH	03	UL	74.000000	-77100.00000	-230271.7586
C	495	FH	04	UL	82.000000	-77300.00000	-179668.0322
C	496	FH	05	LL	21.000000	-77200.00000	77726.54887
C	497	ML	01	UL	16.000000	-68970.00000	-787468.1327
C	498	ML	02	UL	42.000000	-68000.00000	-55938.74013
C	499	ML	03	LL	36.000000	-69458.00000	84726.86992
C	500	ML	04	LL	44.000000	-69113.00000	84645.37143
C	501	ML	05	LL	9.000000	-69309.00000	83969.10376
C	502	MK	01	LL	7.000000	-68970.00000	69491.35338
C	503	MK	02	LL	13.000000	-68000.00000	68527.82707
C	504	MK	03	LL	12.000000	-69458.00000	69976.60902
C	505	MK	04	LL	20.000000	-69113.00000	69625.42857
C	506	MK	05	LL	4.000000	-69309.00000	69835.54887
C	507	MP	01	LL	15.000000	-68970.00000	69491.35338
C	508	MP	02	LL	19.000000	-68000.00000	68527.82707
C	509	MP	03	LL	19.000000	-69458.00000	69976.60902
C	510	MP	04	LL	34.000000	-69113.00000	69625.42857
C	511	MP	05	LL	9.000000	-69309.00000	69835.54887
C	512	MR	01	BS	9.462512	-68970.00000	.000000
C	513	MR	02	BS	4.133725	-68000.00000	.000000
C	514	MR	03	BS	8.841661	-69458.00000	.000000
C	515	MR	04	BS	12.631579	-69113.00000	.000000
C	516	MR	05	BS	6.127029	-69309.00000	.000000
C	517	MRA	01	LL	16.000000	.000000	69491.35338
C	518	MRA	02	LL	17.000000	.000000	68527.82707
C	519	MRA	03	LL	25.000000	.000000	69976.60902
C	520	MRA	04	LL	30.000000	.000000	69625.42857
C	521	MRA	05	LL	10.000000	.000000	69835.54887
C	522	MS	01	BS	.942063	-68970.00000	.000000
C	523	MS	02	BS	5.535931	-68000.00000	.000000
C	524	MS	03	BS	2.881782	-69458.00000	.000000
C	525	MS	04	BS	3.514759	-69113.00000	.000000
C	526	MS	05	BS	.828191	-69309.00000	.000000
C	527	MU	01	BS	5.595424	-68970.00000	.000000
C	528	MU	02	BS	7.330344	-68000.00000	.000000
C	529	MU	03	BS	13.276557	-69458.00000	.000000
C	530	MU	04	BS	13.853662	-69113.00000	.000000
C	531	MU	05	BS	3.044780	-69309.00000	.000000
C	532	PA	01	UL	9.000000	-72870.00000	-17878.36469
C	533	PA	02	UL	20.000000	-73120.00000	-93803.31458
C	534	PA	03	LL	15.000000	-71978.00000	73229.95511
C	535	PA	04	UL	25.000000	-72500.00000	24290.19811
C	536	PA	05	UL	5.000000	-73882.00000	37525.23804
C	537	PC	01	UL	65.000000	-72870.00000	-61555.45386
C	538	PC	02	UL	121.000000	-73120.00000	-101344.5213
C	539	PC	03	UL	115.000000	-71978.00000	-148714.9446
C	540	PC	04	LL	208.000000	-72500.00000	52644.63891

C	541	PC	05	LL	29.000000	-73882.00000	75138.43436
C	542	PD	01	BS	3.400000	-72870.00000	.000000
C	543	PD	02	BS	6.560000	-73102.00000	.000000
C	544	PD	03	BS	5.990000	-72816.00000	.000000
C	545	PD	04	BS	9.300000	-73100.00000	.000000
C	546	PD	05	BS	1.810000	-72462.00000	.000000
C	547	PF	01	UL	74.000000	-72870.00000	-5176.018376
C	548	PF	02	UL	222.000000	-73120.00000	-41282.86815
C	549	PF	03	UL	158.000000	-71978.00000	-81609.38228
C	550	PF	04	UL	195.000000	-72500.00000	-75440.35411
C	551	PF	05	UL	43.000000	-73882.00000	43938.76555
C	552	PH	01	LL	14.000000	-72870.00000	74125.26692
C	553	PH	02	LL	30.000000	-73120.00000	74384.12534
C	554	PH	03	LL	24.000000	-71978.00000	27789.70707
C	555	PH	04	LL	31.000000	-72500.00000	73748.55286
C	556	PH	05	LL	7.000000	-73882.00000	75138.43436
C	557	PI	01	LL	118.000000	-72870.00000	74125.26692
C	558	PI	02	LL	193.000000	-73120.00000	74384.12534
C	559	PI	03	LL	209.000000	-71978.00000	19675.31549
C	560	PI	04	LL	309.000000	-72500.00000	73748.55286
C	561	PI	05	LL	64.000000	-73882.00000	75138.43436
C	562	PIN	01	LL	42.000000	-72870.00000	74125.26692
C	563	PIN	02	LL	36.000000	-73120.00000	74384.12534
C	564	PIN	03	LL	27.000000	-71978.00000	73229.95511
C	565	PIN	04	LL	90.000000	-72500.00000	73748.55286
C	566	PIN	05	LL	21.000000	-73882.00000	75138.43436
C	567	PN	01	LL	18.000000	-72870.00000	74125.26692
C	568	PN	02	UL	34.000000	-73120.00000	-341361.4769
C	569	PN	03	LL	51.000000	-71978.00000	73229.95511
C	570	PN	04	LL	72.000000	-72500.00000	73748.55286
C	571	PN	05	LL	12.000000	-73882.00000	75138.43436
C	572	PP	01	BS	340.000000	.000000	.000000
C	573	PP	02	BS	656.000000	.000000	.000000
C	574	PP	03	BS	599.000000	.000000	.000000
C	575	PP	04	BS	930.000000	.000000	.000000
C	576	PP	05	BS	181.000000	.000000	.000000
C	577	PTI	01	UL	5831.000000	.000000	-1964.670247
C	578	PTI	02	UL	4986.000000	.000000	-449.932073
C	579	PTI	03	UL	3688.000000	.000000	-533.767032
C	580	PTI	04	UL	12362.00000	.000000	-1832.351331
C	581	PTI	05	UL	2866.000000	.000000	-4327.236709
C	582	PW	01	BS	5.157895	-69340.00000	.000000
C	583	PW	02	BS	9.742556	-70201.00000	.000000
C	584	PW	03	BS	8.365338	-68975.00000	.000000
C	585	PW	04	BS	12.644361	-68153.00000	.000000
C	586	PW	05	BS	2.764737	-70031.00000	.000000
C	587	G	01	BS	17083164.41	.000000	.000000
C	588	G	02	BS	39154939.11	.000000	.000000
C	589	G	03	BS	-27194226.08	.000000	.000000
C	590	G	04	BS	9770605.036	.000000	.000000
C	591	G	05	BS	6913283.600	.000000	.000000

Abbildung A29: Darstellung der relevanten Bereiche der Modell-
modifikation MM5K12

```
                                                                    !MM5K12.MOD
!Modell mit i Krankenhäusern, j Patienten
!MIT  Bettenverschiebung innerhalb der 5%-Grenze
!OHNE Beschränkung der Bettenkapazität bei Bettenverschiebung
!OHNE Bettenverschiebung ohne Grenze
!OHNE Abteilungsschließungsmöglichkeiten
!MIT  Regionalversorgungssicherung
!MIT  Ganzzahligkeit


VARIABLES
x    (5,30)             !Anzahl der Patienten in Krankenhaus i von Fallklasse j
AA   (5)


G    (5) !Gewinn des einzelnen Krankenhauses

!Bettenverschiebungsvariablen
VBI  (5)         !Verschiebbare Betten aus der Abteilung Innere Medizin
...
VBAF (5)


TABLES
V_EZG    (5,25)
P_AMB    (5,30)

CONNECT EXCEL
DISKDATA -C
! Daten für Krankenhaus i
V_EZG    =       5kh.xls (V_EZG)
P_AMB    =       5kh.xls (P_AMB)

DISCONNECT


ASSIGN
!Bereich ASSIGN für Verkürzung der Zielfunktion

CONSTRAINTS

!Regionalversorgung: Versorgung des Einzugsgebiets
R1(j=1:25):     SUM(i=1:5) x(i,j) > SUM(i=1:5) V_EZG(i,j)

!Prozentsätze der ambulanten Fälle in den Krankenhäusern / unabhängig davon,
!ob Krankenhaus teuer oder billig arbeitet
R31(i=1:5):     x(i,26)>P_AMB(i,26)*x(i,6)
R32(i=1:5):     x(i,27)>P_AMB(i,27)*x(i,9)
R33(i=1:5):     x(i,28)>P_AMB(i,28)*x(i,16)
R34(i=1:5):     x(i,29)>P_AMB(i,29)*x(i,20)
R35(i=1:5):     x(i,30)>P_AMB(i,30)*x(i,11)

!Verweildauern/Bettenkapazität

BK1(i=1:5):     VBI(i)=VBIC(i)+VBIH(i)+VBIF(i)+VBIA(i)
BK2(i=1:5):     VBC(i)=VBCI(i)+VBCH(i)+VBCF(i)+VBCA(i)
BK3(i=1:5):     VBH(i)=VBBI(i)+VBHC(i)+VBHF(i)+VBHA(i)
BK4(i=1:5):     VBF(i)=VBFI(i)+VBFC(i)+VBFH(i)+VBFA(i)
BK5(i=1:5):     VBA(i)=VBAI(i)+VBAC(i)+VBAH(i)+VBAF(i)

BK6(i=1:5):     VBI(i)<0.05*BKAP_I(i)
BK7(i=1:5):     VBC(i)<0.05*BKAP_C(i)
BK8(i=1:5):     VBH(i)<0.05*BKAP_H(i)
BK9(i=1:5):     VBF(i)<0.05*BKAP_F(i)
BK10(i=1:5):    VBA(i)<0.05*BKAP_A(i)

BK11(i=1:5):    VBCI(i)+VBHI(i)+VBFI(i)+VBAI(i)<0.05*BKAP_I(i)
BK12(i=1:5):    VBIC(i)+VBHC(i)+VBFC(i)+VBAC(i)<0.05*BKAP_C(i)
```

```
BK13(i=1:5):   VBIH(i)+VBCH(i)+VBFH(i)+VBAH(i)<0.05*BKAP_H(i)
BK14(i=1:5):   VBIF(i)+VBCF(i)+VBHF(i)+VBAF(i)<0.05*BKAP_F(i)
BK15(i=1:5):   VBIA(i)+VBCA(i)+VBHA(i)+VBFA(i)<0.05*BKAP_A(i)


!MODIFIKATION der Bettenkapazitätsrestriktionen !!!
GL1(i=1:5):    SUM(j=1 :5 ) (H_IB(i,j)*VD_MIN(i,j)+H_OIB(i,j)*VD_OIN(i,j))&
                   *x(i,j)< BKAP_I(i)*PZ(1)-VBI(i)*PZ(1)          &
                   +VBCI(i)*PZ(1)+VBHI(i)*PZ(1)+VBFI(i)*PZ(1)+VBAI(i)*PZ(1)

GL2(i=1:5):    SUM(j=6 :10) (H_IB(i,j)*VD_MIN(i,j)+H_OIB(i,j)*VD_OIN(i,j))&
                   *x(i,j)< BKAP_C(i)*PZ(1)-VBC(i)*PZ(1)          &
                   +VBIC(i)*PZ(1)+VBHC(i)*PZ(1)+VBFC(i)*PZ(1)+VBAC(i)*PZ(1)

GL3(i=1:5):    SUM(j=11:15) (H_IB(i,j)*VD_MIN(i,j)+H_OIB(i,j)*VD_OIN(i,j))&
                   *x(i,j)< BKAP_H(i)*PZ(1)-VBH(i)*PZ(1)          &
                   +VBIH(i)*PZ(1)+VBCH(i)*PZ(1)+VBFH(i)*PZ(1)+VBAH(i)*PZ(1)

GL4(i=1:5):    SUM(j=16:20) (H_IB(i,j)*VD_MIN(i,j)+H_OIB(i,j)*VD_OIN(i,j))&
                   *x(i,j)< BKAP_F(i)*PZ(1)-VBF(i)*PZ(1)          &
                   +VBIF(i)*PZ(1)+VBCF(i)*PZ(1)+VBHF(i)*PZ(1)+VBAF(i)*PZ(1)

GL5(i=1:5):    SUM(j=21:25) (H_IB(i,j)*VD_MIN(i,j)+H_OIB(i,j)*VD_OIN(i,j))&
                   *x(i,j)< BKAP_A(i)*PZ(1)-VBA(i)*PZ(1)          &
                   +VBIA(i)*PZ(1)+VBCA(i)*PZ(1)+VBHA(i)*PZ(1)+VBFA(i)*PZ(1)

GL6(i=1:5):    SUM(j=1 :25)  H_IB(i,j)*VD_I(i,j)*x(i,j)< BKAP_IN(i)*PZ(1)

!Untersuchungen Radiologie

BOUNDS
x    (i=1:5,j=26:30)            .UI. 100000
AA   (i=1:5)                    .UI. 100000
!Bettenverschiebungsvariablen
!VBI  (i=1:5)                   .UI. 1000
!VBC  (i=1:5)                   .UI. 1000
!VBH  (i=1:5)                   .UI. 1000
!VBF  (i=1:5)                   .UI. 1000
!VBA  (i=1:5)                   .UI. 1000

VBIC (i=1:5)                    .UI. 1000
VBIH (i=1:5)                    .UI. 1000
VBIF (i=1:5)                    .UI. 1000
VBIA (i=1:5)                    .UI. 1000

VBCI (i=1:5)                    .UI. 1000
VBCH (i=1:5)                    .UI. 1000
VBCF (i=1:5)                    .UI. 1000
VBCA (i=1:5)                    .UI. 1000

VBHI (i=1:5)                    .UI. 1000
VBHC (i=1:5)                    .UI. 1000
VBHF (i=1:5)                    .UI. 1000
VBHA (i=1:5)                    .UI. 1000

VBFI (i=1:5)                    .UI. 1000
VBFC (i=1:5)                    .UI. 1000
VBFH (i=1:5)                    .UI. 1000
VBFA (i=1:5)                    .UI. 1000

VBAI (i=1:5)                    .UI. 1000
VBAC (i=1:5)                    .UI. 1000
VBAH (i=1:5)                    .UI. 1000

Generate
```

**Abbildung A30: Darstellung der Zielfunktionswerte während des Optimierungs-
prozesses *5K12.AS***

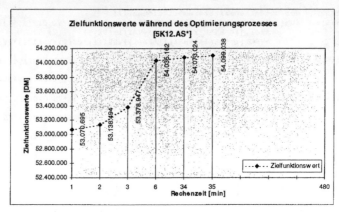

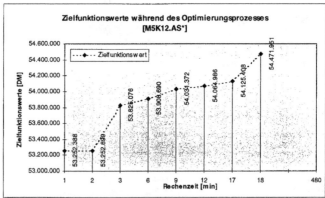

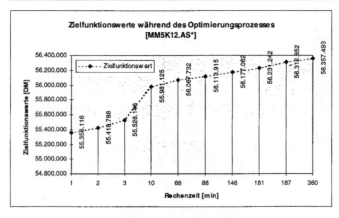

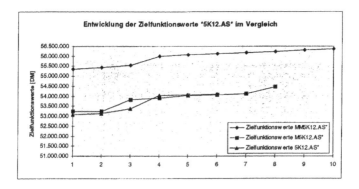

Abbildung A31: Darstellung der relevanten Bereiche der Modell-

modifikation MM5K13

```
                                                               !MM5K13.MOD
!Modell mit i Krankenhäusern, j Patienten
!MIT  Bettenverschiebung innerhalb der 5%-Grenze
!MIT  Beschränkung der Bettenkapazität bei Bettenverschiebung
!OHNE Bettenverschiebung ohne Grenze
!OHNE Abteilungsschließungsmöglichkeiten
!MIT  Regionalversorgungssischerung
!MIT  Ganzzahligkeit


VARIABLES
x   (5,30)          !Anzahl der Patienten in Krankenhaus i von Fallklasse j
AA  (5)


TABLES
V_EZG   (5,25)
K_VB    (5)


CONNECT EXCEL
DISKDATA -C
! Daten für Krankenhaus i
V_EZG   =       5kh.xls (V_EZG)
P_AMB   =       5kh.xls (P_AMB)
K_VB    =       5kh.xls (K_VB)

DISCONNECT


ASSIGN
!Bereich ASSIGN für Verkürzung der Zielfunktion
CONSTRAINTS

!Regionalversorgung: Versorgung des Einzugsgebiets
R1(j=1:25):     SUM(i=1:5) x(i,j) > SUM(i=1:5) V_EZG(i,j)


!Einzelne Gewinne der Krankenhäuser
GW(i=1:5): SUM(j=1:30)(FPP(j)*PWP(1)+FPS(j)*PWS(1)             &
           - UNTK(i,j)-OPANK(i,j)-VERP1(i,j)-VERP2(i,j)) *x(i,j)&
           - VERPN(i)*x(i,16)   &
           - VERPN(i)*x(i,18)   &
           - VERPN(i)*x(i,19)   &
         -PK_MR(i)*MR(i)-PK_MS(i)*MS(i)       &
         -PK_MU(i)*MU(i)-PK_ML(i)*ML(i)       &
         -PK_MK(i)*MK(i)-PK_MP(i)*MP(i)       &
         -PK_FE(i)*FE(i)-PK_FA(i)*FA(i)       &
```

```
          -PK_FE(i)*FE(i)-PK_FA(i)*FA(i)     &
          -PK_FO(i)*FO(i)-PK_FAM(i)*FAM(i)   &
          -PK_AI(i)*AI(i)-PK_AC(i)*AC(i)     &
          -PK_AH(i)*AH(i)-PK_AF(i)*AF(i)     &
          -PK_AA(i)*AA(i)-PK_PI(i)*PI(i)     &
          -PK_PC(i)*PC(i)-PK_PH(i)*PH(i)     &
          -PK_PF(i)*PF(i)-PK_PA(i)*PA(i)     &
          -PK_PIN(i)*PIN(i)-PK_PN(i)*PN(i)   &
          -PK_AAN(i)*AAN(i)-PK_FH(i)*FH(i)   &
          -PK_PD(i) *PD(i) -PK_PW(i)*PW(i)   &
          -PK_AZ(i) *AZ(i)                   &
          -FK_PER(i)-FK_L(i)-FK_R(i)-FK_E(i)-FK_KD(i)  &
          -FK_AN(i) -FK_P(i)-FK_O(i)-FK_K(i)           &
          -FK_I(i)  -FK_C(i)-FK_H(i)                   &
          -FK_F(i)  -FK_A(i)-FK_IN(i)                  &
          -K_VB(i)*VBI(i)     &
          -K_VB(i)*VBC(i)     &
          -K_VB(i)*VBH(i)     &
          -K_VB(i)*VBF(i)     &
          -K_VB(i)*VBA(i)     =  G(i)


!Zielfunktion:Maximierung des Gewinns

ZIELF:  SUM(i=1:5,j=1:30)                                      &
        (FPP(j)*PWP(1)+FPS(j)*PWS(1)                           &
        -UNTK(i,j)-OPANK(i,j)-VERP1(i,j)-VERP2(i,j)) *x(i,j)   &
        -SUM(i=1:5) VERPN(i)*x(i,16)    &
        -SUM(i=1:5) VERPN(i)*x(i,18)    &
        -SUM(i=1:5) VERPN(i)*x(i,19)    &
-SUM(i=1:5)PK_MR(i)*MR(i)-SUM(i=1:5)PK_MS(i)*MS(i)       &
-SUM(i=1:5)PK_MU(i)*MU(i)-SUM(i=1:5)PK_ML(i)*ML(i)       &
-SUM(i=1:5)PK_MK(i)*MK(i)-SUM(i=1:5)PK_MP(i)*MP(i)       &
-SUM(i=1:5)PK_FE(i)*FE(i)-SUM(i=1:5)PK_FA(i)*FA(i)       &
-SUM(i=1:5)PK_FO(i)*FO(i)-SUM(i=1:5)PK_FAM(i)*FAM(i)     &
-SUM(i=1:5)PK_AI(i)*AI(i)-SUM(i=1:5)PK_AC(i)*AC(i)       &
-SUM(i=1:5)PK_AH(i)*AH(i)-SUM(i=1:5)PK_AF(i)*AF(i)       &
-SUM(i=1:5)PK_AA(i)*AA(i)-SUM(i=1:5)PK_PI(i)*PI(i)       &
-SUM(i=1:5)PK_PC(i)*PC(i)-SUM(i=1:5)PK_PH(i)*PH(i)       &
-SUM(i=1:5)PK_PF(i)*PF(i)-SUM(i=1:5)PK_PA(i)*PA(i)       &
-SUM(i=1:5)PK_PIN(i)*PIN(i)-SUM(i=1:5)PK_PN(i)*PN(i)     &
-SUM(i=1:5)PK_AAN(i)*AAN(i)-SUM(i=1:5)PK_FH(i)*FH(i)     &
-SUM(i=1:5)PK_PD(i)*PD(i)-SUM(i=1:5)PK_PW(i)*PW(i)       &
-SUM(i=1:5)PK_AZ(i)*AZ(i)                                &
+SUM(i=1:5)                                              &
(-FK_PER(i)-FK_L(i)-FK_R(i)-FK_E(i)-FK_KD(i)             &
 -FK_AN(i)-FK_P(i)-FK_O(i)-FK_K(i)                       &
 -FK_I(i)-FK_C(i)-FK_H(i)                                &
 -FK_F(i)-FK_A(i)-FK_IN(i))  &
-SUM(i=1:5)K_VB(i)*VBI(i)    &
-SUM(i=1:5)K_VB(i)*VBC(i)    &
-SUM(i=1:5)K_VB(i)*VBH(i)    &
-SUM(i=1:5)K_VB(i)*VBF(i)    &
-SUM(i=1:5)K_VB(i)*VBA(i)    $

BOUNDS
x   (i=1:5,j=26:30)          .UI. 100000
AA  (i=1:5)                  .UI. 100000

Generate
```

Abbildung A32: Darstellung der Zielfunktionswerte während des Optimierungs- prozesses *5K13.AS*

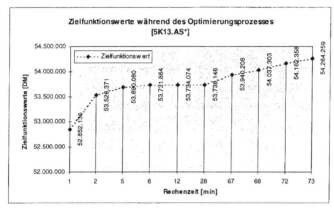

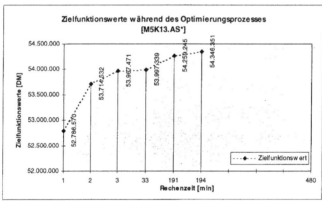

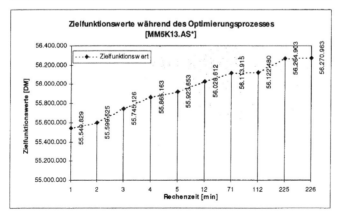

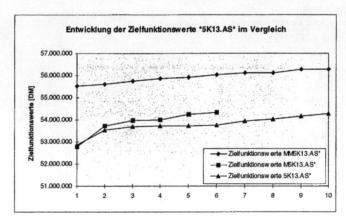

Abbildung A33: Darstellung der relevanten Bereiche der Modell-

modifikation MM5K14

```
                                                              !MM5K14.MOD
!Modell mit i Krankenhäusern, j Patienten
!MIT   Bettenverschiebung innerhalb der 5%-Grenze
!MIT   Beschränkung der Bettenkapazität bei Bettenverschiebung
!OHNE  Bettenverschiebung ohne Grenze
!OHNE  Abteilungsschließungsmöglichkeiten
!MIT   Regionalversorgungssicherung
!MIT   Ganzzahligkeit


VARIABLES
x    (5,30)         !Anzahl der Patienten in Krankenhaus i von Fallklasse j
AA   (5)


TABLES
V_EZG    (5,25)

!Maximale Bettenkapazitäten der Abteilungen
MBKI(5)
MBKC(5)
MBKH(5)
MBKF(5)
MBKA(5)


CONNECT EXCEL
DISKDATA -C
! Daten für Krankenhaus i
V_EZG    =      5kh.xls (V_EZG)
MBKI     =      5kh.xls (MBKI)
MBKC     =      5kh.xls (MBKC)
MBKH     =      5kh.xls (MBKH)
MBKF     =      5kh.xls (MBKF)
MBKA     =      5kh.xls (MBKA)


DISCONNECT


ASSIGN
!Bereich ASSIGN für Verkürzung der Zielfunktion
CONSTRAINTS

!Regionalversorgung: Versorgung des Einzugsgebiets
R1(j=1:25):      SUM(i=1:5) x(i,j) > SUM(i=1:5) V_EZG(i,j)
```

```
BK16(i=1:5):   BKAP_I(i)-VBI(i)+VBCI(i)+VBHI(i)+VBFI(i)+VBAI(i)<MBKI(i)
BK17(i=1:5):   BKAP_C(i)-VBC(i)+VBIC(i)+VBHC(i)+VBFC(i)+VBAC(i)<MBKC(i)
BK18(i=1:5):   BKAP_H(i)-VBH(i)+VBIH(i)+VBCH(i)+VBFH(i)+VBAH(i)<MBKH(i)
BK19(i=1:5):   BKAP_F(i)-VBF(i)+VBIF(i)+VBCF(i)+VBHF(i)+VBAF(i)<MBKF(i)
BK20(i=1:5):   BKAP_A(i)-VBA(i)+VBIA(i)+VBCA(i)+VBHA(i)+VBFA(i)<MBKA(i)


!Bettenkapazitätsrestriktionen !!!
GL1(i=1:5):    SUM(j=1 :5 ) (H_IB(i,j)*VD_MIN(i,j)+H_OIB(i,j)*VD_OIN(i,j))&
               *x(i,j)< BKAP_I(i)*PZ(1)-VBI(i)*PZ(1)          &
               +VBCI(i)*PZ(1)+VBHI(i)*PZ(1)+VBFI(i)*PZ(1)+VBAI(i)*PZ(1)


BOUNDS
x   (i=1:5,j=26:30)            .UI. 100000

Generate
```

Abbildung A34: Darstellung der Zielfunktionswerte während des Optimierungs-
prozesses *5K14.AS*

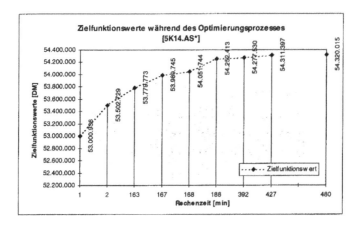

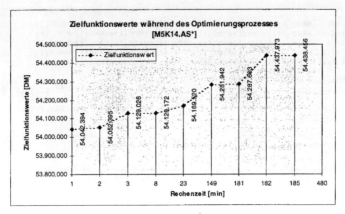

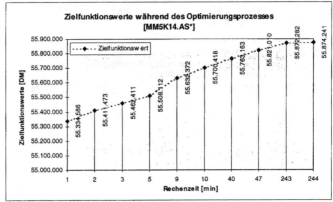

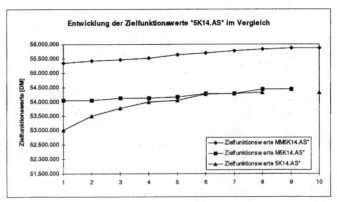

Abbildung A35: Darstellung der relevanten Bereiche der Modell-
modifikation MM5K15

```
                                                         !MM5K15.MOD
!Modell mit i Krankenhäusern, j Patienten
!OHNE Bettenverschiebung innerhalb der 5%-Grenze
!MIT  Beschränkung der Bettenkapazität bei Bettenverschiebung
!MIT  Bettenverschiebung ohne Grenze
!OHNE Abteilungsschließungsmöglichkeiten
!MIT  Regionalversorgungssicherung
!MIT  Ganzzahligkeit


VARIABLES
x   (5,30)           !Anzahl der Patienten in Krankenhaus i von Fallklasse j
AA  (5)


TABLES
V_EZG   (5,25)

CONNECT EXCEL
DISKDATA -C
! Daten für Krankenhaus i
V_EZG    =      5kh.xls (V_EZG)
DISCONNECT


ASSIGN
!Bereich ASSIGN für Verkürzung der Zielfunktion
CONSTRAINTS

!Regionalversorgung: Versorgung des Einzugsgebiets
R1(j=1:25):    SUM(i=1:5) x(i,j) > SUM(i=1:5) V_EZG(i,j)

!Prozentsätze der ambulanten Fälle in den Krankenhäusern / unabhängig davon,
!ob Krankenhaus teuer oder billig arbeitet
R31(i=1:5):    x(i,26)>P_AMB(i,26)*x(i,6)
R32(i=1:5):    x(i,27)>P_AMB(i,27)*x(i,9)
R33(i=1:5):    x(i,28)>P_AMB(i,28)*x(i,16)
R34(i=1:5):    x(i,29)>P_AMB(i,29)*x(i,20)
R35(i=1:5):    x(i,30)>P_AMB(i,30)*x(i,11)

!Verweildauern/Bettenkapazität

BK1(i=1:5):    VBI(i)=VBIC(i)+VBIH(i)+VBIF(i)+VBIA(i)
BK2(i=1:5):    VBC(i)=VBCI(i)+VBCH(i)+VBCF(i)+VBCA(i)
BK3(i=1:5):    VBH(i)=VBHI(i)+VBHC(i)+VBHF(i)+VBHA(i)
BK4(i=1:5):    VBF(i)=VBFI(i)+VBFC(i)+VBFH(i)+VBFA(i)
BK5(i=1:5):    VBA(i)=VBAI(i)+VBAC(i)+VBAH(i)+VBAF(i)

BK6(i=1:5):    VBI(i)<0.06*BKAP_I(i)
BK7(i=1:5):    VBC(i)<0.06*BKAP_C(i)
BK8(i=1:5):    VBH(i)<0.06*BKAP_H(i)
BK9(i=1:5):    VBF(i)<0.06*BKAP_F(i)
BK10(i=1:5):   VBA(i)<0.06*BKAP_A(i)

BK11(i=1:5):   VBCI(i)+VBHI(i)+VBFI(i)+VBAI(i)<0.06*BKAP_I(i)
BK12(i=1:5):   VBIC(i)+VBHC(i)+VBFC(i)+VBAC(i)<0.06*BKAP_C(i)
BK13(i=1:5):   VBIH(i)+VBCH(i)+VBFH(i)+VBAH(i)<0.06*BKAP_H(i)
BK14(i=1:5):   VBIF(i)+VBCF(i)+VBHF(i)+VBAF(i)<0.06*BKAP_F(i)
BK15(i=1:5):   VBIA(i)+VBCA(i)+VBHA(i)+VBFA(i)<0.06*BKAP_A(i)

BK16(i=1:5):   BKAP_I(i)-VBI(i)+VBCI(i)+VBHI(i)+VBFI(i)+VBAI(i)<MBKI(i)
BK17(i=1:5):   BKAP_C(i)-VBC(i)+VBIC(i)+VBHC(i)+VBFC(i)+VBAC(i)<MBKC(i)
BK18(i=1:5):   BKAP_H(i)-VBH(i)+VBIH(i)+VBCH(i)+VBFH(i)+VBAH(i)<MBKH(i)
BK19(i=1:5):   BKAP_F(i)-VBF(i)+VBIF(i)+VBCF(i)+VBHF(i)+VBAF(i)<MBKF(i)
BK20(i=1:5):   BKAP_A(i)-VBA(i)+VBIA(i)+VBCA(i)+VBHA(i)+VBFA(i)<MBKA(i)
```

```
GL1(i=1:5):   SUM(j=1 :5 ) (H_IB(i,j)*VD_MIN(i,j)+H_OIB(i,j)*VD_OIN(i,j))&
              *x(i,j)< BKAP_I(i)*PZ(1)-VBI(i)*PZ(1)          &
              +VBCI(i)*PZ(1)+VBHI(i)*PZ(1)+VBFI(i)*PZ(1)+VBAI(i)*PZ(1)


BOUNDS
x     (i=1:5,j=26:30)              .UI. 100000
AA    (i=1:5)                      .UI. 100000

Generate
```

Abbildung A36: Darstellung der Zielfunktionswerte während des Optimierungsprozesses *5K15.AS*

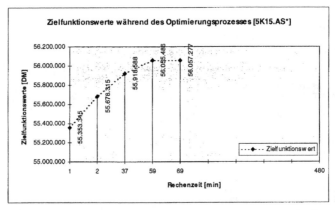

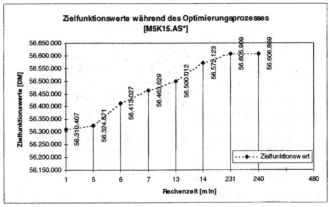

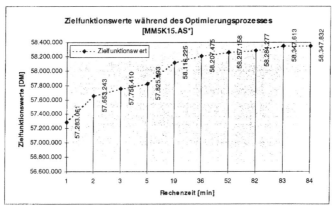

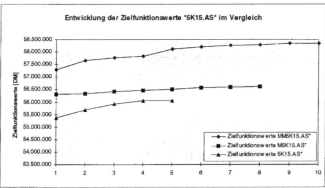

Abbildung A37: Darstellung der relevanten Bereiche der Modell-

modifikation MM5K16

```
                                                            !MM5K16.MOD
!Modell mit i Krankenhäusern, j Patienten
!MIT   Bettenverschiebung innerhalb der 5%-Grenze
!MIT   Beschränkung der Bettenkapazität bei Bettenverschiebung
!OHNE  Bettenverschiebung ohne Grenze
!MIT   Abteilungsschließungsmöglichkeiten
!MIT   Regionalversorgungssicherung
!MIT   Ganzzahligkeit


VARIABLES
x   (5,30)         !Anzahl der Patienten in Krankenhaus i von Fallklasse j
AA  (5)

SDI  (5)      !Schließung der Abteilung Innere Medizin
SDC  (5)
SDH  (5)
SDF  (5)
SDA  (5)
```

```
TABLES
V_EZG    (5,25)

!Für Abteilungsschließungen/Binärvariablen
M        (5)

DATA
M        =        401, 751, 601, 1001, 199


CONNECT EXCEL
DISKDATA -C
! Daten für Krankenhaus i
V_EZG    =        5kh.xls (V_EZG)

DISCONNECT


ASSIGN
!Bereich ASSIGN für Verkürzung der Zielfunktion
CONSTRAINTS

!Regionalversorgung: Versorgung des Einzugsgebiets
R1(j=1:25):    SUM(i=1:5) x(i,j) > SUM(i=1:5) V_EZG(i,j)


A1(i=1:5): M(i)*SDI(i)>BKAP_I(i)-VBI(i)+VBCI(i)+VBHI(i)+VBFI(i)+VBAI(i)
A2(i=1:5): M(i)*SDC(i)>BKAP_C(i)-VBC(i)+VBIC(i)+VBHC(i)+VBFC(i)+VBAC(i)
A3(i=1:5): M(i)*SDH(i)>BKAP_H(i)-VBH(i)+VBIH(i)+VBCH(i)+VBFH(i)+VBAH(i)
A4(i=1:5): M(i)*SDF(i)>BKAP_F(i)-VBF(i)+VBIF(i)+VBCF(i)+VBHF(i)+VBAF(i)
A5(i=1:5): M(i)*SDA(i)>BKAP_A(i)-VBA(i)+VBIA(i)+VBCA(i)+VBHA(i)+VBFA(i)

!Bettenkapazitätsrestriktionen !!!
GL1(i=1:5):    SUM(j=1 :5 ) (H_IB(i,j)*VD_MIN(i,j)+H_OIB(i,j)*VD_OIN(i,j))&
                    *x(i,j)< BKAP_I(i)*PZ(1)-VBI(i)*PZ(1)              &
                    +VBCI(i)*PZ(1)+VBHI(i)*PZ(1)+VBFI(i)*PZ(1)+VBAI(i)*PZ(1)

!Einzelne Gewinne der Krankenhäuser
GW(i=1:5): SUM(j=1:30)(FPP(j)*PWP(1)+FPS(j)*PWS(1)                        &
                - UNTK(i,j)-OPANK(i,j)-VERP1(i,j)-VERP2(i,j)) *x(i,j)&
                - VERPN(i)*x(i,16)  &
                - VERPN(i)*x(i,18)  &
                - VERPN(i)*x(i,19)  &
            -PK_MR(i)*MR(i)-PK_MS(i)*MS(i)       &
            -PK_MU(i)*MU(i)-PK_ML(i)*ML(i)       &
            -PK_MK(i)*MK(i)-PK_MP(i)*MP(i)       &
            -PK_FE(i)*FE(i)-PK_FA(i)*FA(i)       &
            -PK_FO(i)*FO(i)-PK_FAM(i)*FAM(i)     &
            -PK_AI(i)*AI(i)-PK_AC(i)*AC(i)       &
            -PK_AH(i)*AH(i)-PK_AF(i)*AF(i)       &
            -PK_AA(i)*AA(i)-PK_PI(i)*PI(i)       &
            -PK_PC(i)*PC(i)-PK_PH(i)*PH(i)       &
            -PK_PF(i)*PF(i)-PK_PA(i)*PA(i)       &
            -PK_PIN(i)*PIN(i)-PK_PN(i)*PN(i)     &
            -PK_AAN(i)*AAN(i)-PK_FH(i)*FH(i)     &
            -PK_PD(i)*PD(i) -PK_PW(i)*PW(i)      &
            -PK_AZ(i) *AZ(i)                     &
            -FK_PER(i)-FK_L(i)-FK_R(i)-FK_E(i)-FK_KD(i)    &
            -FK_AN(i) -FK_P(i)-FK_O(i)-SDF(i)*FK_K(i)      &
            -SDI(i)*FK_I(i)  -SDC(i)*FK_C(i)-SDH(i)*FK_H(i) &
            -SDF(i)*FK_F(i)  -SDA(i)*FK_A(i)-FK_IN(i)        &
            -K_VB(i)*VBI(i)     &
            -K_VB(i)*VBC(i)     &
            -K_VB(i)*VBH(i)     &
            -K_VB(i)*VBF(i)     &
            -K_VB(i)*VBA(i)     =   G(i)


!Zielfunktion:Maximierung des Gewinns
```

```
ZIELF:   SUM(i=1:5,j=1:30)                                        &
         (FPP(j)*PWP(1)+FPS(j)*PWS(1)                             &
         -UNTK(i,j)-OPANK(i,j)-VERP1(i,j)-VERP2(i,j)) *x(i,j)     &
         -SUM(i=1:5) VERPN(i)*x(i,16)   &
         -SUM(i=1:5) VERPN(i)*x(i,18)   &
         -SUM(i=1:5) VERPN(i)*x(i,19)   &
 -SUM(i=1:5)PK_MR(i)*MR(i)-SUM(i=1:5)PK_MS(i)*MS(i)       &
 -SUM(i=1:5)PK_MU(i)*MU(i)-SUM(i=1:5)PK_ML(i)*ML(i)       &
 -SUM(i=1:5)PK_MK(i)*MK(i)-SUM(i=1:5)PK_MP(i)*MP(i)       &
 -SUM(i=1:5)PK_FE(i)*FE(i)-SUM(i=1:5)PK_FA(i)*FA(i)       &
 -SUM(i=1:5)PK_FO(i)*FO(i)-SUM(i=1:5)PK_FAM(i)*FAM(i)     &
 -SUM(i=1:5)PK_AI(i)*AI(i)-SUM(i=1:5)PK_AC(i)*AC(i)       &
 -SUM(i=1:5)PK_AH(i)*AH(i)-SUM(i=1:5)PK_AF(i)*AF(i)       &
 -SUM(i=1:5)PK_AA(i)*AA(i)-SUM(i=1:5)PK_PI(i)*PI(i)       &
 -SUM(i=1:5)PK_PC(i)*PC(i)-SUM(i=1:5)PK_PH(i)*PH(i)       &
 -SUM(i=1:5)PK_PF(i)*PF(i)-SUM(i=1:5)PK_PA(i)*PA(i)       &
 -SUM(i=1:5)PK_PIN(i)*PIN(i)-SUM(i=1:5)PK_PN(i)*PN(i)     &
 -SUM(i=1:5)PK_AAN(i)*AAN(i)-SUM(i=1:5)PK_FH(i)*FH(i)     &
 -SUM(i=1:5)PK_PD(i)*PD(i)-SUM(i=1:5)PK_PW(i)*PW(i)       &
 -SUM(i=1:5)PK_AZ(i)*AZ(i)                                &
 +SUM(i=1:5)                                              &
 (-FK_PER(i)-FK_L(i)-FK_R(i)-FK_E(i)-FK_KD(i)             &
  -FK_AN(i)-FK_P(i)-FK_O(i)-FK_IN(i))                     &
 -SUM(i=1:5)SDF(i)*FK_K(i)               &
 -SUM(i=1:5)SDI(i)*FK_I(i)               &
 -SUM(i=1:5)SDC(i)*FK_C(i)               &
 -SUM(i=1:5)SDH(i)*FK_H(i)               &
 -SUM(i=1:5)SDF(i)*FK_F(i)               &
 -SUM(i=1:5)SDA(i)*FK_A(i)               &
 -SUM(i=1:5)K_VB(i)*VBI(i)   &
 -SUM(i=1:5)K_VB(i)*VBC(i)   &
 -SUM(i=1:5)K_VB(i)*VBH(i)   &
 -SUM(i=1:5)K_VB(i)*VBF(i)   &
 -SUM(i=1:5)K_VB(i)*VBA(i)   $


BOUNDS
x    (i=1:5,j=26:30)          .UI. 100000
AA   (i=1:5)                  .UI. 100000
SDI  (i=1:5)            .BV.
SDC  (i=1:5)            .BV.
SDH  (i=1:5)            .BV.
SDF  (i=1:5)            .BV.
SDA  (i=1:5)            .BV.

Generate
```

Abbildung A38: Darstellung der Zielfunktionswerte während des Optimierungs-prozesses *5K16.AS*

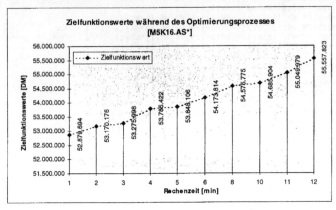

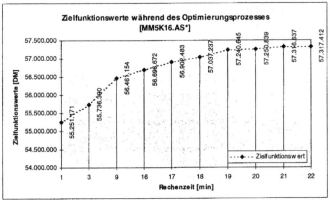

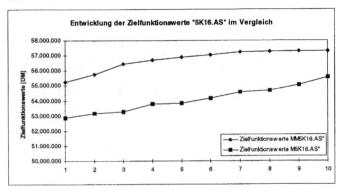

Abbildung A39: Darstellung der relevanten Bereiche der Modell-

modifikation MM5K17

```
                                                           !MM5K17.MOD
!Modell mit i Krankenhäusern, j Patienten
!MIT  Bettenverschiebung innerhalb der 5%-Grenze
!MIT  Beschränkung der Bettenkapazität bei Bettenverschiebung
!OHNE Bettenverschiebung ohne Grenze
!MIT  Abteilungsschließungsmöglichkeiten
!MIT  Regionalversorgungssischerung
!MIT  Ganzzahligkeit
!MIT  Verteilung der ambulant zu behandelnden Patienten


VARIABLES
x   (5,30)              !Anzahl der Patienten in Krankenhaus i von Fallklasse j
AA  (5)
TABLES
V_EZG   (5,25)

!Für Abteilungsschließungen/Binärvariablen
M       (5)

DATA
M       =       401, 751, 601, 1001, 199


|CONNECT EXCEL                                                        |
|DISKDATA -C                                                          |
| Daten für Krankenhaus i
V_EZG   =       5kh.xls (V_EZG)

DISCONNECT


ASSIGN
!Bereich ASSIGN für Verkürzung der Zielfunktion
00000000000000
CONSTRAINTS

!Regionalversorgung: Versorgung des Einzugsgebiets
R1(j=1:25):     SUM(i=1:5) x(i,j) > SUM(i=1:5) V_EZG(i,j)

!Regionalversorgung ambulante Fälle / in Abhängigkeit von stationär
!behandelten Patienten / damit ist nicht verbunden, daß in den Kranken-
!häusern tatsächlich die Prozentsätze verwirklicht sind !! Nur die auf-
!tretenden Fälle müssen versorgt werden !!
R26:    SUM(i=1:5) x(i,26)>SUM(i=1:5) P_AMB(i,26)*x(i,6)
R27:    SUM(i=1:5) x(i,27)>SUM(i=1:5) P_AMB(i,27)*x(i,9)
R28:    SUM(i=1:5) x(i,28)>SUM(i=1:5) P_AMB(i,28)*x(i,16)
R29:    SUM(i=1:5) x(i,29)>SUM(i=1:5) P_AMB(i,29)*x(i,20)
R30:    SUM(i=1:5) x(i,30)>SUM(i=1:5) P_AMB(i,30)*x(i,11)

!Verweildauern/Bettenkapazität

BK1(i=1:5):     VBI(i)=VBIC(i)+VBIH(i)+VBIF(i)+VBIA(i)


BOUNDS
x   (i=1:5,j=26:30)     .UI. 100000
AA  (i=1:5)             .UI. 100000
Generate
```

**Abbildung A40: Darstellung der Zielfunktionswerte während des Optimierungs-
prozesses *5K17.AS***

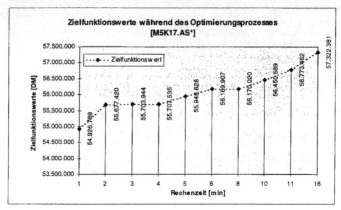

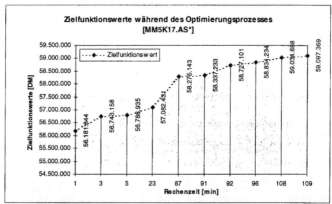

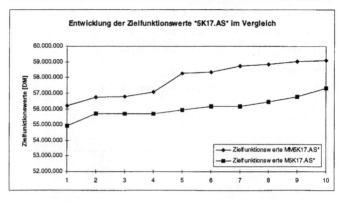

Abbildung A41: Darstellung der relevanten Bereiche der Modell-

modifikation MM5K18

```
                                                               !5K18.MOD
!Modell mit i Krankenhäusern, j Patienten
!MIT  Bettenverschiebung innerhalb der 5%-Grenze
!MIT  Beschränkung der Bettenkapazität bei Bettenverschiebung
!OHNE Bettenverschiebung ohne Grenze
!MIT  Abteilungsschließungsmöglichkeiten
!MIT  Regionalversorgungssischerung
!MIT  Ganzzahligkeit
!MIT  Verteilung der ambulant zu behandelnden Patienten
!MIT  Möglichkeit der Schließung eines Krankenhauses


VARIABLES
x    (5,30)          !Anzahl der Patienten in Krankenhaus i von Fallklasse j
AA   (5)

SK   (5)             !Schließung eines Krankenhauses


TABLES
V_EZG    (5,25)
CONNECT EXCEL
DISKDATA -C
! Daten für Krankenhaus i
V_EZG    =      6kh.xls (V_EZG) !!NEUE PATIENTENZAHLEN

|DISCONNECT                                                              |


ASSIGN
!Bereich ASSIGN für Verkürzung der Zielfunktion
CONSTRAINTS

!Regionalversorgung: Versorgung des Einzugsgebiets
!MODIFIKATION: Verringerung des Einzugsgebiets !!! Sonst kann kein Krankenhaus
!geschlossen werden !!!
!Bettenauslastung zu hoch
R1(j=1:25):     SUM(i=1:5) x(i,j) > SUM(i=1:5) V_EZG(i,j)

!Prozentsätze der ambulanten Fälle in den Krankenhäusern / unabhängig davon,
!ob Krankenhaus teuer oder billig arbeitet
R31(i=1:5):     x(i,26)>P_AMB(i,26)*x(i,6)
R32(i=1:5):     x(i,27)>P_AMB(i,27)*x(i,9)
R33(i=1:5):     x(i,28)>P_AMB(i,28)*x(i,16)
R34(i=1:5):     x(i,29)>P_AMB(i,29)*x(i,20)
R35(i=1:5):     x(i,30)>P_AMB(i,30)*x(i,11)


!Verweildauern/Bettenkapazität

BK1(i=1:5):     VBI(i)=VBIC(i)+VBIH(i)+VBIF(i)+VBIA(i)

!Möglichkeit der Schließung einzelner Krankenhäuser

S(i=1:5):       6*SK(i)>SDI(i)+SDC(i)+SDH(i)+SDF(i)+SDA(i)

!Einzelne Gewinne der Krankenhäuser
GW(i=1:5): SUM(j=1:30)(FPP(j)*PWP(1)+FPS(j)*PWS(1)                    &
              - UNTK(i,j)-OPANK(i,j)-VERP1(i,j)-VERP2(i,j)) *x(i,j)&
              - VERPN(i)*x(i,16)   &
              - VERPN(i)*x(i,18)   &
              - VERPN(i)*x(i,19)   &
              -PK_MR(i)*MR(i)-PK_MS(i)*MS(i)      &
              -PK_MU(i)*MU(i)-PK_ML(i)*ML(i)      &
              -PK_MK(i)*MK(i)-PK_MP(i)*MP(i)      &
              -PK_FE(i)*FE(i)-PK_FA(i)*FA(i)      &
              -PK_FO(i)*FO(i)-PK_FAM(i)*FAM(i)    &
```

```
        -PK_AI(i)*AI(i)-PK_AC(i)*AC(i)       &
        -PK_AH(i)*AH(i)-PK_AF(i)*AF(i)       &
        -PK_AA(i)*AA(i)-PK_PI(i)*PI(i)       &
        -PK_PC(i)*PC(i)-PK_PH(i)*PH(i)       &
        -PK_PF(i)*PF(i)-PK_PA(i)*PA(i)       &
        -PK_PIN(i)*PIN(i)-PK_PN(i)*PN(i)     &
        -PK_AAN(i)*AAN(i)-PK_FH(i)*FH(i)     &
        -PK_PD(i) *PD(i) -PK_PW(i)*PW(i)     &
        -PK_AZ(i) *AZ(i)                     &
        -SK(i)*FK_PER(i)-SK(i)*FK_L(i)-SK(i)*FK_R(i)    &
        -SK(i)*FK_E(i)  -SK(i)*FK_KD(i)      &
        -SK(i)*FK_AN(i) -SK(i)*FK_P(i)       &
        -SK(i)*FK_O(i)  -SDF(i)*FK_K(i)      &
        -SDI(i)*FK_I(i) -SDC(i)*FK_C(i)-SDH(i)*FK_H(i)  &
        -SDF(i)*FK_F(i) -SDA(i)*FK_A(i)-SK(i)*FK_IN(i)  &
        -K_VB(i)*VBI(i)  &
        -K_VB(i)*VBC(i)   &
        -K_VB(i)*VBH(i)   &
        -K_VB(i)*VBF(i)   &
        -K_VB(i)*VBA(i)   =  G(i)

!Zielfunktion:Maximierung des Gewinns

ZIELF:  SUM(i=1:5,j=1:30)                                    &
        (FPP(j)*PWP(1)+FPS(j)*PWS(1)                         &
        -UNTK(i,j)-OPANK(i,j)-VERP1(i,j)-VERP2(i,j)) *x(i,j) &
        -SUM(i=1:5) VERPN(i)*x(i,16)  &
        -SUM(i=1:5) VERPN(i)*x(i,18)  &
        -SUM(i=1:5) VERPN(i)*x(i,19)  &
-SUM(i=1:5)PK_MR(i)*MR(i)-SUM(i=1:5)PK_MS(i)*MS(i)      &
-SUM(i=1:5)PK_MU(i)*MU(i)-SUM(i=1:5)PK_ML(i)*ML(i)      &
-SUM(i=1:5)PK_MK(i)*MK(i)-SUM(i=1:5)PK_MP(i)*MP(i)      &
-SUM(i=1:5)PK_FE(i)*FE(i)-SUM(i=1:5)PK_FA(i)*FA(i)      &
-SUM(i=1:5)PK_FO(i)*FO(i)-SUM(i=1:5)PK_FAM(i)*FAM(i)    &
-SUM(i=1:5)PK_AI(i)*AI(i)-SUM(i=1:5)PK_AC(i)*AC(i)      &
-SUM(i=1:5)PK_AH(i)*AH(i)-SUM(i=1:5)PK_AF(i)*AF(i)      &
-SUM(i=1:5)PK_AA(i)*AA(i)-SUM(i=1:5)PK_PI(i)*PI(i)      &
-SUM(i=1:5)PK_PC(i)*PC(i)-SUM(i=1:5)PK_PH(i)*PH(i)      &
-SUM(i=1:5)PK_PF(i)*PF(i)-SUM(i=1:5)PK_PA(i)*PA(i)      &
-SUM(i=1:5)PK_PIN(i)*PIN(i)-SUM(i=1:5)PK_PN(i)*PN(i)    &
-SUM(i=1:5)PK_AAN(i)*AAN(i)-SUM(i=1:5)PK_FH(i)*FH(i)    &
-SUM(i=1:5)PK_PD(i)*PD(i)-SUM(i=1:5)PK_PW(i)*PW(i)      &
-SUM(i=1:5)PK_AZ(i)*AZ(i)                               &
-SUM(i=1:5)SK(i)*FK_PER(i)  &
-SUM(i=1:5)SK(i)*FK_L(i)     &
-SUM(i=1:5)SK(i)*FK_R(i)     &
-SUM(i=1:5)SK(i)*FK_E(i)     &
-SUM(i=1:5)SK(i)*FK_KD(i)    &
-SUM(i=1:5)SK(i)*FK_AN(i)    &
-SUM(i=1:5)SK(i)*FK_P(i)     &
-SUM(i=1:5)SK(i)*FK_O(i)     &
-SUM(i=1:5)SK(i)*FK_IN(i)    &
-SUM(i=1:5)SDF(i)*FK_K(i)    &
-SUM(i=1:5)SDI(i)*FK_I(i)    &
-SUM(i=1:5)SDC(i)*FK_C(i)    &
-SUM(i=1:5)SDH(i)*FK_H(i)    &
-SUM(i=1:5)SDF(i)*FK_F(i)    &
-SUM(i=1:5)SDA(i)*FK_A(i)    &
-SUM(i=1:5)K_VB(i)*VBI(i)    &
-SUM(i=1:5)K_VB(i)*VBC(i)    &
-SUM(i=1:5)K_VB(i)*VBH(i)    &
-SUM(i=1:5)K_VB(i)*VBF(i)    &
-SUM(i=1:5)K_VB(i)*VBA(i)    $
BOUNDS

x   (i=1:5,j=26:30)      .UI. 100000
AA  (i=1:5)              .UI. 100000
SK  (i=1:5)         .BV.
Generate
```

Abbildung A42: Darstellung der Zielfunktionswerte während des Optimierungs-prozesses *5K18.AS*

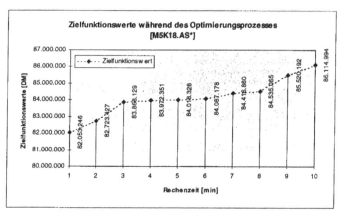

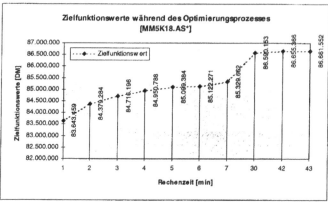

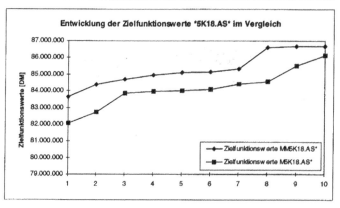

Abbildung A43: Darstellung der relevanten Bereiche der Modell-
modifikation MM5K19

```
                                                              !MM5K19.MOD
!Modell mit i Krankenhäusern, j Patienten
!MIT   Bettenverschiebung innerhalb der 5%-Grenze
!MIT   Beschränkung der Bettenkapazität bei Bettenverschiebung
!OHNE  Bettenverschiebung ohne Grenze
!MIT   Abteilungsschließungsmöglichkeiten
!MIT   Regionalversorgungssischerung
!MIT   Ganzzahligkeit
!MIT   Verteilung der ambulant zu behandelnden Patienten
!MIT   Möglichkeit der Schließung eines Krankenhauses

!MIT   INVESTITIONSPLANUNG

VARIABLES
x    (5,31)              !Anzahl der Patienten in Krankenhaus i von Fallklasse j
AA   (5)

SDI  (5)      !Schließung der Abteilung Innere Medizin
SDC  (5)
SDH  (5)
SDF  (5)
SDA  (5)

SK   (5)      !Schließung eines Krankenhauses

!Investitionsentscheidung

INV  (5)

TABLES
V_EZG   (5,25)

!Investitionskosten
INVK   (5)

!Für Abteilungsschließungen/Binärvariablen
M       (5)

DATA
M      =        401, 751, 601, 1001, 199

CONNECT EXCEL
DISKDATA -C
! Daten für Krankenhaus i
V_EZG  =        7kh.xls (V_EZG)   !!ZUSÄTZLICHER PATIENT

INVK   =        7kh.xls (INVK)

DISCONNECT

ASSIGN
!Bereich ASSIGN für Verkürzung der Zielfunktion
CONSTRAINTS

!Regionalversorgung: Versorgung des Einzugsgebiets
!Bettenauslastung zu hoch
R1(j=1:25):     SUM(i=1:5) x(i,j) > SUM(i=1:5) V_EZG(i,j)
```

```
!MODIFIKATION der Bettenkapazitätsrestriktionen !!!
GL1(i=1:5):  SUM(j=1 :5 ) (H_IB(i,j)*VD_MIN(i,j)+H_OIB(i,j)*VD_OIN(i,j))&
             *x(i,j)< BKAP_I(i)*PZ(1)-VBI(i)*PZ(1)            &
             +VBCI(i)*PZ(1)+VBHI(i)*PZ(1)+VBFI(i)*PZ(1)+VBAI(i)*PZ(1)


!Neue Fallklasse aus der Abteilung Chirurgie x(i,31)


GL2(i=1:5):  SUM(j=6 :10) (H_IB(i,j)*VD_MIN(i,j)+H_OIB(i,j)*VD_OIN(i,j))    &
             *x(i,j)+                                                       &
             (H_IB(i,31)*VD_MIN(i,31)+H_OIB(i,31)*VD_OIN(i,31))*x(i,31)&
             < BKAP_C(i)*PZ(1)-VBC(i)*PZ(1)            &
             +VBIC(i)*PZ(1)+VBHC(i)*PZ(1)+VBFC(i)*PZ(1)+VBAC(i)*PZ(1)


!Untersuchungen Radiologie

GL7(i=1:5):     SUM(j=1:31)  L_RO(i,j)*Z_RO(i,j)*x(i,j)< MTD_RO(i)*MR(i)

!MODIFIKATION Pflegebedarf Chirurgie

GL15(i=1:5):    SUM(j=6 :10) (H_OIB(i,j)*(Z_P_N(i,j)+PFW(i)) + &
                H_IB(i,j)*(Z_P_IN(i,j)+PFW(i)) + &
                PGW(i)*(H_OIB(i,j)*VD_OIN(i,j) + &
                H_IB(i,j)*VD_MIN(i,j)))             &
                *x(i,j)                     + &
                (H_OIB(i,31)*(Z_P_N(i,31)+PFW(i)) + &
                H_IB(i,31)*(Z_P_IN(i,31)+PFW(i)) + &
                PGW(i)*(H_OIB(i,31)*VD_OIN(i,31) + &
                H_IB(i,31)*VD_MIN(i,31)))           &
                *x(i,31)< PP_C(i)*PC(i)


!MODIFIKATION Pflegebedarf Intensivstation

GL19(i=1:5):    SUM(j=1 :25) H_IB(i,j)*VD_I(i,j)*x(i,j) + &
                H_IB(i,31)*VD_I(i,31)*x(i,31)=PTI(i)


!Ärztlicher Dienst Normalstation, Operationen und Ambulanz

!MODIFIKATION Chirurgie
GL25(i=1:5):    SUM(j=6 :10) &
                (Z_ADF(i,j)+Z_ADG(i,j)*(H_IB(i,j)*VD_MIN(i,j)+H_OIB(i,j)    &
                *VD_OIN(i,j))+OPH_E(i,j)*OPZ_E(i,j)*GZ_E(i,j)+OPH_O(i,j)     &
                *OPZ_O(i,j)*GZ_O(i,j)+H_IB(i,j)*VD_I(i,j)*Z_ADI(i,j))*x(i,j) &
                +SUM(j=26:30)AD_A_C(i,j)*x(i,j)    &
                (Z_ADF(i,31)+Z_ADG(i,31)*(H_IB(i,31)*VD_MIN(i,31)+H_OIB(i,31) &
                *VD_OIN(i,31))+OPH_E(i,31)*OPZ_E(i,31)*GZ_E(i,31)+OPH_O(i,31) &
                *OPZ_O(i,31)*GZ_O(i,31)+H_IB(i,31)*VD_I(i,31)*Z_ADI(i,31))    &
                *x(i,31)+SUM(j=26:30)AD_A_C(i,j)*x(i,j)    &
                < AD_C(i)*AC(i)


!Möglichkeit der Schließung einzelner Krankenhäuser

S(i=1:5):    6*SK(i)>SDI(i)+SDC(i)+SDH(i)+SDF(i)+SDA(i)


!Investitionsentscheidung

IE(i=1:5):    10000*INV(i)>x(i,31)
IZ:           SUM(i=1:5)INV(i)=1

!MODIFIKATION Einzelne Gewinne der Krankenhäuser
GW(i=1:5):  SUM(j=1:31)(FPP(j)*PWP(1)+FPS(j)*PWS(1)            &
            - UNTK(i,j)-OPANK(i,j)-VERP1(i,j)-VERP2(i,j)) *x(i,j)&
            - VERPN(i)*x(i,16)  &
```

```
                    - VERPN(i)*x(i,18)   &
                    - VERPN(i)*x(i,19)   &
              -PK_MR(i)*MR(i)-PK_MS(i)*MS(i)        &
              -PK_MU(i)*MU(i)-PK_ML(i)*ML(i)        &
              -PK_MK(i)*MK(i)-PK_MP(i)*MP(i)        &
              -PK_FE(i)*FE(i)-PK_FA(i)*FA(i)        &
              -PK_FO(i)*FO(i)-PK_FAM(i)*FAM(i)      &
              -PK_AI(i)*AI(i)-PK_AC(i)*AC(i)        &
              -PK_AH(i)*AH(i)-PK_AF(i)*AF(i)        &
              -PK_AA(i)*AA(i)-PK_PI(i)*PI(i)        &
              -PK_PC(i)*PC(i)-PK_PH(i)*PH(i)        &
              -PK_PF(i)*PF(i)-PK_PA(i)*PA(i)        &
              -PK_PIN(i)*PIN(i)-PK_PN(i)*PN(i)      &
              -PK_AAN(i)*AAN(i)-PK_FH(i)*FH(i)      &
              -PK_PD(i) *PD(i) -PK_PW(i)*PW(i)      &
              -PK_AZ(i) *AZ(i)                      &
              -SK(i)*FK_PER(i)-SK(i)*FK_L(i)-SK(i)*FK_R(i)   &
              -SK(i)*FK_E(i)  -SK(i)*FK_KD(i)               &
              -SK(i)*FK_AN(i) -SK(i)*FK_P(i)                &
              -SK(i)*FK_O(i)  -SDF(i)*FK_K(i)               &
              -SDI(i)*FK_I(i) -SDC(i)*FK_C(i)-SDH(i)*FK_H(i) &
              -SDF(i)*FK_F(i) -SDA(i)*FK_A(i)-SK(i)*FK_IN(i) &
              -K_VB(i)*VBI(i)    &
              -K_VB(i)*VBC(i)    &
              -K_VB(i)*VBH(i)    &
              -K_VB(i)*VBF(i)    &
              -K_VB(i)*VBA(i)    &
              -INV(i)*INVK(i)    &
              =  G(i)


!Zielfunktion:Maximierung des Gewinns

ZIELF:   SUM(i=1:5,j=1:31)                                          &
         (FPP(j)*PWP(1)+FPS(j)*PWS(1)                               &
         -UNTK(i,j)-OPANK(i,j)-VERP1(i,j)-VERP2(i,j)) *x(i,j)       &
         -SUM(i=1:5) VERPN(i)*x(i,16)                               &
         -SUM(i=1:5) VERPN(i)*x(i,18)  &
         -SUM(i=1:5) VERPN(i)*x(i,19)  &
-SUM(i=1:5)PK_MR(i)*MR(i)-SUM(i=1:5)PK_MS(i)*MS(i)        &
-SUM(i=1:5)PK_MU(i)*MU(i)-SUM(i=1:5)PK_ML(i)*ML(i)        &
-SUM(i=1:5)PK_MK(i)*MK(i)-SUM(i=1:5)PK_MP(i)*MP(i)        &
-SUM(i=1:5)PK_FE(i)*FE(i)-SUM(i=1:5)PK_FA(i)*FA(i)        &
-SUM(i=1:5)PK_FO(i)*FO(i)-SUM(i=1:5)PK_FAM(i)*FAM(i)      &
-SUM(i=1:5)PK_AI(i)*AI(i)-SUM(i=1:5)PK_AC(i)*AC(i)        &
-SUM(i=1:5)PK_AH(i)*AH(i)-SUM(i=1:5)PK_AF(i)*AF(i)        &
-SUM(i=1:5)PK_AA(i)*AA(i)-SUM(i=1:5)PK_PI(i)*PI(i)        &
-SUM(i=1:5)PK_PC(i)*PC(i)-SUM(i=1:5)PK_PH(i)*PH(i)        &
-SUM(i=1:5)PK_PF(i)*PF(i)-SUM(i=1:5)PK_PA(i)*PA(i)        &
-SUM(i=1:5)PK_PIN(i)*PIN(i)-SUM(i=1:5)PK_PN(i)*PN(i)      &
-SUM(i=1:5)PK_AAN(i)*AAN(i)-SUM(i=1:5)PK_FH(i)*FH(i)      &
-SUM(i=1:5)PK_PD(i)*PD(i)-SUM(i=1:5)PK_PW(i)*PW(i)        &
-SUM(i=1:5)PK_AZ(i)*AZ(i)                                 &
-SUM(i=1:5)SK(i)*FK_PER(i)    &
-SUM(i=1:5)SK(i)*FK_L(i)      &
-SUM(i=1:5)SK(i)*FK_R(i)      &
-SUM(i=1:5)SK(i)*FK_E(i)      &
-SUM(i=1:5)SK(i)*FK_KD(i)     &
-SUM(i=1:5)SK(i)*FK_AN(i)     &
-SUM(i=1:5)SK(i)*FK_P(i)      &
-SUM(i=1:5)SK(i)*FK_O(i)      &
-SUM(i=1:5)SK(i)*FK_IN(i)     &
-SUM(i=1:5)SDF(i)*FK_K(i)     &
-SUM(i=1:5)SDI(i)*FK_I(i)     &
-SUM(i=1:5)SDC(i)*FK_C(i)     &
-SUM(i=1:5)SDH(i)*FK_H(i)     &
-SUM(i=1:5)SDF(i)*FK_F(i)     &
-SUM(i=1:5)SDA(i)*FK_A(i)     &
-SUM(i=1:5)K_VB(i)*VBI(i)     &
-SUM(i=1:5)K_VB(i)*VBC(i)     &
```

```
-SUM(i=1:5)K_VB(i)*VBH(i)     &
-SUM(i=1:5)K_VB(i)*VBF(i)     &
-SUM(i=1:5)K_VB(i)*VBA(i)     &
-SUM(i=1:5)INV(i)*INVK(i)     $


BOUNDS

x     (i=1:5,j=26:31)            .UI. 100000
AA    (i=1:5)                    .UI. 100000
SDI   (i=1:5)            .BV.
SDC   (i=1:5)            .BV.
SDH   (i=1:5)            .BV.
SDF   (i=1:5)            .BV.
SDA   (i=1:5)            .BV.
SK    (i=1:5)            .BV.
INV   (i=1:5)            .BV.
Generate
```

**Abbildung A44: Darstellung der Zielfunktionswerte während des Optimierungs-
prozesses *5K19.AS***

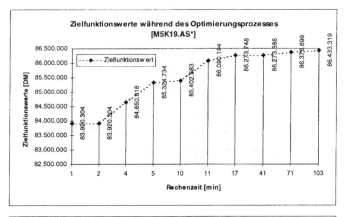

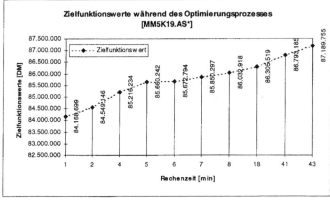

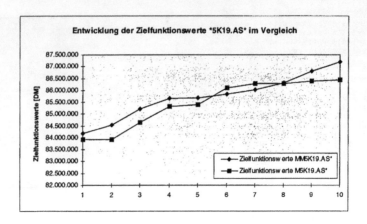

Abbildung A45: Darstellung der relevanten Bereiche der Modell-

modifikation MM5K20

```
                                                          !MM5K20.MOD
!Modell mit i Krankenhäusern, j Patienten
!MIT   Bettenverschiebung innerhalb der 5%-Grenze
!MIT   Beschränkung der Bettenkapazität bei Bettenverschiebung
!OHNE  Bettenverschiebung ohne Grenze
!MIT   Abteilungsschließungsmöglichkeiten
!MIT   Regionalversorgungssischerung
!MIT   Ganzzahligkeit
!MIT   Verteilung der ambulant zu behandelnden Patienten
!MIT   Möglichkeit der Schließung eines Krankenhauses

!MIT   INVESTITIONSPLANUNG

!MIT   BUDGETBEGRENZUNG

VARIABLES
x    (5,31)            !Anzahl der Patienten in Krankenhaus i von Fallklasse j
AA   (5)

TABLES
V_EZG    (5,25)

!Investitionskosten
INVK    (5)

!Budgethöchstgrenze
BUD     (5)

!Für Abteilungsschließungen/Binärvariablen
M       (5)

DATA
M     =        401, 751, 601, 1001, 199

CONNECT EXCEL
DISKDATA -C
! Daten für Krankenhaus i
V_EZG  =       7kh.xls (V_EZG)

DISCONNECT
```

```
DISCONNECT


ASSIGN
!Bereich ASSIGN für Verkürzung der Zielfunktion
CONSTRAINTS

!Regionalversorgung: Versorgung des Einzugsgebiets
!Bettenauslastung zu hoch
R1(j=1:25):      SUM(i=1:5) x(i,j) > SUM(i=1:5) V_EZG(i,j)

!Prozentsätze der ambulanten Fälle in den Krankenhäusern / unabhängig davon,
!ob Krankenhaus teuer oder billig arbeitet
R31(i=1:5):      x(i,26)>P_AMB(i,26)*x(i,6)
R32(i=1:5):      x(i,27)>P_AMB(i,27)*x(i,9)
R33(i=1:5):      x(i,28)>P_AMB(i,28)*x(i,16)
R34(i=1:5):      x(i,29)>P_AMB(i,29)*x(i,20)
R35(i=1:5):      x(i,30)>P_AMB(i,30)*x(i,11)

!Möglichkeit der Schließung einzelner Krankenhäuser

S(i=1:5):      6*SK(i)>SDI(i)+SDC(i)+SDH(i)+SDF(i)+SDA(i)


!Investitionsentscheidung

IE(i=1:5):      10000*INV(i)>x(i,31)
IZ:             SUM(i=1:5)INV(i)=1

!MODIFIKATION Einzelne Gewinne der Krankenhäuser
GW(i=1:5): SUM(j=1:31)(FPP(j)*PWP(1)+FPS(j)*PWS(1)            &
             - UNTK(i,j)-OPANK(i,j)-VERP1(i,j)-VERP2(i,j)) *x(i,j)&
             - VERPN(i)*x(i,16)  &
             - VERPN(i)*x(i,18)  &
             - VERPN(i)*x(i,19)  &
           -PK_MR(i)*MR(i)-PK_MS(i)*MS(i)        &
           -PK_MU(i)*MU(i)-PK_ML(i)*ML(i)        &
           -PK_MK(i)*MK(i)-PK_MP(i)*MP(i)        &
           -PK_FE(i)*FE(i)-PK_FA(i)*FA(i)        &
           -PK_FO(i)*FO(i)-PK_FAM(i)*FAM(i)      &
           -PK_AI(i)*AI(i)-PK_AC(i)*AC(i)        &
           -PK_AH(i)*AH(i)-PK_AF(i)*AF(i)        &
           -PK_AA(i)*AA(i)-PK_PI(i)*PI(i)        &
           -PK_PC(i)*PC(i)-PK_PH(i)*PH(i)        &
           -PK_PF(i)*PF(i)-PK_PA(i)*PA(i)        &
           -PK_PIN(i)*PIN(i)-PK_PN(i)*PN(i)      &
           -PK_AAN(i)*AAN(i)-PK_FH(i)*FH(i)      &
           -PK_PD(i) *PD(i) -PK_PW(i)*PW(i)      &
           -PK_AZ(i) *AZ(i)                      &
           -SK(i)*FK_PER(i)-SK(i)*FK_L(i)-SK(i)*FK_R(i)    &
           -SK(i)*FK_E(i)  -SK(i)*FK_KD(i)                 &
           -SK(i)*FK_AN(i) -SK(i)*FK_P(i)                  &
           -SK(i)*FK_O(i)  -SDF(i)*FK_K(i)                 &
           -SDI(i)*FK_I(i) -SDC(i)*FK_C(i)-SDH(i)*FK_H(i)  &
           -SDF(i)*FK_F(i) -SDA(i)*FK_A(i)-SK(i)*FK_IN(i)  &
           -K_VB(i)*VBI(i)  &
           -K_VB(i)*VBC(i)   &
           -K_VB(i)*VBH(i)  &
           -K_VB(i)*VBF(i)  &
           -K_VB(i)*VBA(i)  &
           -INV(i)*INVK(i)  &
           = G(i)           &


!Budgethöchstgrenze je Krankenhaus

BG(i=1:5): SUM(j=1:25)(FPP(j)*PWP(1)+FPS(j)*PWS(1))*x(i,j) +  &
             (FPP(31)*PWP(1)+FPS(31)*PWS(1))*x(i,31)<BUD(i)

!Zielfunktion:Maximierung des Gewinns
```

```
ZIELF:   SUM(i=1:5,j=1:31)                                              &
         (FPP(j)*PWP(1)+FPS(j)*PWS(1)                                   &
         -UNTK(i,j)-OPANK(i,j)-VERP1(i,j)-VERP2(i,j)) *x(i,j)           &
         -SUM(i=1:5) VERPN(i)*x(i,16)   &
         -SUM(i=1:5) VERPN(i)*x(i,18)   &
         -SUM(i=1:5) VERPN(i)*x(i,19)   &
-SUM(i=1:5)PK_MR(i)*MR(i)-SUM(i=1:5)PK_MS(i)*MS(i)          &
-SUM(i=1:5)PK_MU(i)*MU(i)-SUM(i=1:5)PK_ML(i)*ML(i)            &
-SUM(i=1:5)PK_MK(i)*MK(i)-SUM(i=1:5)PK_MP(i)*MP(i)            &
-SUM(i=1:5)PK_FE(i)*FE(i)-SUM(i=1:5)PK_FA(i)*FA(i)            &
-SUM(i=1:5)PK_FO(i)*FO(i)-SUM(i=1:5)PK_FAM(i)*FAM(i)          &
-SUM(i=1:5)PK_AI(i)*AI(i)-SUM(i=1:5)PK_AC(i)*AC(i)            &
-SUM(i=1:5)PK_AH(i)*AH(i)-SUM(i=1:5)PK_AF(i)*AF(i)            &
-SUM(i=1:5)PK_AA(i)*AA(i)-SUM(i=1:5)PK_PI(i)*PI(i)            &
-SUM(i=1:5)PK_PC(i)*PC(i)-SUM(i=1:5)PK_PH(i)*PH(i)            &
-SUM(i=1:5)PK_PF(i)*PF(i)-SUM(i=1:5)PK_PA(i)*PA(i)            &
-SUM(i=1:5)PK_PIN(i)*PIN(i)-SUM(i=1:5)PK_PN(i)*PN(i)          &
-SUM(i=1:5)PK_AAN(i)*AAN(i)-SUM(i=1:5)PK_FH(i)*FH(i)          &
-SUM(i=1:5)PK_PD(i)*PD(i)-SUM(i=1:5)PK_PW(i)*PW(i)            &
-SUM(i=1:5)PK_AZ(i)*AZ(i)                                     &
-SUM(i=1:5)SK(i)*FK_PER(i)    &
-SUM(i=1:5)SK(i)*FK_L(i)      &
-SUM(i=1:5)SK(i)*FK_R(i)      &
-SUM(i=1:5)SK(i)*FK_E(i)      &
-SUM(i=1:5)SK(i)*FK_KD(i)     &
-SUM(i=1:5)SK(i)*FK_AN(i)     &
-SUM(i=1:5)SK(i)*FK_P(i)      &
-SUM(i=1:5)SK(i)*FK_O(i)      &
-SUM(i=1:5)SK(i)*FK_IN(i)     &
-SUM(i=1:5)SDF(i)*FK_K(i)     &
-SUM(i=1:5)SDI(i)*FK_I(i)     &
-SUM(i=1:5)SDC(i)*FK_C(i)     &
-SUM(i=1:5)SDH(i)*FK_H(i)     &
-SUM(i=1:5)SDF(i)*FK_F(i)     &
-SUM(i=1:5)SDA(i)*FK_A(i)     &
-SUM(i=1:5)K_VB(i)*VBI(i)     &
-SUM(i=1:5)K_VB(i)*VBC(i)     &
-SUM(i=1:5)K_VB(i)*VBH(i)     &
-SUM(i=1:5)K_VB(i)*VBF(i)     &
-SUM(i=1:5)K_VB(i)*VBA(i)     &
-SUM(i=1:5)INV(i)*INVK(i)     $


BOUNDS

x    (i=1:5,j=26:31)              .UI. 100000
SDI  (i=1:5)             .BV.
SDC  (i=1:5)             .BV.
SDH  (i=1:5)             .BV.
SDF  (i=1:5)             .BV.
SDA  (i=1:5)             .BV.
SK   (i=1:5)             .BV.
INV  (i=1:5)             .BV.
Generate
```

Abbildung A46: Darstellung der Zielfunktionswerte während des Optimierungs- prozesses *5K20.AS*

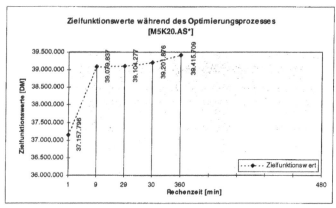

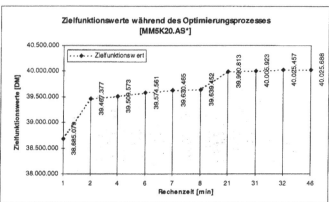

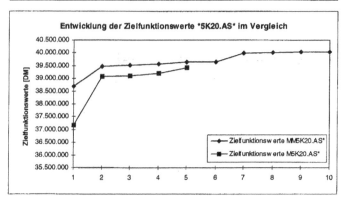

Literaturverzeichnis

Bayerischer Kommunaler Prüfungsverband (Hrsg.) [1984]: Die Personalbemessung im Krankenhaus, Anhaltszahlen und Erfahrungswerte, München, 1984.

Bayerischer Kommunaler Prüfungsverband (Hrsg.) [1997]: Personaleinsatz und Personalkosten im Krankenhaus, Entwurf: Stand Oktober 1997, München, 1997.

Bayerisches Landesamt für Statistik und Datenverarbeitung (Hrsg.) [1997a]: Krankenhausstatistik 1996, München, 1997.

Behörde für Arbeit, Gesundheit und Soziales (Hrsg.) [1996]: Krankenhausplan 2000 der Freien und Hansestadt Hamburg, Hamburg, 1996.

**Breinlinger-O`Reilly, J. [1997]:** Krankenhäuser auf neuen Wegen, in: Breinlinger-O`Reilly, J./ Maess, T./ Trill, R. (Hrsg.): Das Krankenhaus Handbuch, Wegweiser für die tägliche Praxis, Neuwied/Kriftel/Berlin, 1997, S.XXIII-XXXI.

Breinlinger-O`Reilly, J./ Maess, T./ Trill, R. (Hrsg.) [1997]: Das Krankenhaus Handbuch, Wegweiser für die tägliche Praxis, Neuwied/Kriftel/Berlin, 1997.

Bundesministerium für Gesundheit (Hrsg.) [1995]: Kalkulation von Fallpauschalen und Sonderentgelten für die Bundespflegesatzverordnung 1995, Bonn, 1995.

Bundesministerium für Gesundheit (Hrsg.) [1997a]: Daten des Gesundheitswesens, Schriftenreihe des Bundesministeriums für Gesundheit, Band 91, Bonn, 1997.

Dahlgaard, K. [1997]: Personalmanagement, in: Breinlinger-O`Reilly, J./ Maess, T./ Trill, R. (Hrsg.): Das Krankenhaus Handbuch, Wegweiser für die tägliche Praxis, Neuwied/Kriftel/Berlin, 1997, S.277-340

Eppmann, C. [1997]: Organisation Krankenhauslabor, in: Breinlinger-O'Reilly, J./ Maess, T./ Trill, R. (Hrsg.): Das Krankenhaus Handbuch, Wegweiser für die tägliche Praxis, Neuwied/Kriftel/Berlin, 1997, S.77-92.

Statistisches Bundesamt (Hrsg.) [1997a]: Gesundheitswesen, Kostennachweis der Krankenhäuser 1995, Fachserie 12, Reihe 6.3, Wiesbaden, 1997.

Statistisches Bundesamt [1997b]: Ausgaben für Gesundheit, http://www.statistik-bund.de/basis/d/gesutab4.htm (12.11.1997)

Amt für Stadtforschung und Statistik Nürnberg (Hrsg.) [1997]: Statistisches Jahrbuch der Stadt Nürnberg 1997, Nürnberg, 1997.

Diplomarbeiten Agentur

Die Diplomarbeiten Agentur vermarktet seit 1996 erfolgreich Wirtschaftsstudien, Diplomarbeiten, Magisterarbeiten, Dissertationen und andere Studienabschlußarbeiten aller Fachbereiche und Hochschulen.

Seriosität, Professionalität und Exklusivität prägen unsere Leistungen:

- Kostenlose Aufnahme der Arbeiten in unser Lieferprogramm
- Faire Beteiligung an den Verkaufserlösen
- Autorinnen und Autoren können den Verkaufspreis selber festlegen
- Effizientes Marketing über viele Distributionskanäle
- Präsenz im Internet unter **http://www.diplom.de**
- Umfangreiches Angebot von mehreren tausend Arbeiten
- Großer Bekanntheitsgrad durch Fernsehen, Hörfunk und Printmedien

Setzen Sie sich mit uns in Verbindung:

Diplomarbeiten Agentur
Dipl. Kfm. Dipl. Hdl. Björn Bedey —
Dipl. Wi.-Ing. Martin Haschke ——
und Guido Meyer GbR ————

Hermannstal 119 k ————
22119 Hamburg ————

Fon: 040 / 655 99 20 ————
Fax: 040 / 655 99 222 ————

agentur@diplom.de ————
www.diplom.de ————

www.ingramcontent.com/pod-product-compliance
Lightning Source LLC
La Vergne TN
LVHW042124070326
832902LV00036B/575